ボランティア活動と集団

生涯学習・社会教育論的探求

鈴木 眞理

学文社

はしがき

　最近，生涯学習・社会教育の領域で，ボランティア活動に関する議論が活発である。またNPOの役割に期待した議論が盛んにみられるという現象がある。
　ところが，そこでの議論の多くは，はじめから推進するための立場に立っているものであったり，逆に批判のためだけの議論といえそうなもののどちらかである，といえそうな状況もある。
　教育・社会教育の議論なので，そのような傾向があるのはごく普通のことであるかもしれない。しかし，基礎となるデータ・資料・情報が共有されていなければ，議論は不毛である。生涯学習・社会教育の領域は，学校教育と比べても情報の保存・蓄積状況は悪い。残念なことであるが，議論の前提になる情報を整備・整理することがまず意識されなくてはならないといえるだろう。そして，さまざまな議論が何のためになされているのか，議論の違いはどこにあるのかが理解されることが必要であろう。
　この本は，生涯学習・社会教育の領域においてボランティア活動・集団に関する議論がなぜなされるのか，その際の論点はどういうものであるか，ボランティア活動・集団活動の支援はどのようになされているか，その課題はどのようなものであるか等を，原理的なレベルから具体的なレベルに至るまで，総合的に検討しようとしたものである。共有化されていない資料は煩雑にならない程度になるべく収録するように努め，また，論点を整理して提示することにも努めたつもりである。おそらく10年前では早すぎ，10年後では遅すぎる作業であろう。
　この本の作業は，生涯学習・社会教育における自発性の問題に関する研究，社会教育におけるボランタリズムの研究へとつながる作業であると位置づけられるものである。

2003（平成15）年8月19日

目　　次

はしがき

第1章　ボランティア活動と生涯学習・社会教育という問題設定……………7
　　　1　生涯学習・社会教育領域における近年の発想　7
　　　2　ボランティア活動への注目における関心の所在　12
　　　3　ボランティア活動をとらえる発想　16

第2章　生涯学習支援・社会教育におけるボランティア活動の意義…………25
　　　1　教育改革と生涯学習支援施策　25
　　　2　学習活動の変化・多様化とボランティア活動　28
　　　3　ボランティア活動への期待と批判　36
　　　4　ボランティア活動と生涯学習・社会教育　38

第3章　ボランティア活動に関する諸審議会の見解……………………………43
　　　1　社会教育行政からのボランティア活動への注目　43
　　　2　ボランティア活動への積極的な注目と施策の展開　49
　　　3　諸審議会答申等の議論の流れ　55

第4章　ボランティア活動支援施策の展開………………………………………61
　　　1　1970年代の事業――婦人奉仕活動促進方策研究委嘱　61
　　　2　1990年代の事業――生涯学習ボランティア活動総合推進事業　83

第5章　社会教育施設におけるボランティア活動の現状……………………113
　　1　はじめに　113
　　2　施設のボランティアへの対応　114
　　3　ボランティア支援の具体的内容　124
　　4　ボランティア活動の成果と意味　127
　　5　おわりに　131

第6章　社会教育行政によるボランティア活動の支援施策の現状…………133
　　1　はじめに　133
　　2　ボランティア活動の基盤整備　133
　　3　ボランティア活動支援の実際　141
　　4　ボランティア活動支援と職員　149
　　5　おわりに　156

第7章　ボランティア活動と社会教育行政――ボランティアの位置づけ……159
　　1　生涯学習ボランティアという用語　159
　　2　社会教育行政におけるボランティア活動支援　163
　　3　ボランティアの養成とコーディネーターの養成　166

第8章　ボランティア活動支援の課題……………………………………………177
　　1　ボランティアの交流の拡大とボランティアの自律　177
　　2　ボランティアと社会教育施設――学習者としてのボランティアという考え方　183
　　3　いくつかの問題――ボランティア活動の本質との関連で　190

第9章　社会教育研究と集団……………………………………………………197
　　1　集団をとらえる視角　197
　　2　制度論的関心と学習論的関心　200
　　3　NPOの議論をめぐって　205

第10章　生涯学習を支える団体活動 …………………………………… 215
　　1　日本の社会教育における団体の位置　215
　　2　集団の成立基盤と生涯学習　221
　　3　集団による学習活動の新しい展開　232

第11章　米国における Voluntary Association の研究
　　　　——〈ボランタリズム〉研究へ向けて ………………………… 245
　　1　はじめに　245
　　2　概念と類型　246
　　3　米国における実態　249
　　4　V.A. 研究の概観　254
　　5　結びにかえて　257

第12章　成人教育研究における Voluntary　Association の意義 ……… 265
　　1　課題の設定と視角　265
　　2　成人教育研究における V.A. 研究の状況　267
　　3　成人教育研究における V.A. の意義　271
　　4　おわりに　273

第13章　自発性と自助——『西国立志編』を読む ……………………… 277
　　1　原著者スマイルズについて　277
　　2　中村正直について　278
　　3　『西国立志編』の成立と普及　281
　　4　『西国立志編』の内容　284

　あとがき　295

　索　引　301

第1章　ボランティア活動と
　　　　生涯学習・社会教育という問題設定

1　生涯学習・社会教育領域における近年の発想

　今日，ボランティア活動と生涯学習・社会教育という問題設定が成立することは，生涯学習・社会教育の研究者・関係者の間では自明のことと考えられている。たとえば，1979（昭和54）年という，この領域では，かなりの過去に属する時期に刊行された『社会教育の理論と歴史』（社会教育講座1）という書物においては，その序章が「社会教育研究の研究」とされているが，その中で，「社会教育におけるボランティア活動をめぐる研究」が「近年にわかに研究が盛んになってきたもの」であるという指摘がみられる[1]。この指摘はその後の動きをも，的確に展望したものであるといえるが，ボランティア活動と生涯学習・社会教育という問題をめぐる動きは，このかんの生涯学習・社会教育の領域における研究および実践に関する議論の傾向を示す一つの例としてもとらえることができる。その傾向は何点かについて確認することができよう。

(1) 行政主導の議論

　第1に，このかんの生涯学習・社会教育の領域における研究及び実践に関する議論の傾向として，生涯学習審議会等の審議会答申による問題提起が大きな役割を有していること，あるいは，行政主導の動きに対応した議論であることが指摘できる。

　周知のように，1992（平成4）年の生涯学習審議会答申「今後の社会の動向に対応した生涯学習の振興方策について」においては，「当面重点を置いて取り組むべき四つの課題」の一つとして，「ボランティア活動の支援・推進」が取り上げられている。この答申の前年1991（平成3）年から，文部省は，「生涯学習ボランティア活動総合推進事業」を補助事業として展開しており，ボランティア活動支援は，国レベルの生涯学習推進の重点施策の一つとして取り上げら

れてきたものである。もとよりその前史には，1986（昭和61）年の社会教育審議会社会教育施設分科会報告「社会教育施設におけるボランティア活動の促進について」が存在していることも周知の通りである。これは，その是非，評価に関係なく，文部省・文部科学省等の政策的動向がきわめて強力な影響力を持っているということを示しているということなのである[2]。

これらの審議会答申自体が社会的関心を背景にした議論であるのだが，推進論にしろ，批判論にしろ，これらの答申をもとにした議論になっている傾向は否めない。生涯学習論・社会教育論固有の問題として取り上げられるということより，答申や行政施策の後追いの議論という性格が強いと考えられよう。

(2) 社会的関心の生涯学習・社会教育への翻訳

第2は，このかんの生涯学習・社会教育の領域における研究及び実践に関する議論の傾向として，その論点は，単に文部行政の動き，教育をめぐる政策動向というより，社会全体の関心を教育の領域において翻訳した動きとして位置づけられるということである。教育・生涯学習支援・社会教育が社会全体の中でどう位置づけられているかに関連するものである。

古くは，コミュニティ政策批判の文脈において，社会教育の領域からは，ボランティア活動の推進が地域住民の動員施策であるというような批判が存在していたことを想起することができる。たとえば「生涯教育政策が，国民の生きがい対策であるとともに，コミュニティ形成とボランティア養成による住民包摂を意図した地域再編政策と結びついたことによって『国民的合意』形成をつくる積極的手法として注目され」たという認識[3]や，行政が行う学習ニーズ調査を批判し，「そこで抽出された学習要求とされるのは，趣味・教養などの大人の習いごとから，余暇時間の充足を求める『生きがい』づくり・ボランティア活動となっている」[4]というような記述からは，ボランティア活動の推進が上位の社会計画の一環として社会教育領域における一手法と位置づけられる，という発想を確認することができるのである。もちろんそれらの認識の是非は別にして，であることはいうまでもない。

近年における，民間活力の利用・地方分権・規制緩和という行政の動きの中で，新自由主義経済批判という文脈からのボランティア活動への注目も，同種

の議論として位置づく。これは，一方で，国の行政施策への「国民側の代替政策と運動」として，その「機軸」が「一つは労働運動であり，二つ目は地域レベルの住民運動（さまざまないのちと暮らしを守る運動，それと NPO やボランティアセクターなどの運動）である。」とし，「全国各地での住民運動の意思表明と NPO 的な市民活動ネットワーキングがようやく組織されてきている。そして，そのような運動の担い手の自己形成は，運動それ自身のプロセスとともに，それを意味づける自己教育活動，いいかえれば生涯学習の発展の中で次第に力をつけていくものであることは，この間の実践が教えるところである。」[5) として，ボランティア活動や住民の自主的・自発的活動それに関連する NPO の活動を位置づけるものの，他方で，「国民の生涯学習の要求を逆手にとっての，国家的地域統合の担い手としての生涯学習の組織化である。都道府県レベルでの生涯学習カレッジや県民カレッジでの生涯学習の成果の評価や，ボランティアあるいは『指導者』人材としての登録と組織化などは，その典型であろう。」と「国家的地域統合」の手段としてボランティア活動が批判的に位置づけられるという，込み入った議論展開がなされるものである。そこでは，「国家的」と「国民的」立場からの二種類のボランティア活動が存在するということが想定されているということであろうか[6)。

　ボランティア活動については，生涯学習・社会教育の領域のみならず，福祉領域等においてもさまざまな議論がなされてきているものであり，社会全体の関心領域の一つがこの領域においての議論の対象と位置づいているのである。

(3) 学校教育の補完としての社会教育の位置

　第3は，このかんの生涯学習・社会教育の領域における研究及び実践に関する議論の傾向として，議論の流れが，社会の問題を教育で解決することをめざすが，その際，学校教育の限界を意識しつつ，社会教育の領域においてもその解決に向けた方策を検討する，というように，学校教育を補完するという位置づけで社会教育がとらえられているということをあげることができる。たとえば，奉仕活動・体験活動に関してみてみれば，教育改革国民会議の提案（2000年12月）をもとに，2001年1月に文部科学省による「21世紀教育新生プラン」がとりまとめられ，2001年7月には学校教育法の一部改正と同時に，社

会教育法にも「青少年に対しボランティア活動など社会奉仕体験活動，自然体験活動その他の体験活動の機会を提供する事業の実施およびその奨励に関すること」(第5条) が付け加えられることになったことは，その一例とすることができるであろう[7]。

そこには，学校教育だけでなく社会教育への注目があるものの，あくまでも，学校教育の補完であり，社会教育を中心とする生涯学習支援への期待はあるといえるものの，その無力さの認識も併存していると考えられるであろう。

(4) 議論の「見えにくさ」(対立軸の消滅あるいは，批判軸の意識的シフト)

第4は，このかんの生涯学習・社会教育の領域における研究及び実践に関する議論の傾向として，その議論が「見えにくい」ものになってきたという特徴をあげることができる。すでに述べたことでもあるが，立場の違いによって「二種類のボランティア活動が存在する」というような議論の立て方がなされるのである。

かつては，より明確な立場の相違が強調される議論が展開されたが，今日の生涯学習支援・社会教育をめぐる議論は，きわめて複雑であり，混乱・錯綜している[8]。「『生涯学習』批判から『私たちの生涯学習』へ」と述べられるような[9]，体制批判を継続してきた人々の，批判軸の意識的なシフトがみられるのである。

たとえば，「現代のボランティアは，一部の慈善事業家や篤志家が行う活動ではなく，自発的な自由意思による市民活動として，国民的なひろがりをもった誰でも参加可能なより開かれた活動になっている。」[10]，「現在の国民の意識の段階ではすべての人がボランティアに参加できる状況ではない」[11]，「入試や採用の評価という現代的な弱肉強食的淘汰主義に利用されるボランティア活動の実績評価は，現代的人権を大切にした協同と連帯のボランティア精神とは相容れないものである。」[12]という基礎認識を持ちながら，「公的社会教育機関の役割は，ボランティアに関する学習情報と学習相談の充実があるが，この際に，公的社会教育機関の住民参加民主主義を住民の様々な生活実態からの権利としての人間の生涯発達の視点が大切である。」[13]「このためには，公的社会教育機関が様々な公的または，住民の協同的な住民サービス機関と連携しての学

習が求められている。まさに生涯学習審議会の答申でだされた現代的課題に関する学習機会の充実やリカレント教育の推進などが現代的ボランティア活動を進めるうえでも大きな課題になっていくのである。」[14]とつながる議論には，やはり，議論の基礎になるボランティア活動についての認識のブレ，行政の位置づけや施策の位置づけについての批判軸の意識的なシフトがみられるといえよう。

「良いボランティア活動と悪いボランティア活動」という「二種類のボランティア活動の存在」の議論やこの種の議論は，自身の議論に都合のよい論点や事実を，もともとスタンスの違う議論から援用するという手法を多用することによって，議論の趣旨が不明瞭になってくるのである。古くから「権利としての社会教育」を標榜し，行政施策に反対してきた勢力に属する人びとの急速な「変身」ぶりが，議論をみえにくいものにしてきているのである。

(5) データに基づかない議論

第5は，このかんの生涯学習・社会教育の領域における研究及び実践に関する議論の傾向として，基礎的なデータの積み重ねが乏しいまま議論がなされることが多いということを指摘することができよう。もともと社会教育研究の領域にあっては，理論研究といわれるものは，思想・思潮研究に傾斜し，実証的な現実の状況を表すデータを基礎にした研究が継続的に蓄積されてきたというわけではないといえる[15]。それは，近年における議論においても同じであり，これまであげたいくつかのボランティア活動に関する議論も，その実態を把握した上でなされているわけではなく，やや大仰にいえば，自らの世界観を前提にした，あるべき姿を追い求めた結果の議論であり，それゆえ，社会全体の価値観の変化や制度等の変化に伴い，その世界観がゆらぐと議論の内容自体がゆらぐという結果に結びつきやすいという特徴を持つ。現実を都合良く解釈するか，議論内部で矛盾をかかえる，あるいは，過去の見解を清算するないしは「使い分け」を行うことがみられる点は，すでに，「二種類のボランティア活動の存在」という表現で示したとおりである。

いずれにしても，ボランティア活動をめぐる状況を客観的なデータの形で把握する作業は，行政が行う調査が主であって，研究的スタンスからのアプローチは貧弱であったといわざるをえないであろう[16]。このような状況では，生

産的な議論は困難であり，また，第1の特徴として示した，行政施策によって注目されるイシューを研究が後追い的に取り上げるということにつながっていくことも理解されるところであろう。

さて，ボランティア活動と生涯学習という問題設定には，以上にあげたような特徴が内在していると考えられる。これは，このかんの生涯学習・社会教育領域の研究及び実践に関する議論に広範に共通してみられる特徴でもあり，たとえば，地方分権・規制緩和・参加・評価・国立施設の独立行政法人化等の問題についても同様の特徴を指摘することが可能でもある。このような限界を超えたところで，ボランティア活動と生涯学習という問題を検討することが必要な段階にきていると考えられよう。

2　ボランティア活動への注目における関心の所在

生涯学習・社会教育とボランティア活動という問題設定がこの領域においては自明のものとされていることはすでに述べたが，両者の関連については，いくつかの異なる関心からの注目が存在している。

(1) 指導者論からの注目

まず第1には，指導者論への関心からの注目があげられるだろう。

伊藤俊夫「社会教育におけるボランティア論」(1979年) は，早い時期の総合的な社会教育領域におけるボランティア論であるが，現在でもその指摘は示唆深いものがある[17]。その論文は，「わが国の社会教育にとって，ボランティアの検討は，きわめて，重要な課題となってきている。」と始まり，その背景の一つは，「社会教育の諸活動を振興するため，多くの指導者・推進者が必要とされていること。」にあるとされる。伊藤のボランティア論では，総合的な議論がなされるが，そもそもの発想の根底には，社会教育における指導者論があったとみることができるであろう。

そこでは，「ボランティアという用語」として，「わが国の社会教育の分野では，ボランティアという用語をいろいろな日本語におきかえて用いてきた。た

とえば，奉仕者，篤志家，有志者，有志活動家，志願者，民間活動家など，多くのことばを用いて，ボランティアを表現しようとしてきた。」と解説される[18]。伊藤の議論は，団体の役職者，行政委嘱の委員に及び，前述のように全般的な考察がなされるが，その基礎には指導者論の新しい編成という関心が存在していたことが推測できよう。

岡本包治編『社会教育ボランティア』(1980年)[19]は，読者として行政職員を強く意識したものであるといえるが，指導者論の視点からの注目として位置づけることができるであろう（執筆者にも行政職員が多く起用されている）。そこでは，「社会教育活動としてのボランティア活動」が，「教えるボランティア活動の様々」として，「1 自宅や近隣でできること ①住民同士が得意なことを教え合うこと ②家庭文庫をつくること ③親が交代で遊び集団の世話をすること，2 地域の中でできること ①高齢者の世話活動をすること ②地域の人たちに，様々な情報を提供すること ③青少年の団体に自分の得意なことを教えること ④地域の中に各種のグループをつくること ⑤地区の各種委員や協力者になること，3 各種施設でできること ①老人や子ども施設で，相談・指導をすること ②社会教育・社会教育施設などの事業に協力すること」があげられ[20]，ボランティアの発掘と養成，ボランティアの活用方法，ボランティア活動と社会教育行政，ボランティア活動と住民の責任，事故の防止と補償制度等のタイトルをもつ章が設定されている。

また，東京都教育庁生涯学習部『ボランティア活動の新しい動向と社会教育——社会教育職員の役割を探るために』(1993年) という冊子にみられる関心も，サブタイトルに示されているように，職員論・指導者論からの視角が中心であり，「ボランティアと社会教育職員の有機的連携」「先駆的ボランティア活動と職員の役割」「ボランティア活動推進体制と専門職員の研修」等の論文が掲載されている。特に行政関係者からは，職員とボランティアの関係についての関心が強く存在していた，ということであろう。

(2) 組織論からの注目

第2には，組織論的な関心からの注目があげられよう。

このような関心は，多かれ少なかれさまざまな論者の議論に含まれているが，

正面から取り上げたものとして，末本誠の議論[21]を指摘することができよう。末本は，「社会教育においてボランティアの占める位置が重要になるにつれて，それが戦後の社会教育を従来とは違った方向に向ける新たな組織原理として機能するという，いわば組織論的・制度論的な側面」が社会教育においてボランティアならびにそのネットワークが問題になる理由の一つであるとする[22]。末本の立場・主張は，「国家関与型の組織論から市民活動中心型の組織論へと転換するという問題」へ注目[23]し，「筆者の立場は公的保障論を前提にして現在の体制の中にいかに市民運動中心型の制度を組み込めるか」[24]であることを表明し，「現在求められているのは民間の自発的で自律的な団体活動の公共性を認め，公的制度の一部を民間の団体に明け渡すということではなかろうか」，「市民の『集団的自己表現と参加』の場としての，有償での社会教育の可能性」[25]という問題提起を行うものである。ボランティアの存在・ボランティア活動の存在の意味を，「学習論的」（末本）にとらえるのではない発想，旧来のボランティア活動への注目の仕方，たとえば，すでに指摘した，「国家的地域統合」のための「ボランティアあるいは『指導者』人材としての登録と組織化」[26]というような議論への挑戦として注目してよいものである。

　同じ組織論・制度論のレベルの注目であっても，行政によるボランティア活動への注目を国民的統合・動員のための住民の組織化施策であるという見解・立場は，これまでの典型的なボランティア活動批判（ボランティア関連施策批判）であり，それは，「これまでに主に二つの観点からの批判が提起されていた。一つは，安上がり行政に加担することで結果的に行政の施策的不備や矛盾を隠蔽する機能をはたすというものであり，もう一つは，ボランティア活動そのものが，人々の権利意識や主権者意識をスポイルする危険性を内包しているものである。」「ボランティア活動の本来的な意味は，自発性と権利意識に根ざした社会的実践の謂いであり，さらに報酬を期待しない無償的活動である。したがって，いわゆる"有償ボランティア"というのは明らかに語彙矛盾でありボランティアそのものの概念とは両立しないものである。」[27]という解説にみられるものである。しかしながら，このようにとらえる人々のあいだにも，現状に適合的な解釈を行おうとする動きがあり，「二種類のボランティア活動の存在」を指摘したり[28]，「ボランティア活動は新自由主義的な公共政策のもと

で相互扶助的な事業の担い手，或いは行政のサービスでは追いつかない分野の公的サービスの肩代わりとして期待されるという側面もあり，ボランティアの重要性の強調が，公的サービスの後退，民間による代替につながりかねない矛盾をもっている。」[29]という指摘にみられるような，基本的立場は維持しながら，全面的ではなく部分的な批判に転じるような傾向も見受けられる。この組織論的な関心からの注目には，社会全体の動きや行政側の積極的な施策展開に対応せざるをえない，旧来の批判勢力の混乱した対応がみられるといえる。

(3) 学習論からの注目

第3には，学習論的な関心からの注目があげられよう。

稲生勁吾他『学習ボランティア活動』(1987年)は，大学生や行政関係者を主たる対象としたテキストであるが，その「はしがき」は，「学習ボランティア活動は，自らの成果を他の人びとのために活用しようとするので，いわば，ボランティア自身が，『なすことによって学ぶ』という，きわめて高次の人間的・社会的営みであるといえよう。」と，始まる。稲生は，「学習ボランティアとは，市民の人間性や知識・技能などの向上をめざす生涯にわたる学習の指導や助言や援助をするボランティアのことをいう」と定義し，「学習ボランティア活動は学習活動という側面を持っている。つまり市民の学習を援助する活動が，同時に自分の学習になるという側面を持っているのである」として，①新しい経験を得る，②学習する意欲を誘発される，③交際範囲が広がり，かつ深まるので精神的安定を得るうえに，情報入手の機会が増え，良好な人間関係を結ぶ能力を身につける，という点，「なすことによって学ぶ (learning by doing)」という特質を指摘する[30]。

社会教育施設のボランティアに限定されるが，ヒアリングによる調査データをもとにした議論として，小川誠子「社会教育施設ボランティアの学びに関する序論的考察」[31]がある。調査自体は，ボランティア活動がボランティアの自己形成にどのような影響を及ぼしているのかを明らかにすることを目的にして行われたものであるが[32]，小川は，その分析を行い，ボランティア活動によってなされる自己形成の特質について，①参加することによって深まる学び，②「つながり」のなかにある学び，③学びの本質としてのアイデンティティ形

成, という点を指摘している[33]。

　もちろん, この学習論的な関心からの注目は, 先駆的論文である伊藤俊夫「社会教育におけるボランティア論」にも含まれているものである。伊藤は,「社会教育とボランティア活動との関わりを考えると, 次の三点があげられよう。つまり, 社会教育活動に対するボランティア活動, 社会教育活動の一環としてのボランティア活動, そして, ボランティア活動がもつ教育的効果への着目の三点である。」としている[34]。第1の点については, 指導者論の系として説明され, 第2の点は社会教育関係団体の活動が社会奉仕をその活動目的に取り上げていることによって説明され, 第3の点に関しては「ボランティア活動は, 役割経験を通じての自己啓発という教育的側面をもつ」ということが示されている[35]。くり返しになるが, 伊藤の指摘は, ボランティアへの注目として, 総合的なものであることは理解できるところであろう。

　生涯学習・社会教育とボランティア活動という問題設定がなされる際の, 両者の関連について, 指導者論からの関心, 組織論からの関心, 学習論からの関心, それぞれの関心から議論が展開されていることを, 代表的な議論をとりあげてみてきた。もちろん, すでに触れたことでもあるが, それらは密接に関係し合うものでもある。また, 同じ関心からであっても, その評価やスタンスは必ずしも一定していないことも示されていた。ボランティア活動は, 生涯学習・社会教育の領域のみならず, 社会的にも多面的な意味をもっているものであり, 一面的な理解が困難であることが示されているということでもある。

3　ボランティア活動をとらえる発想

　ボランティア活動を生涯学習・社会教育の領域で, 総合的にとらえるために, 発想の原点にもどった検討が必要であると考えられる。ボランティア活動をどの様に把握するかについて, いくつかの発想の類型を検討してみよう。

(1) 学習の成果への注目という発想

　前述したように, 伊藤俊夫は, 社会教育とボランティアとの関わりを,「社

会教育活動に対するボランティア活動，社会教育活動の一環としてのボランティア活動，そして，ボランティア活動がもつ教育的効果への着目の三点」[36]にあるとしたが，1992（平成4）年の生涯学習審議会答申「今後の社会の動向に対応した生涯学習の振興方策について」で，「当面重点を置いて取り組むべき四つの課題」の一つとして，「ボランティア活動の支援・推進」が取り上げられた際には，生涯学習とボランティア活動との関連が，①「ボランティア活動そのものが自己開発，自己実現につながる生涯学習となるという視点」，②「ボランティア活動を行うために必要な知識・技術を習得するための学習として生涯学習があり，学習の成果を生かし，深める実践としてボランティア活動があるという視点」，③「人々の生涯学習を支援するボランティア活動によって，生涯学習の振興が一層図られるという視点」，という三つの視点として示されている。もちろんこれらは，「実際の諸活動の上で相互に関連するものである」という注が添えられている。

この生涯学習審議会の答申での議論は，すでに示した，伊藤俊夫や稲生勁吾などによる議論と同様のものであるといえるが，そこでは，「豊かで活力ある社会を築き，生涯学習社会の形成を進める上で重要な役割を持つ。そのため，あらゆる層の人々が学習の成果をボランティア活動の中で生かすことができる環境の整備を図ることが必要である。」とし，学習活動による成果を生かす場面としてのボランティア活動への期待が示されているということができる。これは，いわば，学習論の系からの発想といいうるであろう。

(2) 学習論と制度論の結節点としての注目という発想

黒沢惟昭は，「一方において自己実現・自己充足でありながら他方での社会形成であるという二面性，二重性を同時，併行的に実現するのがボランティア活動である。まことに不思議な魅力的なコトであるが，それはあくまでも個人の自発性，他者への共感に基づくという点で偶然性，恣意性を孕む。したがって，この活動を基に，公民の形成をそして自立した個人の共同態＝市民社会の創造をと提唱しても，そのメカニズムを社会科学的に論理的に説くことは現在のところ困難を伴う。」[37]という。すでに言及した末本誠の議論のように，組織論的な注目の必要性の指摘もあるが，ボランティア活動への注目は，制度論

と学習論の両面においてなされると考えられる。特に，制度論的注目においては，行政が民間の活力を包摂し体制内化（「民間活力の導入・民活批判」の一環）する動きとしてとらえ，学習論的注目においては，民間の自律的な動きとしてエンパワーメントという用語と親近性をもつ考え方を基礎にしてとらえる，という手法がよくみられる。黒沢は，「大きな政府」による福祉国家形成から，「小さな政府」を標榜する新自由主義の動きへと変化してきたが，「90年代から21世紀にかけては，『大きな政府』でも『小さな政府』でもない，ボランティア活動を基礎にした公民の形成，つまり個人の自立による共同態＝市民社会が創造されようとしているのだ。」[38]と，きわめて楽観的ともいえる見解を示している。

　森山沾一も，大筋のところ黒沢と同様な議論を展開し，特定非営利活動促進法（NPO法）の成立直前の状況の中で，「官主導・行政依存の一元的社会から，市民や社会的組織が互いに異なる価値観を認め合い，自ら活動する多元主義的な〈価値多様性の厚みがあり，柔軟な社会〉の実現（行政の下請け的団体への肩入れの危険性を否定して）に向かうとすれば，本稿で述べてきたことと一致するし，そのことを期待したい。」[39]としており，行政に対抗する民間の動きの称揚というスタンスは同様である。しかし，民間の動き，多元主義的な社会が，法制度の確立によって推進されるという考え方には矛盾はないであろうか。

　これらの議論の当否は別として，ここでは，ボランティア活動が，学習論と制度論の結節点に存在していることを確認しておきたい。ボランティア活動が，学習論あるいは制度論から個別に検討されるのではなく，学習論と制度論の検討の結節点に存在するものとして検討されることが生産的であるということである。黒沢のいう「二面性・二重性」を持つものとしてとらえるということであるが，それを，両面それぞれをということでなく，両者を通底するものを検討するということが必要になるのであろう。

　その際，学習論的には積極的な評価がなされ，制度論的には行政の主導についての警戒感と共に，将来的な展望としての自律的な運動という点に肯定的な評価を与えるというような複雑な対応が示される場合もあることに留意して，そのような使い分けをしていくことはボランティア活動の特徴を正確に把握することにはならないであろうことを確認しておこう。ボランティア活動につい

てのさまざまな評価は，きわめて一面的に行われる場合がある。ボランティア活動の推進について語られるとき，そのスタンスの違いによって「同床異夢」であることも多い。それは，いずれもが，実は，ある一面のみについての「期待」をもち，そのようなスタンスでの推進を図ろうとしているものであることを示しているのである。

(3) 社会教育から生涯学習支援へという発想

　ボランティア活動は，社会福祉領域等の活動だけではないということは，随所で語られる。たとえば，1986 (昭和61) 年の社会教育審議会社会教育施設分科会報告「社会教育施設におけるボランティア活動の促進について」では，「我が国ではボランティア活動といえば身体障害者の介護など，いわゆる社会福祉の活動としてとらえる傾向があったが，ボランティア活動はもっと広くとらえられるべきものである。近年，こうした傾向が次第に見られるようになってきたのは望ましいことである。」と述べられている。すでにこの時期にボランティア活動への注目が生涯学習・社会教育の領域において一般的になってきたことを示すものであろう。社会教育施策の中では，それまでも，ボランティア活動への注目はあったが，この時期に至って，生涯学習支援という文脈で，社会福祉領域等をはじめとする社会生活の諸分野におけるボランティア活動を視野に含めることが一般的になってきたと理解することができる。生涯学習支援は，教育行政のみで可能なわけではなく，さまざまな行政領域との連携によって効率的になされるものであることを考えれば，このことは，容易に理解できるところである。

　山本恒夫はボランティア活動を，①教育・学習，文化，スポーツ，学術研究などでのボランティア活動，②社会福祉，国際交流・協力，人権擁護，自然環境保護，保健・医療，地域振興などでのボランティア活動に分け，個人レベルでは，①は学習性が多く，自己開発につながり，②は学習成果の活用の場となり，自己実現につながる，社会レベルでは，①は生涯学習の振興に貢献し，①②共に社会の向上や活性化に貢献する，という[40]。これは，すでに示した1992 (平成4) 年の生涯学習審議会答申における考え方を敷衍した議論であるといえるが，社会教育から生涯学習支援へという方向での議論であると位置づけ

ることができるであろう。

　社会福祉の領域と社会教育を中心とする生涯学習支援の領域とは，原理的な面において近接性をもつものと思われる。そのことを考えると，ボランティア活動と社会教育という発想ではなく，ボランティア活動と生涯学習という発想である方がその示唆する内容が拡張されているのだと考えられよう。

(4) 原理論的発想

　ボランティア活動と生涯学習・社会教育の関連についての発想の原点は，ボランティア活動の特質と社会教育の原理の類似性に依拠するという，原理論的注目にあるといえる。倉内史郎は，「学習者の自由な学習意志の絶えざる発現こそが，ボランタリズムの本質であり生命である」[41]とし，「ボランタリズムは制度上の観点からのみ問題とされるにとどまるものではなく，もっと広く，社会教育の学習原理にまで貫かれる立場であるという認識が肝要である。」[42]という。倉内は，「ボランタリズム」を「制度上の観点」，「その指導の構造」とともに，「学習者自身にとってのボランタリズム」としてもとりあげ，「社会教育の教育運動は，組織化されたボランタリズムであるということができるであろう」[43]としている。

　伊藤俊夫は「社会教育がもっている特色の一つは，自主性，自発性であろう。」とし，倉内の議論を援用しつつ，「ボランタリズムに支えられた社会教育であるとすれば，その活動の各分野において，自発性を基盤とするボランティアが活躍する場が数多い」という[44]。

　倉内の議論は，「ボランタリズム」を社会教育の原理としており，単に，個人的なボランティア活動の原理としてみることを意識していたわけではないと考えられ，個人の行動原理，組織の運営原理等の社会教育領域における総合的な原理としての位置づけを与えているといえる。ボランティア活動と生涯学習の関連の原点は，両者が共にこの「ボランタリズム」を尊重する考え方を基礎にもつという点にあるといえるのであろう。対他者の側面を優先的に考えるか，学習・自己形成という側面を優先的に考えるかによって，ボランティア活動と生涯学習という発現形態が異なるのだといえよう。

(5) 総合的な発想の必要性

　以上，いくつかの社会教育・生涯学習とボランティア活動という問題設定にまつわる発想を検討してきた。結局元に戻ることになるのであるが，倉内史郎の議論の底にある発想が実はもっとも総合的で原理的なものであると考えられる。このことは，さまざまな状況の変化があり，さまざまな視点や立場から議論が展開されても，生涯学習・社会教育・ボランティア活動をめぐる原理的な問題は不変であるということを示しているのだということなのであろう。新しいようで古くから考えられてきた問題なのである。データを蓄積せず，総合的・原理的な検討を怠り，理念先行の議論，政策批判や政策追随の議論が虚しく積み重ねられていくようなことは避けられるべきことであろう。

　さまざまな発想からボランティア活動と生涯学習・社会教育とのあいだに存在する諸問題を検討していくことが求められるが，それが，総合的に行われるべきことをより以上に強調してよいであろう。

　生涯学習・社会教育の原理論的検討のために，ボランティア活動やボランタリーな集団的活動に関する検討は，重要な貢献をするものであろうことは確かであろう。社会教育の領域で注目されてきた，英国における1919年のAdult Education CommitteeによるFinal Reportで強調された成人教育の伝統といわれる「ボランタリズム」のありようなどをも視野に入れつつ，総合的な発想でのボランティア活動の検討が求められているのである。

注

1) 岡本包治「社会教育研究の研究」岡本包治・山本恒夫編『社会教育の理論と歴史』（社会教育講座第1巻）第一法規出版，1979, p. 8.
2) このことは，このかんのボランティア活動に関する行政の動向を検討する論文が，その論拠のほとんどを社会教育審議会答申，生涯学習審議会答申，中央教育審議会答申，臨時教育審議会答申の議論に求めていることからも理解できるところである。中田スウラ「生涯学習体系化とボランティア活動における評価・学習理解――ボランティアと『公共・社会』関係の把握を中心に――」日本社会教育学会編『ボランティア・ネットワーキング――生涯学習と市民社会――』（日本の社会教育第41集）東洋館出版社，1997, p. 110-118.
3) 井上英之「社会教育行政の構造と課題」島田修一・藤岡貞彦編『社会教育概論』青木書店，1982, p. 113.
4) 南里悦史「社会教育実践の成立と展開」島田修一・藤岡貞彦編, op. cit., p. 221.

5）姉崎洋一「地域をめぐる国家政策と教育——中教審・生涯学習審をつらぬくもの」教育科学研究会・社会教育推進全国協議会編『教育,地方分権でどうなる』国土社,1999, p. 44.
6）*Ibid.*, p. 50. また，たとえば，「良い」とされる1970年代の名古屋市の事例が紹介され，それが「重要な点は，国からの補助金を受けずに，市の婦人教育事業の一環として，独自のボランティア活動の促進および養成活動を展開してきたことにある。」とされることもある。姉崎洋一「社会教育ボランティアの現状と課題——名古屋市の事例を手がかりに」『月刊社会教育』1980年9月号，p. 17-18. さらに，文部省の補助事業であるが，そこで講師の人選などが評価されているのであろうか，なぜか批判的立場の雑誌に紹介されている事例もある。西崎恒子「婦人ボランティア育成講座にとりくんで」『月刊社会教育』1979年6月号，p. 20-25.
7）このあたりの動きについては，高杉良知「現代的課題の学習の地域的展開を図るための国の役割」鈴木眞理・小川誠子編『生涯学習をとりまく社会環境』（シリーズ生涯学習社会における社会教育第3巻）学文社，2003, p. 221-229. を参照されたい。
8）これに関連した議論は，鈴木眞理「生涯学習社会の社会教育」鈴木眞理・松岡廣路編『生涯学習と社会教育』（シリーズ生涯学習社会における社会教育第1巻）学文社，2003, p. 146-151. を参照されたい。
9）渡邊洋子「日本における『生涯学習』概念の検討」日本社会教育学会編『生涯学習体系化と社会教育』（日本の社会教育第36集）東洋館出版社，1992, p. 184-187.
10）神田嘉延「社会教育からのボランティア論」『鹿児島大学教育学部教育実践紀要』第7巻, 1997, p. 1.
11）*Ibid.*, p. 7.
12）*Ibid.*
13）*Ibid.*, p. 13.
14）*Ibid.*
15）このあたりについては，鈴木眞理「生涯学習における理論と実践をめぐる問題」鈴木眞理・梨本雄太郎編『生涯学習の原理的諸問題』（シリーズ生涯学習社会における社会教育第7巻）学文社，2003, p. 213-227. を参照されたい。
16）数少ない試みとして，領域は限定されているが，社会教育施設ボランティア研究会『学習成果を生かしたボランティア活動を推進するための方策に関する調査研究報告書』Ⅰ-Ⅵ, 1998-2000, 図書館ボランティア研究会『図書館ボランティア』丸善，2000. で紹介されている調査等がある。
17）伊藤俊夫「社会教育におけるボランティア論」辻功・岸本幸次郎編『社会教育の方法』（社会教育講座5）第一法規出版，1979, p. 37-60.
18）*Ibid.*, p. 38. なお，黒沢惟昭「社会教育とボランティアネットワーキング」日本社会教育学会編『ボランティア・ネットワーキング——生涯学習と市民社会——』*op. cit.*, p. 23. では，「日本の社会教育は『ボランティア』という言葉に様々な訳語をあててきた。奉仕者，篤志家，有志者，有志活動家，志望者，民間活動家などが直ちに思い浮かぶ。」とされる。伊藤とほとんど同じ発想であるし，それが「直ちに思い浮かぶ」ということには驚かされる。一般的な認識なのであろうか。なお，黒沢はその直後で，伊藤論文の別な部分を明示して直接引用しているが，この箇所についての引用の記述はない。

19) 岡本包治編『社会教育ボランティア』（講座現代の社会教育第6巻）ぎょうせい，1980.）
20) 岡本包治「社会教育とボランティア」岡本包治編, *op. cit.*, p. 8-13. なお，これらは，岡本もその一員である，東京都豊島区社会教育委員会議「ボランティアの発見と町づくりについて（建議）」（1977年）が基礎になった整理であると考えられる。
21) 末本誠「社会教育の組織原理としてのボランティア問題」日本社会教育学会編『ボランティア・ネットワーキング——生涯学習と市民社会——』*op. cit.*, p. 91-100.
22) *Ibid.*, p. 91
23) *Ibid.*, p. 96.
24) *Ibid*
25) *Ibid.*, p. 97.
26) 姉崎洋一「地域をめぐる国家政策と教育——中教審・生涯学習審をつらぬくもの」*op. cit.*, p. 50.
27) 小林繁「解説（ボランティア活動）」社会教育推進全国協議会編『社会教育・生涯学習ハンドブック』エイデル研究所，1989, p. 516. なお，小林自身によって，若干言葉遣いを変えているがほぼ同様の内容が，小林繁「産業構造の転換と社会教育実践のあらたな展開」千野陽一監修・社会教育推進全国協議会編『現代日本の社会教育——社会教育運動の展開』エイデル研究所，1999, p. 155. において述べられている。
28) すでに指摘した議論の他，たとえば，「ユニークで創造的なボランティア活動」として「市民運動と呼応する形で，自発的なボランティアグループが相互にネットワークを形成しながら地域づくりの一翼を担う」例があげられたり，「市民運動的な側面からのボランティア活動も台頭」するが，「行政主導のボランティア政策には明らかに『行政改革』がその基調にあり，また臨教審や行革審そして四全総で強調された民間活力の導入もそこに重なることで，社会教育行政はかつてない厳しい状況に置かれることになるのである。」という指摘がなされることもある。小林繁「産業構造の転換と社会教育実践のあらたな展開」*op. cit.*, p. 143-156.
29) 佐藤一子「解説（ボランティアとNPO）」社会教育推進全国協議会編『社会教育・生涯学習ハンドブック（第6版）』エイデル研究所，2000, p. 568.
30) 稲生勁吾「現代社会とボランティアの意義」稲生勁吾他『学習ボランティア活動』（生涯学習テキスト⑤）実務教育出版，1987, p. 14-18.
31) 小川誠子「社会教育施設ボランティアの学びに関する序論的考察——『正統的周辺参加』概念を通して」日本生涯教育学会編『生涯学習研究の課題を探る』（日本生涯教育学会年報第20号）1999, p. 141-158.
32) 社会教育施設ボランティア研究会『社会教育施設ボランティアの自己形成Ⅱ——面接による22名の事例研究』1999.
33) 小川誠子, *op. cit.*, p. 147-151. なお，松岡廣路は，小川の指摘を，①非日常仮説②自己省察仮説③人間関係仮説④関係変動仮説，のような表現で肯定的に評価している。松岡廣路「学びの場としてのボランティア活動の可能性——社会教育施設ボランティアと福祉ボランティアの比較を通して」社会教育施設ボランティア研究会『社会教育施設ボランティアの自己形成Ⅲ——面接調査の理論的検討』1999, p. 15-25.
34) 伊藤俊夫, *op. cit.*, p. 53.

35) *Ibid.*, p. 53-57.
36) *Ibid.*, p. 53.
37) 黒沢惟昭, *op. cit.*, p. 25.
38) *Ibid.*, p. 26.
39) 森山沾一「コミュニティ形成とボランティア・ネットワーキング」日本社会教育学会編『ボランティア・ネットワーキング――生涯学習と市民社会――』*op. cit.*, p. 43.
40) 山本恒夫「生涯学習社会のボランティアと図書館」北嶋武彦他編著『図書館特論』(新現代図書館学講座17)東京書籍, 1998, p. 141-142.
41) 倉内史郎「ボランタリズム」碓井正久編『社会教育』(教育学叢書第16巻)第一法規出版, 1970, p. 255.
42) *Ibid.*, p. 256.
43) *Ibid.*, p. 267. なお, 倉内はのちに「社会教育の理論」という議論を展開しているが, おそらくもっとも関連のあると考えられる「自発性理論」の議論においても「ボランタリズム」は言及されていないことは不思議ではある。倉内史郎『社会教育の理論』(教育学大全集7)第一法規出版, 1983.
44) 伊藤俊夫, *op. cit.*, p. 52-53.

第2章　生涯学習支援・社会教育における　ボランティア活動の意義

1　教育改革と生涯学習支援施策

(1) 社会の改革と教育の改革

　1999 (平成11) 年12月のいわゆる『教育白書』(平成11年度) は、「今、なぜ教育改革が必要なのか」について、少子・高齢化、情報化、国際化の急速な進展、経済活動の長期の停滞・失業問題の深刻化等を背景にした「政治・行財政・経済構造など社会の様々な分野において従来のシステムを見直した上で大胆な改革が進められて」おり、「あらゆる社会システムの基盤である教育の分野においても、これまでの教育の成果を踏まえつつ、新しい時代に適合し、これを先取りするような改革を積極果敢に進めていく必要があります」と述べている[1]。

　ここには、教育は、社会の根幹であるという認識が存在する。また、さまざまな、システム・制度改革は、いきつくところ教育改革で完結するという認識がある。つまり、社会の問題は教育で解決できる・あるいはしなくてはならないが、その教育にも問題があるので、これも改革しなければいけないという論理の展開である。ところが、教育も社会システムの一環であるのだから、存在する社会の問題を反映したものであり、教育だけを取り出して手を加えるということは、そう簡単にはできない。

　この教育改革は、たとえば、「生きる力」の強調、「総合的な学習の時間」の導入、学校をめぐる管理・運営方式の改革等に特徴を見ることができる。これらを行うためには、学校内部の努力では限界があり、学校の外部との連携が必要になることは明らかである。つまり、旧来の学校が社会に適応できなくなっており、学校を「開いて」、より社会・地域社会の諸資源を活用しようという動きである、と考えられる。いわば、子どもが助けを求めているだけでなく、学校も外部に助けを求めているのである。しかし、その学校の外部の社会にも

問題が山積しているというのだから話は複雑なことになる。

(2) 生涯学習の時代？

　臨時教育審議会答申等によって，明治以降の学校制度の整備と裏腹の関係にある学歴社会の弊害を払拭するためにも生涯学習体系への移行を，と叫ばれてから久しい。教育・学習を学校教育の場面だけで考えるのでなく，人生のさまざまな時期・さまざまな機会の学習を認知し，その学習成果を正当に評価すべきであるという考え方，「生涯のいつでも，自由に学習機会を選択して学ぶことができ，その成果が社会において適切に評価されるような」[2]「生涯学習社会」を築くことの重要性の認識は，次第に広がってきているとはいえよう。教育改革は，この生涯学習体系への移行という方向で推進されているといえる。しかし，これは，考え方としてだけであって，実際には，日本社会における学校の位置はそれほど変わってはいないとみることが妥当だろう。教育改革といっても，学校改革が中心なのである[3]。

　むしろ，生涯学習の時代であるといわれることが，問題を引き起こすことになってはいないかという点に注目することが必要であろう。「生涯学習」が，学校教育や系統的な学習や，社会的・公共的な課題の学習をも包含した概念であるということを無視し，趣味・娯楽・教養や自己中心の自己実現・「自分探し」といったきわめて個人的な次元の概念に矮小化・誤解して語られることは論外ではあるが，それだけではなく，「生涯学習」というコトバを使うことによって問題の先送りや本質的な事柄からの回避ということが生じていないか，注意すべき問題である。

　たとえば大検（大学入試資格検定）が注目され，「より利用しやすいような改善」が進んでいるが，学校教育（高等学校）そのもののありようを改善しようとする動きとは，どのように整合的に考えられるのだろうか。それは，学校教育において改善すべき問題を，「生涯学習」の領域へと移し替えるということだけではないのか。その上，最後は，大学という学校（への入学試験を受けるという資格，さらには大学教育，大学卒業・学士という学歴）に帰着し，学歴社会の側面的補強という位置づけになっているという解釈も可能なのである。学力低下についての議論も活発である。学校以外の場面での学習を適切に評価

するということは結構であるが，基本的なものが軽視されている，ということはないのであろうか。その際に「生涯学習」というコトバが都合よく使われているということはないのであろうか。学校教育には学校教育の役割が，社会教育には社会教育の役割が存在し，それぞれがきちんと機能してはじめて生涯学習重視の時代に対応できるのであろう。

　全体的に見るなら，今日の教育改革は，学校教育領域の改革であって，生涯学習社会の構築にあたっての重要な領域である社会教育についての改革はおざなりなものであるということもできよう。教育は，すなわち学校教育のことであるというような認識は，未だに改まってはいないのであろう。

(3) 社会教育行政での対応とその批判

　それでも，学校改革の他に社会教育の領域での改革も進行中であるが，1998（平成10）年9月の生涯学習審議会答申「社会の変化に対応した今後の社会教育行政の在り方について」にみられる改革の全体的な方向は，地方分権・規制緩和の流れに沿ったものである。また，それとの関連で，民間の諸活動の活発化への対応が，その基調をなしている。答申は，ネットワーク型行政（広範な領域で行われる学習活動に対して，さまざまな立場から総合的に支援していく仕組み）を構築していく必要がある，として，学校との連携，民間の諸活動との連携等を説いている。これらは，学校教育を補完するという限りでの社会教育領域での改革であるということもできるであろう。

　進行中の教育改革は「新自由主義」による改革で，「再中央集権化」を狙うものであるという直截的な批判[4]や，「学習権保障」の立場からの，「生涯学習は自由な学習者の自発的選択にもとづくとされ，学習機会の多様化と市場原理の導入が眼目とされてきたが，現実にはバブル崩壊のもとで民間事業者の参入も頭打ちとなっている。他方ではボランティア育成や現代的課題の学習の組織化，『学社連携』の必要から『公益性』の側面が強調されるようになり，90年代の生涯学習推進政策においては『社会参加』促進にむけて道義的価値形成も強調されつつある。しかしここには『心の教育』や『奉仕』の義務化の主張にみられるような国家的公共性論の強調と，草の根からの市民的公共性の模索が矛盾しながら拮抗している。」という現実認識[5]にみられるような批判がな

されるが，この種の議論に与するかどうかは別として，生涯学習振興という方向の中で，社会教育行政の側から，学校と並んで，民間（営利・非営利）の諸活動との連携を視野に含めるような動きがでてきていることは注目に値することであろう。

　2000（平成12）年12月の教育改革国民会議の提案，翌月の文部科学省による「21世紀教育新生プラン」のとりまとめ等を契機に，「奉仕活動」をめぐる議論はにわかに活発になった。このような中で，学校教育法の改正と同時になされた社会教育法の改正（2001年7月）によって，社会教育法第5条に市町村教育委員会の事務として「青少年に対しボランティア活動など社会奉仕体験活動，自然体験活動その他の体験活動の機会を提供する事業の実施及びその奨励に関すること」（12号）が加えられた。また，中央教育審議会は，「青少年の奉仕活動・体験活動の推進方策について」（答申）を2002（平成14）年7月に提出して，「個人や団体が経験や能力を生かし，互いに支え合う新たな『公共』を創り出すことに寄与する活動を幅広く『奉仕活動』と捉え，新たな『公共』による社会を創っていくために，このような活動を社会全体として推進する必要がある。」としている。

　ボランティア活動への注目については，今日の状況の中で議論されることから，近年になって関心が生まれてきたかのような錯覚も生まれているが，「ボランティア」・「ボランティア活動」という用語を直接使用するかどうかは別にして，社会教育の領域では，古くから関心があったということができよう。その流れの中で，ボランティア活動は，さまざまな期待・批判や意味合いを込められて注目されてきたのである。

2　学習活動の変化・多様化とボランティア活動

(1) 学習活動の支援の様式の多様化

　日本における社会教育による人々の学習活動の支援は，第二次大戦敗戦後に本格的な展開をみたといえるが，その支援の様式はこのかん変化・多様化してきている。

　たとえば，松下圭一による社会教育行政批判である，「社会教育の終焉」論

も，いわば戦後社会教育の中心的存在である公民館の活動に拮抗する形で登場してきたコミュニティ・センターでの活動を，社会教育行政批判の基礎にした議論であった[6]。また，「社会教育法は，カルチャーセンターやアスレチッククラブなど『営利目的の学習機会提供事業』を排除していないので，これまで社会教育行政の対象として認識されてきたか否かは別として，これらの営利事業も社会教育の一部と言える。また学習機会の提供者について何ら限定していないので，教育委員会やその付属施設・所管団体の事業に限らず，首長部局の所管団体，営利企業，個人等が実施するものも社会教育の一部である。」[7]として，「新社会教育」観を提起する，行政担当者による社会教育理解が1994（平成6）年に示されているが，これは，明らかに，社会教育法公布施行（1949年）時点では考えられなかった社会状況を基礎にした議論である。行政が現状との整合性を示すためのかなり無理のある論法を用いていることが明らかではあるが，学習活動支援の様式の変化・多様化の傾向を示すものである。

　さて，このかんの学習活動と社会教育を中心とするその支援については，いくつかの論点によって特徴づけて整理できると考えられる。さまざまな事例は，複雑に絡みあった背景要因により，一回しか生起しないものであるといえるが，いくつかの事例を群として考えた場合に，それらにほぼ共通する特徴を見いだすことは可能であろう。論点をいくつか提示してみよう。

　特徴の第1にあげられるのは学習の目的に関係する論点であり，学習活動が課題解決のために存在したのか，自己実現のために存在したかという相違による区分であろう。「課題解決志向型」か「自己実現志向型」かという性向がひとつの区分基準となりえるだろう。

　第2は，学習活動の支援方法についての論点であり，専門家による支援が期待されるか，住民自身による相互扶助的活動によってなされることが期待されるか，という相違も考えられる。「専門処理システム原則型」か，「相互扶助システム原則型」かという区分である[8]。

　第3は，学習機会の提供システムに関係する論点であり，学習機会の設定・提供が，行政によってなされる「行政主導型」か，民間の営利機関等によってなされる「市場原理型」か，民間非営利機関等による「使命主導型」かという違いである[9]。

第4は，第2，第3の点とも密接に関連するが，学習支援における参加に関係する論点であり，学習活動の支援が支援当事者の内部によってのみ担われる「関係者処理志向型」か，他の機関・第三者等と連携し，その意見が反映される「参加導入・連携志向型」であるかどうかという区分である。
　第5は，学習活動と地域との関係に関連する論点であり，学習活動の展開やその関心が地域生活・地域社会に密接に関係しているか，むしろ全世界的・地球的規模での関心に関係しているかという点での区分で，「地域志向型」であるか，「超地域志向型」であるか，さらには，地域自体を意識していない「脱地域志向型」かという区分である。
　このような5つの論点をもとにしながら，第二次大戦敗戦後の学習活動と社会教育について，いくつかの典型的なタイプをとりあげ，それらとボランティア活動の関連について検討していくことにしよう。
　再度整理してみれば，第1に「課題解決志向型」・「自己実現志向型」，第2は，「専門処理システム原則型」・「相互扶助システム原則型」，第3は，「行政主導型」・「市場原理型」・「使命主導型」，第4は，「関係者処理志向型」・「参加導入・連携志向型」，第5は，「地域志向型」・「超地域志向型」・「脱地域志向型」，である。これらの論点の組み合わせで類型化して学習活動・その支援を考えると，それらは，それぞれボランティア活動とどのように関連しているのであろうか。

(2) ボランティア活動との関連

　1992（平成4）年の生涯学習審議会答申「今後の社会の動向に対応した生涯学習の振興方策について」においては，生涯学習とボランティア活動との関連が，「第1は，ボランティア活動そのものが自己開発，自己実現につながる生涯学習となるいう視点，第2はボランティア活動を行うために必要な知識・技術を習得するための学習として生涯学習があり，学習の成果を生かし，深める実践としてボランティア活動があるという視点，第3は，人々の生涯学習を支援するボランティア活動によって，生涯学習の振興が一層図られるという視点」として示されている。
　学習の過程を，目的，内容，（支援）方法・（狭義の）過程，成果というよう

に分節化してみた場合，生涯学習審議会答申で示されている「視点」は，第1が，学習の目的に関わる論点，第2が学習の内容・成果に関わる論点，第3が学習支援の方法あるいは学習過程に関わる論点であると考えることができるであろう。学習の過程それぞれに，ボランティア活動と生涯学習とは関連するということなのである。

　また，ボランティア活動は，その特徴として，自発性，無償性，公益性（さらに，先駆性，継続性も加えられる場合もある）があげられる場合が多い。生涯学習は自発的な活動であり，それは職業としてあるいは対価を回収する活動として存在するわけではないし，その成果が公共的な形で享受される場合も多い。それゆえ，生涯学習とボランティア活動とは，きわめて類似した活動であることは，すでに自明視されてきている。

　「課題解決志向型」の場合は，その行動は，きわめて自発性の高い行動であるということができる。その中でも，社会性・公益性の強い学習行動の成果は，学習者自身にとどまらない。これは，ボランティア活動の特徴としてあげられる論点と合致するものなのである。

　「自己実現志向型」は，社会性・公益性は弱く，当座は学習行動の成果が学習者自身に帰属するということになり，ボランティア活動と直接関連をもつものであるとはいえないが，その学習の成果を活用したボランティア活動へと発展する素地を形成するものであるという位置づけもできよう。もちろん，自発性という観点からは，ボランティア活動との親和性は高いといえる。

　「相互扶助システム原則型」は，まさに，ボランティア活動そのものの考え方であるといえ，「専門処理システム原則型」の考え方は，その専門処理を補助・補完する形で，ボランティア活動が位置づけられることになろう。

　「行政主導型」においては，「専門処理システム原則型」とも関連して，ボランティア活動は補助・補完的な存在として位置づくであろうが，「使命主導型」においては，ボランティア活動の目的そのものとの学習の目的・内容等での重複が多くみられるといえよう。「市場志向型」では，ボランティア活動との接点は考えられにくい。

　「参加導入・連携志向型」では，学習活動の支援に外部から関与する形でのボランティア活動が想定されるが，「関係者処理志向型」では，ボランティア

活動との接点は想定しにくい。もちろんこの「関係者」自体をボランティアと措定することも可能ではある。

「地域志向型」では，学習活動の展開や関心が地域に存在しており，社会性・公益性の強い学習活動となり，ボランティア活動との親和性は高い。また，「超地域志向型」においても，全世界規模・地球規模の関心が存在し，これもボランティア活動との親和性は高いといえる。

このように考えてみれば，そもそも，社会教育の領域での学習活動支援はボランティア活動にきわめて重なり合う性格を持つ，親和性の高いということが理解できよう。何も，このような整理をしなくても，「自明である」といえそうでもある。

(3) 学習活動支援の諸様式とボランティア活動

ここでは，第二次大戦敗戦以降の，学習活動と社会教育によるその支援を，学習機会（の提供体）に着目して，いくつかに類型化して，それぞれの，ボランティア活動との関係について確認してみよう。

① ［総合的施設拠点における学習タイプ］　第二次大戦敗戦後の，典型的な学習活動とその支援として，公民館による活動をあげることは，異論のないところであろう。この公民館活動について，実質的に影響力をもったのは，文部官僚・寺中作雄による構想であったが，公民館という地域社会を基盤にした総合的な施設によって人々の学習活動の支援を行おうとしたものである。この公民館は，「多方面の機能を持った文化施設」とされ，①社会教育機関，②社交娯楽機関，③町村自治振興機関，④産業振興機関，⑤青年養成機関という総合的な役割を期待されていた。その地域の固有の課題を解決するための機関として位置づけられ，学習活動は，地域課題・生活課題を解決していくための共通の活動として位置づけられていたといえる。ここで，町村自治振興機関とは，公民館の組織運営自体が自治的に行われるべきであるということと共に，公民館の事業が自治精神を錬磨するために資するものであるという二重の意味を有していることにも注目する必要があろう[10]。

このタイプの学習活動とその支援は，何も戦後初期においてのみみられたわけではなく，今日においても，同種の活動が広範に展開されているものである

ことは，いうまでもない。

このタイプは，「課題解決志向型」，「相互扶助システム原則型」，「行政主導型」，「参加導入・連携志向型」，「地域志向型」というような特徴をもち，ボランティア活動との親和性は高い。ただ，専門的職員の役割を強調し「専門処理システム原則」にしたがうとした場合には，ボランティア活動は，その補完的役割を担うという位置づけになろう。

② ［専門的社会教育施設における学習タイプ］　公民館の活動を総合的施設拠点タイプとすると，図書館，博物館，青少年教育施設，文化施設（ホールをもつ施設）等は専門的社会教育施設として位置づけることができよう。生涯学習センター，婦人教育施設（女性センター・男女共同参画センター等の呼称もある）等は総合的施設拠点タイプとして位置づけられようが，この専門的社会教育施設は，図書館・博物館にあってはそれぞれの対象とする資料との関連，青少年教育施設・文化施設にあっては，それぞれの対象とする活動の内容との関連において，専門的職員の役割の比重が高いと考えられる施設である。

このタイプは，「課題解決志向型／自己実現志向型」，「専門処理システム原則型」，「行政主導型」，「参加導入・連携志向型」，という特徴を持ち，全体としては，やや「地域志向型」に傾斜するというような特徴をもつものといえよう。このタイプにおいては，専門的職員の補完的存在としてボランティアが位置づけられる場合もありうるが，そこでの学習内容や施設の運営方法との関連でボランティア活動との親和性が高くなると考えられよう。

③ ［団体活動による学習タイプ］　これについても，戦後初期に源流を求め，青年団の共同学習運動を想起することができるであろう。日本青年団協議会による「共同学習運動」は，1953（昭和28）年の青年学級振興法に対抗するための運動であったが，学習活動への参加者が生活上の課題を持ち寄り，話し合い・生活記録・調査活動等の手法を用いつつ，問題解決の方向を検討し，社会的実践によって問題を解決するというプロセスが考えられていた。個人個人の抱えている問題が，地域の共通の問題であることを確認し，それを自らの力で解決するという，学習活動を介在させた社会的実践活動であるという性格付けができるものである。しかし，ここで考えている団体は，社会教育関係団体と認定されるような団体であり，地縁を基礎にする団体であり，学習活動が主

たる目的になっており，行政との関係を密接にもつような団体であることには注意が必要である。この種のタイプの活動は，今日においても広くみられる状況にある。

このタイプは，「課題解決志向型」，「相互扶助システム原則型」，「使命主導型」，「関係者処理志向型」，「地域志向型」というような特徴をもつといえよう。このタイプの学習とボランティア活動との親和性はきわめて高いと考えることができよう。むしろ，その違いが，活動全体の中での学習活動の比重の違いに求められるということなのであろう。

④ [カルチャーセンターにおける学習タイプ]　このタイプは，1970年代くらいからの特に大都市圏において顕著にみられるようになってきた学習活動とその支援である。第二次大戦敗戦後，行政が中心になって行っていた人々の学習活動支援・社会教育とは，対極に位置すると考えられるカルチャーセンターによる学習機会の提供と，そこでの学習活動は，社会教育の制度についての見直しを迫るものでもあった。また，人々の学習活動に対する意識の転換を示す現象でもあった[11]。

このタイプは，「自己実現志向型」「専門処理システム原則型」「市場原理型」「関係者処理志向型」「脱地域志向型」というような特徴をもつといえよう。これについては，ボランティア活動との関連をみいだすことが困難であると考えられる。自発性という点が共通する唯一の点であるかもしれない。なお，ここでは取り上げないが企業内教育・研修などもこのタイプに近いがそこでは自発性という特徴も比重が低くなり，ボランティア活動との接点は存在しなくなる。

⑤ [住民運動における学習タイプ]　1960年代以降の日本における，さまざまな社会問題に関連した住民運動の中で展開された学習活動も，当事者にとってひとつの重要な学習機会であったということができる。これらは，「国民の自己教育運動」の一環，その「地域的形態」として位置づけられることもあるが[12]，「日常知」と「専門知」との関連[13]，学習組織における指導者の問題等さまざまな問題を提起していると考えられる。

このタイプは，「課題解決志向型」，「相互扶助システム原則型」「使命主導型」で特徴づけられ，全体としてみれば，やや「関係者処理志向型」，「地域志

向型」に傾斜するというような特徴をもつものといえよう。これは，団体活動による学習タイプと同様に，ボランティア活動との親和性は極めて高い。

⑥　[NPO活動における学習タイプ]　1990年代後半以降，特に1995年の阪神淡路大震災を契機としてボランティア活動やNPO (non-profit organization) の役割についての注目が集まり，1998年に特定非営利活動促進法が施行されるなどの社会的背景の中で，NPOと社会教育・学習活動についての注目も俄に多くなってきた。その際，NPO活動自体が学習機会を提供することを目的としている場合と，NPO活動の中で学習活動がみられるという二面があるということは，特段注意するまでもないことであろう。人間の全ての活動にそのようことはみられるともいえるのである。

すでに団体活動がボランティア活動におおいに関連していることは述べたが，その場合，地縁を基礎にする団体が行政と連携しながらの学習活動であって，ここで取り上げているタイプは，住民運動のように行政や企業等と対立関係にあるわけではないが，行政や社会の他機関との連携を志向し，むしろ行政とは一定の距離をもちながら活動が展開されているところに大きな相違点があるといえる。また，ここでのNPOという用語は法的な概念ではなく，社会教育の領域では，広く「目的団体」等と呼ばれる特定の関心を共有する人々からなる団体を想定している。

このタイプは，「課題解決志向型」，「相互扶助システム原則型」，「使命主導型」，という特徴をもち，全体としてはやや「参加導入・連携志向型」，「超地域志向型」というような特徴をもつものといえよう。このタイプも，団体による学習，住民運動における学習と同じように，ボランティア活動との親和性は高い。

このように考えれば，「カルチャーセンターにおける学習タイプ」を除いたすべての学習タイプにおいて，さまざまな形でボランティア活動との強い関連を考えることができるということになる。「カルチャーセンターにおける学習タイプ」にしても，学習内容の活用法いかんによって，ボランティア活動の素地をつくることに貢献することも考えられる。ボランティア活動は，さまざまなタイプの学習活動と，さまざまな形で密接な関連をもつものなのである[14]。

3 ボランティア活動への期待と批判

　社会教育領域でのボランティア活動への注目・推進については，1970年代から，人々の動員であり，支配的な価値への囲い込みであるという批判が存在している。あるいは，専門職員を配置しないという安上がり政策・行政が本来保障すべき学習機会の条件整備の責任を放棄するものであるという批判も今日まで継続して存在している。

　学校教育の領域においては，1977（昭和52）年以降の「ボランティア協力校」の事業も成果をみせていると考えられるし，1993（平成5）年に高等学校の入学者選抜においてボランティア活動等が適切に評価されるよう文部省から都道府県教育委員会に通知されたこともあり，また，「総合的な学習の時間」が導入され，「奉仕活動・体験活動」が学校教育・社会教育の両領域において推進されている現在，ボランティア活動への注目はより顕著になってきた。ボランティア活動そのものをさせるのではなく，ボランティア活動を考える，ボランティア活動をしながら学習するという「ボランティア学習」（あるいは，米国での「サービス・ラーニング」）という考え方に基づいた実践活動も，全国的に展開されてきた[15]。もちろん学校教育においても，ボランティア活動を動員的に強制させるということや評価の対象にするということについての批判が存在する。これは，すでに言及した2000年12月以降の「奉仕活動」をめぐる動きの中での批判を想起すれば理解できるところであろう。

　ところで，社会教育の領域でも学校教育の領域でも，ボランティア活動自体が学習過程なのだという考え方が存在していることもこの間の議論やボランティア活動をめぐる動きをみる中で確認できることである。あるいは，ボランティア自身の成長への注目がなされているのだということもできる。ボランティア活動は，社会貢献活動としても存在するし，相互扶助の機能をもつものでもあるし，さらにはボランティア自身の自己形成にも資するものでもあるという考え方である。活動自体だけでなく，ボランティア活動をはじめる前の学習，ボランティア活動の後の学習とを加えることによって，単に動員され支配的な価値観を強化・内面化するのでなく，自律的な学習・批判的な視角を身につけ，新しい価値を創造することも可能になると考えられているのだといえよう。

このように，ボランティア活動については，生涯学習・社会教育の領域では期待と批判が相半ばしてきたといえるが，NPOについては，期待一色のようにみえる。

前述の1998（平成10）年9月の生涯学習審議会答申「社会の変化に対応した今後の社会教育行政の在り方について」では，民間の諸活動との連携が強調されているが，そこでは「社会教育関係団体」「民間教育事業者」「町内会等の地縁による団体」とともに，「ボランティア団体をはじめとするNPO」への言及がみられる。前3者はこれまで多かれ少なかれ社会教育行政が関係をもってきたものであるが，「ボランティア団体をはじめとするNPO」への注目は新しく，これらの団体等との「新たなパートナーシップ（対等な立場から相互に連携・協力しあう関係）を形成していくことが大切である」とされている。国レベルだけでなく，地方レベルでもNPOとのパートナーシップで生涯学習の推進をという考え方が広がっている。また，これまで文部省サイド主導の生涯学習推進政策に批判的な勢力もNPOの活動に期待しているという状況もある。

日本の社会教育は，主として団体の活動によって担われてきたといわれる。教化団体として育成・利用・統制の対象とされてきたものが，第二次大戦敗戦後，社会教育関係団体として行政との関係を保ちながら学習活動の支援をしてきたといえる。それらの団体が網羅的・動員的であるという批判はこれまでずっと存在してきた。答申は，「社会教育関係団体」「地縁による団体」への配慮も忘れてはいないが，NPOとの，むしろ行政が退いた形での連携によって学習活動の支援を行おうとする方向を打ち出しているのである。しかし，NPOの提供する学習機会やその活動の中での学習への注目は，これまでNPOという用語で示されなかった団体，あるいは法的な位置づけがされた「特定非営利活動法人」ではない団体でも同様に考えられることなのである。生涯学習の領域で考えてみればNPOは新しい枠組みを提起しているわけではないともいえる。一方で，NPOへの期待は，旧来の諸社会運動の新たな形態の模索としても存在するのであり，「目的」の相違の度合いによっては行政がどこまで「パートナーシップ」を保つことができるかは不明である。今後ある時期に，両者の思惑の違いが表面化することも考えられる。

さて，NPOへの注目の中で，その類縁概念として考えられるボランティア

活動は，NPOをみる時とはまた異なる視角での期待と批判がなされなければいけないのである。それは，個人の自律との関連での期待であり批判でなければならないのであろう。NPOの活動が，自律した個人の活動の集積・総合としてなされるのか，「プチ官僚制」あるいは「疑似官僚制」の機関としてNPOが存在しているのかが，ボランティア活動との関連でのNPOへの注目の論点ということなのであろう。個人の自律という観点こそが，生涯学習支援・社会教育からの関心なのである。

4　ボランティア活動と生涯学習・社会教育

　これまでのさまざまな福祉教育の実践や，「総合的な学習の時間」の中で，福祉やボランティア活動についての学習が行われることのひとつの意味は，実際の「体験」が貧弱な社会における青少年に「体験」の機会を与えることにある。矛盾したようにみえるが，止むを得ないことであろう。

　その際，いわば「感覚」が直接「行動」に移行してしまう傾向がある現在の青少年に対して，「体系的な知識・理解」もあわせて提供し，自らあるいは他者とともに考えるという自律的な学習を可能にしていくことが望まれる。福祉の領域では，驚きや共感や思いやりの心等が注目されることが多いと思われるが，「体系的な知識・理解」の重要性は強調してしすぎることはない。この裏付けを欠いた共感はもろいのではなかろうか[16]。学校という画一化された場面だけでは教育は困難であるという認識が教育改革の前提にある。学校においても地域の状況を反映した「体験」の機会が提供されるべきであるが，むしろ福祉関係をはじめとする地域の諸機関・諸団体・諸個人がその「体験」の機会を（学校に協力するという形以外でも）積極的に提供する方向が模索されるとよい。まさにそのことが生涯学習の時代の現われなのである。その際，地域にはさまざまな矛盾が存在することなどもきちんと示されなければ「体験」が意味のないものになってしまうことにも注意すべきである。学校教育が現実の社会から隔離された場所でなされてきたともいえようが，ボランティア活動への積極的接近は，地域・社会に存在するさまざまな矛盾，負の評価を受けるような現実への接近と同義であることを，自覚して行わなければならないのであろ

う。「体験」は，「良い体験」と「悪い体験」を区別して行うことは困難であり，そのような区分は「体験」を無益なことにすることにもなるであろう。

　おそらく，生涯学習とか個人の成長・自己形成という観点からすれば，重要なことは，制度化された・されるNPOへの期待ではなく，ボランタリーな活動・ボランタリーな集団への期待であろう。NPOに特化した言い方をすれば，NPOのもつボランタリーな性格が注目に値するということなのであろう。ボランティア活動に特化した言い方をすれば，「ボランティアという生き方」への注目ということであるかもしれない[17]。

　集団によって表明される目的が実現されること自体に意義を見いだすのでもなく，大規模化・官僚制化された集団の中でなく，個人個人の自発性に基づいた活動が，実感を伴って，行動に責任を感じながらできる・やらなければならない，つまり，自ら試行錯誤しながら「体験」できるという点こそが生涯学習という観点から注目に値する，ということになるのであろう。異質な他者を理解し，存在を認めつつ生活していくことの必要性を自覚し，社会的・公共的課題に関心をもつこと等につながっていくことが期待されるのである。

注

1）文部省『我が国の文教政策（平成11年度）』大蔵省印刷局，1999, p. 2.
2）1992年生涯学習審議会答申「今後の社会の変化に対応した生涯学習の振興方策について」，1991年中央教育審議会答申「新しい時代に対応する教育の諸制度の改革について」でも若干表現は違うが，同趣旨のことがのべられている。
3）このあたりについては，鈴木眞理「生涯学習社会の社会教育」鈴木眞理・松岡廣路『生涯学習と社会教育』（シリーズ生涯学習社会における社会教育第1巻）学文社，2003, p. 144-146. を参照されたい。
4）たとえば，姉崎洋一「地域をめぐる国家政策と教育——中教審・生涯学習審をつらぬくもの」教育科学研究会・社会教育推進全国協議会編『教育，地方分権でどうなる』国土社，p. 47.
5）佐藤一子「公教育概念と学習権論の再構築」日本教育法学会『教育法制の再編と教育法学の将来』有斐閣，2001, p. 99.
6）松下圭一『社会教育の終焉』筑摩書房，1986. この議論の批判的検討としては，鈴木眞理「社会教育の周辺——コミュニティと社会教育のあいだ・再考」『社会教育学・図書館学研究』第11号，1987, p. 53-66. を参照されたい。
7）岡本薫「学校外の学習活動の体系的・総合的推進——『県民カレッジ』方式による『新社会教育』の挑戦」『社会教育』1994年6月号，p. 8.
8）この点については，倉沢進「都市的生活様式論序説」鈴木広・倉沢進・秋元律郎編

『都市化の社会学理論』ミネルヴァ書房，1987, p. 304-307. ならびに鈴木眞理「生涯学習社会の社会教育」鈴木眞理・松岡廣路編『生涯学習と社会教育』（シリーズ生涯学習社会における社会教育第1巻）学文社，2003, p. 154. を参照されたい。
9) この点に関しては，鈴木眞理「生涯学習支援に関する民間営利機関の役割」鈴木眞理・津田英二編『生涯学習の支援論』（シリーズ生涯学習社会における社会教育第5巻）学文社，2003, p. 47-63. を参照されたい。一般的なサービスの提供体としては，インフォーマル部門，公的部門，営利部門，非営利部門と整理されることが多いが，ここでは，家庭等が想定されるインフォーマル部門は除いている。
10) 寺中の公民館構想については，寺中作雄『公民館の建設』公民館協会，1946. 参照。
11) カルチャーセンターに代表される民間営利機関による学習機会提供については，鈴木眞理「生涯学習支援に関する民間営利機関の役割」*op.cit.*, p. 47-63. を参照されたい。
12) 小川利夫「社会教育の組織と体制」小川利夫・倉内史郎編『社会教育講義』明治図書，1964, p. 77.
13) 山本珠美「科学・技術と生涯学習」鈴木眞理・小川誠子編『生涯学習をとりまく社会環境』（シリーズ生涯学習社会における社会教育第3巻）学文社，2003, p. 141-152.
14) ここでは，学習機会（の提供体）に着目して6タイプの学習を示したが，そのほか学習内容に着目して2つの学習タイプを示しておこう。
　⑦［発達課題追求の学習タイプ］
　　1970年代を中心にみられた，発達課題論をその理論的背景とする「生涯各時期の社会教育」という考え方，それに基づく自治体の生涯教育計画による施策展開等は，個人の発達段階やライフステージに注目しつつ，その時点で求められているテーマについての学習機会を提供しようとするもの，学習活動を推進しようとするものであった（この観点からの代表的なものとして，木原孝博・三浦清一郎編『生涯各期の人間理解と学習活動』〈生涯学習講座6〉第一法規出版，1991, をあげることができる）。
　　このタイプは，「課題解決志向型」，「専門処理システム原則型」，「行政主導型」という特徴をもち，全体としてみればやや「関係者処理志向型」，「脱地域型」に傾斜するというような特徴をもつものといえよう。あまり，ボランティア活動との親和性は考えられないタイプといえよう。
　⑧［現代的課題の学習タイプ］
　　1992（平成4）年の生涯学習審議会答申「今後の社会の動向に対応した生涯学習の振興方策について」において「現代的課題に関する学習機会」の充実についての提言がなされた。「社会の急激な変化に対応し，人間性豊かな生活を営むために，人々が学習する必要のある課題」としての現代的課題の学習は，発達課題論に基づく学習活動の限界を確認したものであると考えられるが，その補完として，この現代的課題についての学習が，必要課題として位置づけられたものであるといえる。
　　このタイプは，「課題解決志向型」，「行政主導型」，「超地域志向型」という特徴をもち，全体としてみればやや「専門処理システム原則型」，「参加導入・連携志向型」に傾斜するというような特徴をもつものといえよう。これも，その公益性という観点からのボランティア活動との親和性は高いと考えられる例であろう。なお，宮坂廣作は「公共的課題の学習」を提起している。これは，「専門処理原則」ではなく「相互扶助原則」に基づくものと考えられるが，そうであれば，ボランティア活動との親和

性はますます増加する。宮坂廣作『現代日本の社会教育』明石書店, 1987, p. 222-229. また, この点については, 鈴木眞理「学習者の参加する学習機会」鈴木眞理・永井健夫『生涯学習社会の学習論』(シリーズ生涯学習社会における社会教育第4巻) 学文社, 2003, p. 147. も参照されたい。

15) このあたりについては, 『体験・ボランティア活動の考え方・進め方』(『教職研修』「総合的な学習の実践マニュアル」No. 5) 教育開発研究所, 1997. 上杉賢士・田中雅文『中学生にボランティア・スピリットを育てる』明治図書, 1997, 日本ボランティア学習協会『小・中・高等学校・大学におけるボランティア学習の評価のあり方についての調査研究報告書』1999. 日本ボランティア学習協会『英国の〈市民教育〉』2000. 等の事例紹介が参考になる。また, 中学生対象のボランティア学習支援プロジェクトの試行についての報告書として, オリンピック記念青少年総合センター青少年教育施設におけるボランティア学習プログラムの在り方に関する調査研究協力者会議『青少年のボランティア学習プログラムの在り方に関する調査研究報告書』2003. がある。

16) このあたりについては, 鈴木眞理「教育はボランティア活動とどう関わるか」『2001年国際ボランティア年ハンドブック』(JYVAブックレットNo. 12) 日本青年奉仕協会, 1998, p. 41-45. も参照されたい。

17) たとえば, 『望星』1999年6月号の特集「『ボランティア』という生き方もある!」を参照されたい。

第3章　ボランティア活動に関する諸審議会の見解

1　社会教育行政からのボランティア活動への注目

　生涯学習・社会教育とボランティア活動の関連についての注目は，そう新しいことではない。ここでは，いくつかの審議会の答申等をやや詳しくみておこう。これらを基礎にこのかんの施策は展開されてきたのであるが，特定の時期の答申がその後の具体的な施策展開に大きな影響を及ぼしていることを，答申類の内容を子細に検討する中から確認することができるであろうと考えられる。社会教育領域においてボランティアへの注目は1970年代からなされてきたと考えることが適切であろう。

(1) 社会教育審議会答申（1971年）

　1971（昭和46）年の社会教育審議会答申「急激な社会構造の変化に対処する社会教育のあり方について」は，「生涯教育」という考え方が導入された答申として，現在に至るまで社会教育関係者に大きな影響力をもつものである。
　この中で，「ボランティア活動」という用語は，家庭婦人に関連する社会教育の課題としてとりあげられ，「家庭婦人は，都市においては，その居住する地域で昼間人口の大部分を構成し，農村においては基幹的な労働力となって生活しており，いずれも居住地域における中心的な存在となっている。これらの婦人には，地域における連帯意識の形成のため，ボランティア活動の展開が期待され，その拠点としての施設の設置，整備が望まれる」と指摘されている。また，結語として，5点にわたる指摘がなされているが，その一つに，「（団体活動，ボランティア活動の促進）心の豊かさを求め，社会連帯意識を高めるために，社会教育に関する団体活動がより積極的に展開される必要がある。その場合，小グループなどの目的的な活動を促進するとともに，従来の地域団体の組織運営を改善することや，団地など新しい地域社会の実情に即応した地域活動

の展開を図ることに留意する必要がある。また，特に民間人の意欲的なボランティア活動を重視する必要がある。」という指摘がある。このほか，青年に関して，余暇時間が「社会奉仕等」にも積極的に活用されることが望ましいこと，高齢者に関して，教育内容として，「各種の社会奉仕の活動」に関することもとりあげる必要があることが示されている。

なお，この答申の送付に際して添付された，各都道府県教育委員会教育長あて社会教育局長通知「社会教育審議会答申『急激な社会構造の変化に対処する社会教育のあり方について』の写しの送付について」(1971年5月15日)(関係者間では，「5.15通知」と称された)は，「社会教育行政は，これらの目的を達成するために，学校を成人一般にも開放するとともに，成人の集団活動やボランティア活動の促進，また成人が利用する社会教育施設の整備充実に努める必要がある」と結んでいる。

日本における社会教育行政からのボランティア活動の推進への注目は，この時期から始まったといってよいであろうが，上述のようにこの答申においては，「ボランティア活動」という語と「奉仕活動」という語が，ほとんど意識されずに用いられるという段階であったといえる[1]。また，この時期は，1963年の日本青年奉仕協会設立，1965年の大阪ボランティア協会設立，1970年の日本青年奉仕協会による「全国奉仕活動研究大会」(のち全国ボランティア研究集会として2003年まで開催)などの動きがあり，社会的にボランティア活動への注目がなされ始めた時期にあたること[2]，高度経済成長期における社会的歪みの中で，各地に住民運動が生起し，コミュニティ政策も展開されつつある時期でもあることに留意する必要はあろう。その後，女性ならびに青少年のボランティア活動(奉仕活動)促進方策に関する研究委嘱事業が実施されたのち，補助金事業としてボランティア活動の振興は社会教育行政の一つの課題とされていった[3]。

(2) 中央教育審議会答申 (1981年)

1981(昭和56)年の中央教育審議会答申「生涯教育について」においては，「ボランティア活動」という語は用いられていないが，社会教育の現状認識として，各種の学級・講座・芸術文化活動・体育・スポーツ活動に並んで，「奉

仕活動など多種多様な事業」が推進されていることが指摘されている。また，「成人するまでの教育」の中で，親が配慮すべき事柄として「地域社会への奉仕や勤労体験」が例示され，社会参加の促進のため，青少年の地域社会に対する関心・愛着を高めるため「奉仕活動などの場を与え」ること，「主婦，高齢者を含む成人一般の有志指導者」等の活躍が期待されている。「成人期の教育」においては，指導者の養成に関して，専門的職員とともに，「学校の教職員やその退職者，あるいは企業の専門職員や地域住民などの有志指導者の活躍が望まれる。」としている[4]。

この答申では，①社会教育の事業として奉仕活動があげられていること，②有志指導者への注目が述べられていること，の二点に留意してみたい。

(3) 臨時教育審議会第2・3・4次答申 (1986-1987年)

1986 (昭和61) 年の臨時教育審議会第2次答申においては，「第5章 社会の教育の活性化」の「第1節 自主的な学習活動の促進」で次のような指摘をしている。「ボランティア活動などの社会参加については，我が国においては諸外国に比べ，参加者が大変少ないという指摘がある。青少年や成人が生きがいや充実感をもって生きていくため，奉仕活動などボランティア活動を振興していくことが重要であるが，社会教育ではこの点についての対応が十分ではなかった。このためボランティア活動の場の開発を図るとともに，その活動に何らかの社会的評価を与え，ボランティアに励みを与える仕組みをつくることなどについて検討する。また，ボランティア活動などの社会参加による傷害等の事故に対する対処方策や，長期間の奉仕活動などに対し企業や官公庁等において身分保障を行うなど，社会的基盤の整備が重要である。」

さらに，指導者について専門職に言及した後，「高齢者などのボランティアや学校の教員を活用する方途を考える必要がある。公民館等の施設についても，ボランティア等を活用して，学習活動の活性化を図るなど，一層住民のニーズにこたえることができるようにする。」という指摘がなされている[5]。

1987 (昭和62) 年の臨時教育審議会第3次答申においては，「第1章 生涯学習体系への移行」の「第1節 評価の多元化」で，ボランティア活動とその成果の問題について次のように指摘している。「自発的な学習に対する動機を高

め，その活動を活性化する上で，学習によって得た知識や成果を公開の場に発表する機会や地域のボランティア活動その他の社会参加の機会が整備されることが有効である。特にボランティア活動は，それを志す人にとっては学習成果を生かせる場であると同時に，地域の教育力の活性化や高齢化する社会への対応に寄与するものである。その活動を充実させたいと希望する人々に対して，必要な知識・技術の習得やそのリフレッシュができるような研修プログラムを準備する。」

　1987 (昭和 62) 年の臨時教育審議会第 4 次（最終）答申においては，特段新しい視点は加わってはいないが，「社会教育・社会体育施設にかかる非常勤職員，ボランティアの活用，施設の民間委託等を図っていく必要がある」という指摘がある。

　これらの臨時教育審議会の答申においては，ボランティア活動と学習活動の成果との関連，さらに，指導者論との接合という視点が登場してきたということに留意する必要があろう。

(4) 社会教育審議会社会教育施設分科会報告 (1986 年)

　1986 (昭和 61) 年には，社会教育審議会社会教育施設分科会報告「社会教育施設におけるボランティア活動の促進について」が出された。なお，これを審議した施設分科会に施設ボランティア小委員会が設置されたのは，1986 (昭和 61) 年 3 月で，臨時教育審議会第二次答申が出る同年 4 月の前月であった。

　そこでは，まえがきにおいて，「物質的豊かさの中で心豊かな生活を願う人々が増えてきていることの表れ」として「ボランティア活動は，我が国の人々の間にも次第に広がってきている」という現状認識がなされ，「ボランティア活動を通して自己の成長を図るという考え方が目立つようになっている。いわゆる生涯学習活動の一つとしてボランティア活動をとらえ，これを促進しようとする傾向が強くなってきていると見ることができる」，「地域の人々の生涯学習活動の拠点」である社会教育施設が，ボランティア活動によって「地域の人々との結びつきを一層強める」ことになるし，「施設の活性化を促す」と考えられる，としている。

　この報告は，「まえがき」のあと，「第 1 章・生涯学習とボランティア活動」

「第2章・社会教育施設におけるボランティア活動」「第3章・ボランティア活動促進のための条件整備」「まとめ」という構成になっており，第2章においては，総論的にボランティア活動の意義についてふれ，「人々はボランティア活動に参加することで，自らの知的，精神的世界を広げ，生きがい意識を高めることも期待できるのである。」と，生涯学習活動との関連でその意義を強調している。

第3章においては，社会教育施設とボランティアの関係について，「社会教育施設の課題」「ボランティア活動による施設の活性化」「多様な活動領域」という構成で，総合的に述べている。また，第4章では，「受け入れ体制」「費用負担」，「事故防止」,「ボランティアの養成と研修」「ボランティア活動の社会的評価」と，社会教育施設においてボランティア活動を導入する際の具体的な場面における問題についての提言をしている。

この報告は，社会教育施設にボランティア活動を導入することが，施設にとっては「活力を呼び，新しい展開が期待でき」，ボランティアにとっても「自己実現の道であり，社会教育施設はその志を生かす格好の舞台となる」ので，両者の発展につながるとして，さまざまな条件を整備しつつ社会教育施設でのボランティア活動が促進されるよう求めているものであると考えられる。施設がボランティア活動を導入するに消極的になる理由として，①施設運営は施設職員が自力で行うべきであるという考え方があること，②ボランティア受け入れのために勤務過重になると考えられていること，③ボランティア活動としてどのようなものがあるか分かっていないこと，④活動希望者の把握がなされていないこと，があげられ，それを取り除くためには，①施設職員がもつボランティア活動に対する認識を改めること（「社会教育施設にボランティアを受け入れるのは，施設に新たな機能を加え，施設の教育機能の充実につながるものであることを理解する必要がある。施設職員の勤務の省力化のためではない。またボランティア活動そのものが一つの重要な学習活動であることを考えれば，その受け入れは施設職員として当然の職務であり，積極的な姿勢が求められる」)，②そのために受け入れの諸条件の整備が求められること，③ボランティア情報のネットワークの整備を図ること，に留意すべきであるというのである。

この小委員会報告は，費用負担について「活動に要した交通費，食事代を供

することは，ボランティア活動の本旨を損なうものでないばかりか，大方の合意が得られるものと思われる」という指摘を行ったり，事故防止のための安全教育の実施や保険制度の活用の必要性を指摘したり，養成や研修への目配り，社会的な評価の重要性の指摘を行うなど，きわめて総合的に，かつ進歩的なともいえる見解が示されていることは注目に値することであろう。これを，単純に社会教育施設の合理化に結びつくようなボランティア活動の導入の勧めであるとするような議論は，内容を正確に把握していない議論といえるであろう[6]。

　なお，1988（昭和63）年には社会教育審議会社会教育施設分科会中間報告「新しい時代（生涯学習・高度情報化の時代）に向けての公共図書館の在り方について」において，「職員の資質の向上」に関連して，「今後，図書館を地域の生涯学習の中核的施設として整備していくためには，図書館における活動にボランティアなど地域の人々との協力を推し進めていくことが必要になってくるが，こうした人々に対する研修の在り方についても検討することが重要である」という指摘や，人々の図書館の「利用の促進」に関連して，「ボランティアなど地域住民との協力」も必要なこと，「利用者が自ら調査・研究した成果や収集した資料を，利用者の協力を得て図書館の所蔵資料に加え，これを他の利用者が活用することも考えられる」ということや，障害者や児童へのサービスの場面での「専門的知識・技術を持った住民や利用者の協力を得ることも重要である。」という指摘もなされている。

(5) 中央教育審議会答申（1990年）

　中央教育審議会答申「生涯学習の基盤整備について」(1990年)は，その後の生涯学習振興法（生涯学習の振興のための施策の推進体制等の整備に関する法律）の制定ならびにいわゆる生涯学習センターの設置に大きな影響力をもったものであるが，生涯学習はボランティア活動の中でも行われるものであることが示され，指導者・助言者の養成・研修に関連して，「人々の生涯学習を支援し，様々な分野において指導・助言を行う人材の確保や資質の向上を図るため，ボランティアを含め生涯学習に関する指導者・助言者の養成や研修を行う」こと，生涯学習の成果の評価に関して，「都道府県が行うボランティアや社会教育指導員などの養成・研修事業における学習の成果認定をし，各種機関が行う

ボランティアの登録の参考となるようにする」こと，なども提言されている。

また，同年の中央教育審議会答申「新しい時代に対応する教育の諸制度の改革について」(1990年)では，学習成果の評価との関連で，「今後は，企業・官公庁の採用においても，ボランティア活動などの生涯学習の実績を評価することが期待される。このため，履歴書に学歴と並んで各種の生涯学習歴の記載を奨励することも重要であろう。」とし，さらに，「これからの社会にあっては，地域の活性化や家庭教育の充実のために，社会教育の指導者，ボランティアなどの養成・確保がますます必要になるであろう」から，学習の成果の「活用の機会を積極的に開拓することも重要である」としている。

これらは，すでに以前から指摘されてきた，指導者論，学習の成果の評価という関心からの指摘であるといえる。

2　ボランティア活動への積極的な注目と施策の展開

1990年代に入り，さまざまな社会的環境の変化の中で，生涯学習支援・社会教育領域におけるボランティア活動への注目は，より積極的になってきた。生涯学習ボランティア活動総合推進事業が1991(平成3)年度以降展開されたり，1995(平成7)年1月の阪神淡路大震災におけるボランティア活動への注目，1998(平成10)年3月の特定非営利活動促進法の公布等，ボランティア活動に関わる動きが急な中で，具体的施策の展開と関連して，さまざまな問題点の指摘がなされてきている。

(1) 生涯学習審議会答申 (1992年)

1992(平成4)年の生涯学習審議会答申「今後の社会の動向に対応した生涯学習の振興方策について」では，「当面重点を置いて取り組むべき4つの課題」のひとつに「ボランティア活動の支援・推進」が取り上げられた。この答申は生涯学習審議会としての初答申であり，当時の状況の中で，喫緊の課題とみなされていた，リカレント教育の推進，青少年の学校外活動の充実，現代的課題に関する学習機会の充実とならんで，「ボランティア活動の支援・推進」が取り上げられたものであった。

そこでは，生涯学習とボランティア活動の関連を，「ボランティア活動そのものが自己開発，自己実現につながる生涯学習となる」「ボランティア活動を行うために必要な知識・技術を習得するための学習として生涯学習があり，学習の成果を生かし，深める実践としてボランティア活動がある」「人々の生涯学習を支援するボランティア活動によって，生涯学習の振興が一層図られる」という3点にまとめており，ボランティア活動を支援推進することの必要性を説いているが，この3つの視点は，その後の関係者間の議論の基礎になっていくものであった。

　ボランティア活動の意義，活動分野，評価の視点が示され，ボランティア活動の支援・推進に向けての課題が，①社会的文化的風土づくり，②ボランティア層の拡大と活動の場の開発，③情報の提供と相談体制の整備充実，連携・協力の推進，④事故等への対応と過剰な負担の軽減のための支援，⑤企業における課題，⑥評価に関する課題，の6点について示されている。

　充実・振興方策としては，かなり具体的な提言がなされている。たとえば，

a 「ボランティア活動を希望する人々のために，ボランティアの精神，ボランティア活動の理念等について学習する機会を，様々な形で拡充することが重要である。ボランティアを受け入れる公的施設・機関等においては，職員を対象にボランティア活動に対する正しい認識を培う研修を行うことが必要である。」

b 「『生涯学習ボランティアセンター』のような場を整備し，その運営に当たっては，ボランティアによる相談員を置くことも考えられる。」

c 「生涯学習ボランティア支援のための全国的なセンターの機能を整備することも考えられる。」

d 「都道府県・市町村の教育委員会は，民間団体等の協力を得ながら，関係行政部局と連携を取りつつ，『生涯学習ボランティア活動推進会議』等を開催することが必要である。また，全国的な規模での連携・協力を図るための会議等の開催も望まれる。」

e 「ボランティアを受け入れる施設及び機関等は，必要に応じ，ボランティア活動のリーダーとなる人の資質・能力の向上を図る機会を設けることが必要である。」

f 「ボランティア活動に伴う経済的な負担の軽減のため,ボランティア活動の実費弁償の在り方を検討する必要がある。」

g 「ボランティア活動に対する民間の助成を促進するため,団体の設置や,既存の団体がボランティア活動を助成するよう働きかけることも重要である。個人・企業等がボランティア活動を行う団体等に対して経済的支援を行った場合の税制上の配慮等について検討する必要がある。」

h 「学校外のボランティア活動の経験やその経験を通して得た成果を適切に学校における教育指導に生かすこと。ボランティア活動の経験やその成果を賞賛すること。ボランティア活動の経験やその成果を資格要件として評価すること。ボランティア活動の経験やその成果を入学試験や官公庁・企業等の採用時における評価の観点の一つとすること。」

i 「行政と関連したボランティア活動については,行政機関が果たす役割とボランティアが行う活動を明らかにし,ボランティアが単なる行政の補助でなく,サービスの質を高める上で一定の役割を担っていることを,職員とボランティアが相互に理解し合うことが重要である。」

等であるが,これらの多くは,その後実際に行政施策に組み込まれ全国的に展開されていくことになるのであり,この答申のもつ影響力の大きさが理解されるところである[7]。

(2) 生涯学習審議会答申（1996 年・1998 年）

1996（平成 8）年の生涯学習審議会答申「地域における生涯学習機会の充実方策について」では,社会教育・文化・スポーツ施設に関して,ボランティアの受け入れを積極的に進めることが重要であるという指摘がなされるが,「その際,社会教育主事,学芸員,司書などの資格を有しながら実際の業務に就いていない者が多数存在することから,こうした有資格の持つ専門的知識やそれぞれの多様な経験等を活用することが有意義である。」としている。ボランティアの受け入れに当たって,「施設の業務全体の中でボランティアが有効な活動を進められるようにするため,先導的な取組を行っている施設の事例を普及させたり,あるいは研究協議を行ったり,ボランティアや職員の研修を実施したりすることも必要である。」ことや,住民参加の運営に関連して,「ボランティ

アとして指導のスタッフに加わったりすること」もあり得ること等の指摘もなされている。また，大学や，小・中・高等学校に関連してもボランティアの役割への注目がなされており，今後の生涯学習関連諸施設がとるべき方策として，連携・協力の推進，情報化・マルチメディア化への対応，市町村教育委員会の活性化，と並んで，ボランティアの受け入れがあげられ，「ボランティアを受け入れることは，施設の提供する学習機会をより充実するばかりでなく，地域住民の希望や意見を施設の運営に反映させ，その活性化に寄与する。また，ボランティアとして協力する人々にとっても，その活動は自らの能力を生かす道でもあり，生きがいや自己実現に結び付くものでもある。その意味において，生涯学習の視点からボランティア活動を拡充することが望まれる。」という提言がなされている[8]。

　1998（平成10）年の生涯学習審議会答申「社会の変化に対応した今後の社会教育行政の在り方について」では，社会教育行政の現状認識の中で，「近年，ボランティアの活動が社会教育施設の運営において重要になってきている。」という指摘がなされ，「民間の諸活動の活発化への対応」として，「特に都市部においては，民間教育事業が発達し，社会教育における重要な役割を占めるようになってきている。またボランティア活動も活発化するなど，社会教育活動の領域がこれまで以上に拡大している。」とし，「従来，社会教育行政が行ってきた民間活動支援施策は，主として，社会教育関係団体に対する補助金や指導・助言というものであった。今後の社会教育行政にあっては，民間教育事業者，ボランティア団体をはじめとするNPO等とも幅広く連携協力を進めるとともに，これら民間活動がより一層活性化し，人々の学習活動をより豊かにする上で貢献し得るよう環境を整備していくことが必要である」という指摘がなされている。社会教育行政が「学習成果を生かしたボランティア活動の支援」を行い，「ボランティアが活躍できる場の開発を推進する」ことを奨励し，「地域の人材が活躍できる場としての社会教育施設」であるためにボランティアを受け入れることが意味のあることであって，「学習成果の活用の場として」の社会教育施設の役割が強調されている。

　これらの答申においては，NPOへの注目が登場してきていることには注意が必要であろうが，ボランティア活動への注目の仕方として，特段新しい視角

は提示されていないということができるであろう。

(3) 生涯学習審議会答申（1999年）

1999（平成11）年の生涯学習審議会答申「学習の成果を幅広く生かす——生涯学習の成果を生かすための方策について」は、学習の成果を、①個人のキャリア開発に生かす、②ボランティア活動に生かす、③地域社会の発展に生かす、という視角からの提言を行っている。

ボランティア活動については、「本来、志さえあれば誰にでもできるものであるが、実際に活動しようとすれば、活動に関わる分野の知識や技術の習得のための学習が必要なものもあり、また、ボランティア活動に参加することによって、必然的にさらなる学習が発展することになるなど、生涯学習と密接な関係にあると言って過言ではない。ボランティア活動は学習成果を生かし、体験的にその成果を深める実践の場そのものである。」「生涯学習の考え方においては学習を通じて自己を成長させ、社会に参加し自己実現を図ることが強く意識されるところから、ボランティア活動においても、他者のためであると同時に自己のための活動でもあるという、意識の上での自然な融合が図られつつある。生涯学習によるボランティア理念の深化がみられる。」という認識が示され、課題と対応方策が、①多様な活動の発見・創造、②ボランティア活動のもつ社会的責任、③ボランティア活動についての自己評価の促進、④ボランティア活動に対する共感の輪の拡大、⑤生涯学習ボランティア・センターの設置促進、⑥ボランティア・バンクの構築、⑦ボランティア・コーディネーターの養成・研修、のように示されている。具体的な事例を示しながら、より実践的な課題と位置づく、入学試験等における評価の促進、ボランティア活動のプログラムの開発、民間非営利公益活動への支援促進、企業による支援の拡充等についても、踏み込んだ提言が行われている。また、学習の成果を地域社会の発展に生かすという系では、学校支援ボランティアへの言及・推奨がなされている[9]。

この答申についても、このかんの学習の成果の評価への関心を、やや体系的に述べたものであり、それまでの答申類の基調と変わるものではないことを確認することができるであろう。

(4) 中央教育審議会答申（2002年）

　2002（平成14）年の中央教育審議会答申「青少年の奉仕体験・体験活動の推進方策について」は、それまで、教育改革国民会議等で議論されてきた青少年の奉仕体験等についての議論の一定のまとめといえる答申である。この答申では、「我が国を含め多くの国々で、個人や団体の地域社会におけるボランティア活動やNPO活動など、利潤追求を目的としない、様々な社会問題の解決に貢献するための活動を行うことが社会の中で大きな機能を果たすようになってきている」と認識して、「このような活動は、個人が社会の一員であることを自覚し、互いに連帯して個人がより良く生き、より良い社会を創るための活動に取り組むという、従来の『官』と『民』という二分法では捉えきれない、言わば新たな『公共』のための活動とでも言うべきものであり、豊かな市民社会を支えるための大きな原動力となっている」という。そして、「個人が経験や能力を生かし、個人や団体が支え合う新たな『公共』を創り出すことに寄与する活動を幅広く『奉仕活動』として捉え、個人や団体が支えあう新たな『公共』による社会をつくっていくために、このような『奉仕活動』を社会全体として推進する必要があると考えた。」としている。一方で「青少年の奉仕活動・体験活動は、まだ直接経験の乏しい段階において、直接経験を豊かにするという貢献をする」として、奉仕活動・体験活動の意義が「成長段階にある青少年の側」からも捉えられるとしている。

　「奉仕活動・体験活動」は広くとらえられ、無償性も厳密にとらえず、自発性についても、「個人が様々なきっかけから活動を始め、活動を通じてその意義を深く認識して活動を続ける」ことを評価し、学校教育では「活動の成果」として自発性を位置づけることもできるとし、日常性が重要であることも強調されている[10]。

　「奉仕活動・体験活動」の推進に関しては、「初等中等教育段階の青少年」の学校内外での支援、「18歳以降の個人」の支援、「国民」の支援の社会的仕組みづくりに分けて述べられているが、市区町村・都道府県・国レベルの推進協議会や支援センターの設置を基礎とした展開が構想されている。また、「ボランティア・パスポート（仮称）」や「ヤング・ボランティア・パスポート（仮称）」等の具体的な推進施策についてもその構想が示されている。

この答申は，成人についてもその視野に収めているが，タイトルにある通り，主要な関心は「青少年」であることは明らかである。生涯学習審議会が廃止された後の，中央教育審議会の答申であり，教育行政の関心はますます，青少年・学校に収斂しつつあるといえよう。社会教育や成人への関心は希薄になる一方である。この答申は，批判される「奉仕活動」の推進に関する問題提起を，成人（「国民」）についても行うということで，批判をかわすことを狙っているのだという指摘もできそうである。成人のボランティア活動についての関心は，このかんの答申類からみると，後退していると考えることができるような内容であるといえよう。

3　諸審議会答申等の議論の流れ

　これまで検討してきた社会教育関連の諸審議会の答申等におけるボランティア活動への関心は，次のように整理できるであろう。

　1970年代の関心は，地域活動の主体形成にあったと考えられる。旧来の地域団体等を基礎とはしながらも，その中で，社会的な関心をもつことの意義が，強調されていたと考えられる。しかし，これには，コミュニティ政策と一体にして，地域住民の体制的包摂の手段として考えられたという批判が存在する。この時期は，ボランティア・ボランティア活動という用語も一般には定着しておらず，奉仕活動という用語がむしろ一般的でもありそのような批判にもつながった一因ともなったと考えられる。また，福祉領域における概念としての理解も一般的であり，社会教育と社会福祉の接点という考え方も色濃く存在していたといえよう。

　社会教育施設におけるボランティア活動への本格的着目がなされたのは，1986（昭和61）年の社会教育審議会社会教育施設分科会報告「社会教育施設におけるボランティア活動の促進について」であった。生涯学習推進との関連で，ボランティアへの関心が移ったのはこの時期からであり，1992（平成4）年の生涯学習審議会答申「今後の社会の動向に対応した生涯学習の振興方策について」において，今日に至る議論の基礎的な視角が提起されたといえよう。

　その後，「学習の成果」との関連でボランティア活動が考えられ，NPO・ネ

ットワークという概念と共に，さまざまな領域におけるボランティア活動を生涯学習との関連でとらえるという方向が定着してきたと考えられる。また，むしろ，議論の中心は成人のボランティア活動から，青少年の活動に移ってきたということも指摘できよう。

一時の注目を浴びた状況ではなく，日常的なさまざまな議論の中でボランティア活動への言及がなされてきているというようにも考えられるであろう。

国家的統制のための手段としてボランティア活動への注目があるとか，安上がり政策であるというような批判，「良いボランティア活動」と「悪いボランティア」活動があり，行政主導の支援は「悪い」というような批判もみられる。そのような批判が存在することの意義は認められようが，積極的で生産的な批判ではなかろう。NPO法人の制度化などを機に，むしろ，批判してきた人々の議論が次第に「変質」している状況も散見できる今日である。

注
1）このあたりについては，馬場祐次朗「文部科学省におけるボランティア活動支援・推進施策の展開」鈴木眞理・津田英二編『生涯学習の支援論』（シリーズ生涯学習社会における社会教育第5巻）学文社，2003, p. 227. も参照されたい。
2）このあたりについては，興梠寛「ボランティア新時代に向かって──『断絶』の時代から『結ぶ』時代へ」『ボランティア白書1999』日本青年奉仕協会，1999, p. 13. を参照されたい。
3）この時期の状況については，たとえば，次のような批判がある。「ボランティア活動は，いま都道府県の総合計画の中での福祉行政効率化の担い手であるばかりでなく，生涯教育事業の中での地域の教育主体の形成を行政主導でつくりあげる担い手ともなっている。」「生涯教育事業でのボランティア育成は，長期計画（60年代）をどの様に総括したのかを問われる政府・文部省が子どもの教育や母親の意識をとらえて『地域の教育力』をつくる運動の担い手をつくることを意図したものである。」南里悦史「社会教育政策の動向と今後の課題」『月刊社会教育』1977年11月増刊号，p. 28. よく理解できない点があるのは，ここで部分的に引用したからだけではなく，議論自体が明瞭ではないと考えられるが，「政府・文部省」が主体で「ボランティア育成」が行われることが問題であるという指摘なのであろう。その意味では，典型的で明瞭な批判である。
4）中田スウラ「生涯学習体系化とボランティア活動における評価・学習理解」日本社会教育学会編『ボランティア・ネットワーキング』（日本の社会教育第41集）東洋館出版社，1997, p. 111. では，この答申にみられる考え方について，「『手軽な有志指導者』の養成，地域活動への参加を『奉仕活動』と見なす等の点に後のボランティア理解に関わる基本的理解が示されていることが確認できる。」としている。批判の立場からの短絡的な読み方の典型ともいえるものであろう。

5）この答申の中で「学習・スポーツ・文化活動やボランティア活動などは，国民それぞれの自己の充実・啓発や生活の向上に資するにとどまらず，地域社会への参加の促進や地域連帯の育成という視点，さらに教育環境の人間化の視点からも非常に大きな役割を有している。これらの活動によって，地域における人々の触れ合いを創出するとともに，青少年にとって有益な教育環境を形成する必要がある。」という記述があるが，本文に引用した箇所をつなげて，「『第二次答申』(86年)においては，『自己の充実や啓発や生活の向上』・『社会参加の促進や地域連帯の育成』・『教育環境の人間化』という視点からボランティア活動は重視され，『奉仕活動などボランティア活動を振興していくことが重要である』と提案されていた。」とする議論がある。引用の仕方も丁寧さを欠く意図的な「誤読」であろうが，始めに結論ありきの議論であるとせざるを得ないだろう。中田スウラ, op. cit., p. 112.

6）たとえば，「報告内容の背景には，社会教育施設の中でボランティア活動を積極的にとり入れた事例が実際には必ずしも多くないという現状認識があり，したがってたとえば米国の博物館のように施設の運営に積極的に参加していくボランティアが必要であり，そのことを通して施設がボランティアビューローとして，すなわちボランティア養成や研修のためのプログラムの企画，学習の場の提供や学習の拠点としての中心的役割を担うことへの期待が表明されているということができるのである。」「ボランティア事業は，まちづくりといったトータルな政策(すなわち，コミュニティ政策であり，生涯学習政策である)のなかに位置づけられてくるのであり，したがってまた，行政的には社会教育と社会福祉の分野を統合・再編する性格を有するものとなるのである。ところで，既述してきたようなボランティア政策に対しては，これまで行政の下請けや施設行政の切り捨てを補完することになり，結果として人々の権利意識をスポイルしてしまうことになるのではないかといった懸念や批判，さらに生きがいや自己実現といった人間の本源的な欲求がボランティアへと水路づけられることによって，人々がまるごとコミュニティ管理化のなかへ組み込まれる危険性を孕んでいるという指摘がなされている点は看過できない。とりわけ各種の行政主導によるボランティア養成，社会参加をかかげた青少年の奉仕活動への組織化の施策において，そのことが鋭く問題視されてきたのは周知の通りである。」というような議論である。

この議論も，表現が巧みではなく理解に苦しむ箇所もあるが，「自治の理念と基本的人権を中核としたボランティア養成と活動が求められてくるということ，具体的には，現実の地域や生活をめぐるグローバルな問題状況を視野におさめた活動，自発的意志と社会的課題の自覚，官僚的統制の排除といった本来のボランタリズムの精神に支えられた主体的活動の展開がもとめられる」というような点を強調していることからすると，行政が関与するとそれが「押しつけやさらには管理・統制への道にも通ずる危険性を内包するものとなる」ことが問題であるというような考え方に基づく批判なのであろう。小林繁「社会教育とボランティア——教育・学習としてのボランティア活動」『月刊社会教育』1990年10月号，p. 44-49.

同様の立場に立つ論者の，「そこでは，ボランティア活動を通して自己の成長を図るという考え方にもとづき，生涯学習の一つとして大きくボランティア活動がとらえられている。社会教育施設はもともと生涯学習活動の拠点であり，ボランティア活動が社会教育施設と地域の人々を結びつける意義を大きく認めている。」というような評価もあ

注　57

るが，このほうが，自然な読み方であろう。野々村恵子「ボランティア活動と社会教育活動」東京都教育庁社会教育部『生涯学習と社会教育の広がりⅡ——社会教育活動とコミュニティ・ボランティア』1994, p. 29.

7) この答申についてたとえば，末本誠は，「『市民参加』の観点がない」ことが特徴的であるという。末本は，この答申の生涯学習とボランティアに関する3つの視点を，①ボランティアそのものがもつ教育・学習的意味，②ボランティア活動への参加を支援する学習，③生涯学習の成果のボランティアとしての活用，と整理し，「『ボランティアの活用』は本来の意味からいうと『意志の所有者』であるはずの人々を，行政が文字どおりに『使う』という発想に陥りやすい。そこから，ともすると『使い方』に関心が集まり，最悪の場合にはボランティアを行政の役割の肩代わりに『使う』場合も生まれる。いうまでもなく，このような『活用』の仕方は誤りである。本来の意味からいえばボランティアを『活用』したり『利用』したりせずとも，おのずと活躍するのがボランティアである。そして，この点から必要になるのがボランティア活動を市民の権利として公的に認知し，行政の公的なサービスの一部に位置づけることである。」という。

この議論には，「視点」のとらえ方が行政からの「視点」になっており，正確とはいえない点，また，「陥りやすい」「ともすると」「最悪の場合には」というように仮定が多い点が指摘できよう。答申の内容の正確な批判ではないといえようが，議論の目指すところは明快である。末本誠『生涯学習論』エイデル研究所，1996, p. 151-152.

また，この答申や関連施策を検討して，「今，なぜボランティア活動なのか」は，「財政的・物理的理由」で「無償性を原則とするボランティア活動が注目され始めた」，「ボランティアの精神的側面が，日本人に要求され始めた」ことによって説明できるという議論も存在する。そこでは，「『生涯学習センター』や『生涯学習ボランティア』のように，その理念や役割についての法的な根拠を持たないものが，政策化されている点も生涯学習政策の問題点と考えられる」という指摘もある。批判のための批判をしたのであろうが，意味のある議論ではなかろう。片岡了・黒柳修一「生涯学習政策進行のなかでの新たな課題」『月刊社会教育』1994年11月増刊号，p. 31-33.

8) この答申については，「『生涯学習審議会』まで，財界の要請するままに応えるのが総決算の中身であり，審議会の役割になっているととるのは偏見だろうか。」「国民が地域性を育て，積み上げてきた財産を根こそぎ取り崩すことになりかねない内容ではないだろうか。」「『生涯学習審議会』答申を教材として，批判的に学習する運動を一斉に起こす必要がある。」という批判的見解が雑誌の巻頭言に掲げられている。山本隆一「かがり火・国民に責任を負わない『審議会』」『月刊社会教育』1997年1月号，p. 5.

また，同誌同月号では，次のような座談会での発言もある。「問題はここでボランティアの受入れといっている意図。主たる目的は人材の活用にあるのだろうが，誰がどういう意図でどう活用したいのかがはっきりしない。」(谷岡重則)「ボランティア問題は今回の中教審答申にも強調されているがそこでは義務的雰囲気にさえなっています。ボランティアは可能性をもっているが，一方で政策的な方向に傾いている。1994年に青少年問題審議会が青少年のボランティア活動について『意見具申』をしましたが，国際貢献国家を担う青少年づくりという文脈の中に，ボランティア活動を位置づけています。」(長澤成次)「座談会・生涯学習審議会答申をどう読むか——生かせるところ，危ないところ」『月刊社会教育』op. cit., p. 18-19.

9) この答申には，1997（平成9）年に出された，「生涯学習の成果を生かすための方策について」（審議の概要）がある。これには，次のような批判がなされている。「この『まとめ』の最大の眼目は，全体をとおして読めばわかるように，ボランティアの養成と活用にあるといってよい。そこには，住民の主体形成を促す可能性が含まれている。しかしその一方で，公的サービスをボランティアで補強あるいは代替することによって，自治体リストラ・行政改革のもとで進行している公的社会教育のリストラを，地域や学校での子どもの問題などに対処しながらできるだけ効率よくすすめられるようにするという意図がうかがえる。第3章において住民の自発性，自主性，主体性が強調されていることはすでに述べたが，住民の『奉仕の精神』が強調されているといったほうがよかろうか」。これは，「厳しい政策動向のもとで，しかしそれに抗して住民の側から自治を求め，社会教育を権利として発展させようとする運動が展開している。」とする立場からの，典型的な批判である。中嶋佐恵子「社会教育政策の動向と運動の展開」『月刊社会教育』1997年12月増刊号，p. 22-23.
10) この答申に先立って，学校教育法と社会教育法が改正（2001年7月）され，「ボランティア活動など社会奉仕体験活動」等の推進が規定された。これについては，「法改正と前後して，『新しい歴史教科書をつくる会』をめぐる問題，靖国神社参拝問題，憲法・教育基本法の見直しなど，『奉仕活動の義務化』と根をひとつにする国家主義的な動きが連続していることを忘れてはならないと考える。」「誤った教育改革に巻き込まれるのではなく，人権と平和，自治と共生を実現するためのボランティア活動のあり方を追求することが求められる。」という議論がある。辻浩「地域と学校をむすぶボランティア活動の課題」『月刊社会教育』2002年6月号，p. 15.

　また，それ以前の一連の動きを「社会教育の国家統制に大きく踏み込んだ改正といえよう」とする議論も存在する。長澤成次「社会教育概念の変質と新たな国家統制——社会教育法一部改正案等の法的諸問題」『月刊社会教育』2001年5月号，p. 64. さらに，この答申自体については，「限りなく奉仕活動の義務化が推進されようとしている。」とみて，「国民の全ての階層に奉仕活動を唱導しており，社会奉仕への国民総動員が目指されている。」という考え方に基づいた批判が展開されている。この議論は，一昔前の用語の「原理主義的」「教条的」という修飾語が適当であるかのような，わかりやすい議論であるが，前提と結論が初めから決定されているような議論であり，生産的な批判ではないであろう。関連して，青井和夫の「文化は強制しないと身につかぬ」という議論は，きわめて興味深い。青井和夫『長寿社会を生きる——世代間交流の創造』有斐閣，1999, p. 60-61.

第4章　ボランティア活動支援施策の展開

　このかんのボランティア支援に関する社会教育行政施策は多岐に渡るが[1]，これまで，その実態については，具体的に明らかにされる機会は少なかった。ここでは，その事業が他の事業に大きな影響を与えたと考えられる1970年代と1990年代の2つの事業をとりあげて紹介し，その意味について検討してみよう。

1　1970年代の事業——婦人奉仕活動促進方策研究委嘱

(1) 事業の概要

　今日に連なる，ボランティア活動に関する社会教育行政の事業等は，1970年代の文部省による研究委嘱事業にさかのぼることができると考えられる。このことは，関係者の間では共通の理解になっているといってよいが，その実態については，充分に紹介されてはいない。

　文部省は，1971（昭和46）・1972（昭和47）・1973（昭和48）年度の3年度にわたって，「婦人奉仕活動推進方策研究委嘱」を，全国の延べ21市を対象に実施している[2]。

　表4-1で確認できるように，1971（昭和46）年度には，秋田市・会津若松市・足利市・川口市・新潟市・高岡市・名古屋市・吹田市・西宮市・山口市の10市，1972（昭和47）年度には，山形市・会津若松市・川口市・新潟市・吹田市・西宮市の6市，1973（昭和48）年度には，山形市・会津若松市・新潟市・吹田市・熊本市の5市が委嘱を受けている。3年度連続は，会津若松市・新潟市・吹田市の3市，2年度連続が，山形市・川口市・西宮市の3市，単年度のみが，秋田市・足利市・高岡市・名古屋市・山口市・熊本市の6市，人口10万人以上の合計12市が対象であったということになる。

　「委嘱要項」によれば，趣旨は，「家庭生活等の変化による家庭婦人の余暇の

表4-1 婦人奉仕活動促進方策研究委嘱事業一覧

(昭和46年度)

県市名	人口 (千人)	研究委員会		育成講座		
		研究事項	開催回数	課程名	学習時間	参加者数
					時間	名
秋田県 秋田市	235	1. 婦人の意識・適性の調査・測定とその分析 2. 育成講座の企画，評価	9	1. 子どもに関する活動 2. 地域における公民館活動 3. 社会福祉施設に関する活動	35 35 35	24 13 21
福島県 会津若松市	102	1. 婦人の生活意識調査 2. グループ別コースの内容検討 3. ボランティア活動の組織づくりと定着	6	1. 婦人ボランティア基礎講座 2. 婦人ボランティア講座 　幼児青少年　社会福祉施設 　文化財文化施設　老人保護	30 33	114 89
栃木県 足利市	150	1. 婦人の意識調査と能力の測定 2. 育成講座の企画，運営	4	1. 青少年育成課程 2. 社会福祉施設課程 3. 教育文化施設課程	33.5 33.5 34	12 5 16
埼玉県 川口市	305	1. 婦人の生活意識調査の企画，実施，分析 2. 育成講座の企画，評価	5	1. 社会教育コース 2. 社会福祉コース	38 38	21 22
新潟県 新潟市	387	1. 育成講座の企画，運営 2. ボランティア活動の視察 3. 研究報告書の編成	8	1. 婦人ボランティア　昼コース 　入門講座　　　　　夜コース 2. 婦人ボランティア　点字コース 　セミナー　　　　話し方コース	33 17.5 44 44	73 72
富山県 高岡市	160	1. 地域婦人の生活意識調査の企画，分析 2. 育成講座の企画，運営	5	1. 美しい環境づくり講座 2. 幼児青少年講座 3. 社会福祉施設講座	36.5 38.5 39	22 18 25
愛知県 名古屋市	2,105	1. 地域の実態，婦人の意識の調査 2. 育成講座の企画，評価	6	1. 病院看護ボランティアコース 2. 点訳ボランティアコース 3. 心身障害児療育ボランティアコース	30.5 34 34	29 23 25
大阪府 吹田市	259	1. 婦人の生活意識の調査と分析 2. 育成講座の学習計画	7	1. 老人のお世話をするコース 2. 教育施設でお世話をするコース 3. 心身障害児のお世話をするコース	36 31 31	66 54 35
兵庫県 西宮市	167	1. 婦人の生活・意識調査 2. 育成講座の企画 3. 講座終了後の方策	7	1. 高齢者奉仕コース 2. 施設奉仕コース 3. 社会教育奉仕コース	32 32 32	38 45 42
山口県 山口市	102	1. 婦人の生活・意識調査 2. 育成講座の企画，まとめ	7	1. 基礎コース 2. 青少年コース	30 36	67 17

(昭和47年度)

県 市 名	人口 (千人)	研究委員会		育成講座			備考
		研究事項	開催回数	課程名	学習時間	参加者数	
山形県 山形市	204	1. 奉仕活動に関する婦人の生活・意識の実態調査 2. 育成講座の企画, 評価	13	1. 婦人ボランティアスクール	時間 30	名 78	新規
福島県 会津若松市	102	1. 受講生の意識・態度の動向・施設の受入についての実態調査 2. グループ活動の実態把握 3. ボランティアの普及定着の方途	4	1. 婦人ボランティア基礎講座 2. 婦人ボランティア技術講座 3. 婦人ボランティア・グループ活動 　幼児・青少年グループ 　文化財・文化施設グループ 　社会福祉施設グループ 　老人保護グループ	25 33 22 85 89 56	 95 11 17 19 16	継続 (2年次)
埼玉県 川口市	314	1. ボランティア需要調査 2. 社会教育施設におけるボランティア受入れの可能性と方向 3. 育成講座の企画, 評価	8	1. 老人奉仕コース 2. 幼児奉仕コース 3. 社会教育奉仕コース	32.5 32.5 32.5	23 16 40	継続 (2年次)
新潟県 新潟市	392	1. 受講生の適性・能力の測定 2. 育成講座の企画, 評価 3. 先進地の視察, 他地域からの来訪者の交流	19	1. 子どもボランティア　昼 　コース　　　　　　　　夜 2. 読書活動ボランティア　昼 　コース　　　　　　　　夜 3. 福祉活動ボランティア　昼 　コース　　　　　　　　夜	32.5 32.5 32.5 32.5 32.5 32.5	10 19 20 16 42 38	継続 (2年次)
大阪府 吹田市	272	1. 受講生の適性測定 2. 受入施設体制調査 3. 育成講座の企画, 評価	7	1. 婦人ボランティア基礎講座 2. 福祉関係コース	29 30	39 35	継続 (2年次)
兵庫県 西宮市	385	1. 奉仕活動に関する婦人の生活意識調査 2. 受講生の適性能力調査 3. ボランティア・ビューローの役割 4. ボランティア活動定着の方策 5. ボランティア・グループの育成	16	1. 高齢者訪問サービスコース	43.5	36	継続 (2年次)

（昭和48年度）

県 市 名	人口（千人）	研究委員会		育成講座			備考
		研究事項	開催回数	課程名	学習時間	参加者数	
山形県 山形市	208	1. 社会教育施設における奉仕活動の実態把握 2. ボランティア育成講座受講者の意識，考え方の特徴 3. ボランティア育成講座の学習プログラムのあり方	6	1. 子どもと高齢者のためのコース	33	45	継続（2年次）
福島県 会津若松市	104	1. 団地婦人のボランティア意識の調査 2. ボランティア手引書の編集 3. ボランティアの定着の方策	11	1. ボランティア基礎講座 2. 八日町ボランティア・スクール 3. 婦人ボランティア・グループ 　幼児・青少年グループ 　文化財愛護グループ 　社会福祉施設グループ 　老人保護グループ	27.5 40 48 70.5 98 49	36 25 11 17 19 9	継続（3年次）
新潟県 新潟市	399	1. 地域奉仕活動の実態把握 2. ボランティア育成講座の学習プログラム 3. ボランティア・ビューローのあり方	9	1. 地区ボランティア育成講座 　浜浦校区 　南万代校区 2. ボランティア技術講座 　子どもコース 　老人コース 3. ボランティア・ビューロー・セミナー	 16 14 21.5 21.5 12	 70 45 21 39 43	継続（3年次）
大阪府 吹田市	280	1. ボランティア育成講座受講者の意識と行動の動向 2. ボランティア組織の育成	9	1. 婦人ボランティア講座 　　　　　（家庭看護） 2. 基礎講座 3. 婦人ボランティア講座 　　　　　（救急法）	26 18 21	97 47 60	継続（3年次）
熊本県 熊本市	450	1. 奉仕活動に関する婦人の生活意識の実態把握 2. ボランティア育成講座のあり方	6	1. 青少年育成コース 2. 社会福祉施設奉仕コース 3. 文化財愛護活動コース	29 29 29	23 30 28	新規

〔出典：文部省社会教育局『奉仕活動に関する婦人教育資料——婦人教育研究委嘱事業報告書——』1976, p. 70-72.〕

増大に伴いその有効な活用をはかるため,個々の婦人の適性に即した奉仕活動（ボランティア活動）を促進する具体的方策を研究する事業を市（区）教育委員会に委嘱する。」[3]ということになっていたが,そこでは,社会教育行政における婦人の奉仕活動[4]について,「婦人奉仕活動とは,婦人が自由意志に基づいて,社会の進展やひとびとの幸福のために,その能力や技術等を提供することであり,このことによって,自らの人間性を高めることである。社会教育行政の役割は,奉仕活動に関する婦人の学習を推進し,援助することである。」という考え方が確認されていたとしている[5]。また,やや表現に不備があるが,「婦人奉仕活動のいわゆる自発性,無償性,公共性をその考え方においている」とし,「奉仕活動を真に意義あるものとするためにはなによりも学習活動が重視されなくてはならない。この際,奉仕活動を実践するにあたって習得しておかなくてはならない専門的な知識や技術の学習だけにとどまらず,奉仕活動に関する基本的な問題などの学習を落としてはならない。そのうえで実際の活動を展開し,その体験にたってさらに学習を重ねるといった学習と実践の反復があってこそ,その奉仕活動がより有意義なものとなる。」,「ここで考えておきたいことは,これまでの奉仕活動がとかく受身的であったり,行政の下請け的なものであったり,またその活動内容が社会福祉の仕事に偏ってしまって,婦人のもつ多様な能力や技術などを多面的に生かす配慮が欠けがちであったということである。」という見解が表明されていることは注目に値するであろう[6]。

　委嘱事業においては,「婦人奉仕活動研究委員会」を設置し,婦人奉仕活動に関する調査を行い,その内容・方法について研究し,婦人奉仕活動家育成講座の企画・評価を行うことと,「婦人奉仕活動家育成講座」を,数課程に分かれた講座として,参加者総数80名程度で,30時間以上開設し,参加者の奉仕活動に関する関心・適性・能力等の調査・測定を行うことが求められていた。「婦人奉仕活動促進法策研究委嘱実施上の指導事項」においては,「婦人奉仕活動研究委員会」委員としては,「社会学者,心理学者,奉仕活動の研究者,実際活動家,社会教育関係の専門家,奉仕活動を受け入れる施設・機関の関係者等が考えられる」とし,「婦人奉仕活動家育成講座」は,公募で,広く地域の一般家庭婦人の参加をうるよう配慮すること,講座は,①基礎討議（婦人奉仕

活動の意義と沿革,現状と問題点,今後の課題等),②調査・測定(希望・関心の調査,適性・能力の測定等),③実地見学,④演習(婦人奉仕活動の構想と展望,家庭生活との調和),⑤相談(関心・適性・能力に応じた奉仕活動についての相談,情報提供等)等の内容・方法で行い,講座の課程として,①幼児・青少年・高齢者に関する活動(託児,あそびの指導,高齢者世帯・勤労青少年・留学生へのサービス等),②教育・文化施設に関する活動(公民館・消費センター・博物館・美術館等における情報提供・展示解説サービス等),③社会福祉施設に関する活動(老人ホーム・身体障害者施設・点字図書館におけるサービス等)が例示されている。

(2) 会津若松市の事例

各年度,各市の報告書が作成されており,それらによれば,この委嘱研究は,例えば会津若松市の例にみられるように,それなりにある程度充実した内容をもつものであるといってよいであろう。

会津若松市は3年間委嘱を受けているが,1971(昭和46)年度には,12名(高校長,短大講師,社会福祉事務所長,公共職業安定所長,児童園長,公民館運営審議会委員,社会教育委員(婦人会長),公民館長,図書館長,福祉事務所長,県教委社会教育主事2名)で構成される研究委員会を設置し,市内の婦人対象の意識調査等を織り込みながら,「婦人ボランティア講座」を実施した[7]。表4-2に掲げた「基礎講座」の他,11月から1月にかけて,①幼児青少年に関する活動,②文化財・文化施設に関する活動,③社会福祉施設に関する活動,④老人保護に関する活動,の4グループに分かれての活動を行っている。表4-3は老人保護に関する活動についての「グループ活動」のプログラムである。受講生は117名(調査時)で,その年齢構成は,20-29歳1.7%,30-39歳25.6%,40-49歳36.7%,50-59歳32.5%,60歳-2.6%,不明0.9%であった。

1972(昭和47)年度には,若干の委員交代をしつつ,「社会教育文化関係・社会福祉関係の施設・機関長および一部の民生委員・町内会長・子ども会育成会長・青少年補導員など民間活動家」の意識調査等を実施しながら,「基礎講座」9回・「グループ活動」の開設・実施に加えて,「技術講座」を新たに企画・実施している[8]。この年度は,「グループ活動」も,年間を通して行われている。表4-4に「技術講座」のプログラムを示した。受講者は,前年度よ

表4-2　会津若松市の事業（昭和46年度）

基礎講座（8月～10月，30時間，受講生114名）

日　　時	講座内容	講　　師	会　　場	時間数	当　番
8月26日(木) 9.30～12.00	開講式 ①あいさつ　②祝辞 ③経過報告　④年間計画 報告　⑤紹介　⑥班編成 ◎映画「ボランティアへの道」	市長，研究委員長 助言者 事務局職員 （オリエンテーション）	公民館 3階講堂	2.5	
9月3日(金) 9.30～12.00	ボランティア活動の意義 と沿革	市教育長 　桜木　甚吾先生	図書館 3階	2.5	ひまわり
9月8日(水) 9.30～12.00	ボランティアについての 問題と今後の課題	日本女子大学 　吉沢　英子先生	公民館 3階	2.5	ふたば
9月18日(土) 9.30～12.00	マスコミと婦人	東北大学 　田原　音和先生	図書館 3階	2.5	あおい
9月25日(土) 9.30～12.00	女性史と婦人解放	若松女子高校 　中川　幸意先生	図書館 3階	2.5	クローバー
10月1日(金) 9.30～12.00	生活の変化と余暇	公民館長 　渡部　　宏先生	図書館 3階	2.5	すみれ
10月6日(水) 9.30～3.30	施設見学と問題点の話し 合い	長谷川四朗先生 田崎チヨミ先生 吉岡　　定先生	会津児童園 国民宿舎	5.0	むつみ
10月9日(土) 9.30～12.00	社会活動と余暇	郡山喜久田小学校長 　渡辺　キミ先生	図書館 3階	2.5	七草
10月15日(金) 9.30～12.00	職業と価値観	職安所長 　山崎　久吉先生	〃	2.5	はづき
10月22日(金) 9.30～12.00	地域開発と婦人の役割	会津短大講師 　多々良　翼先生	〃	2.5	どんぐり
10月29日(金) 9.30～12.00	グループ活動 オリエンテーション	田崎チヨミ先生 吉岡　　定先生 婦人少年室長 加藤哲子先生	〃	2.5	野菊

りの継続者48名，新規参加者47名，合計95名（「修了者」70名）であった。

　1973（昭和48）年度にも，若干の委員交代があったが，「基礎講座」を，10回実施し，前年度の「技術講座」を，それぞれの「グループ学習」に組み込む形で発展的に解消し，あらたに，新興住宅地を対象にした「ボランティアスクール」を開設している[9]。「基礎講座」受講者は36名（「ボランティアスクール」受講者を除く），「ボランティアスクール」の受講者は26名であった。表4-5は，「ボランティアスクール」のプログラムである。

　報告書は，「社会教育行政が，一方的にプログラムを組み，末端に流すだけではすでにない。市民が身近な問題ととりくむことから出発し，その創意と努力，積極性によって，健康で文化的な社会生活をつくろうとする試みのかなり

表4-3 会津若松市の事業（昭和46年度）

老人保護に関するグループ活動カリキュラム

日　時	課　題	内　　容	時間	会　場	講師助言者	備　考
11月12日 AM9.30 ～12.00	"老人福祉法と市内の老人の生活の実態を知ろう"	1．老人福祉法を知り，どのように守られているかについて 2．市内の老人の実態と問題点について 以上のことに対し関係機関より話を聞く。	2.5	公民館 （二階 日本間2）	市福祉事務所長 鈴木三保氏 社会福祉事務所長 水野正夫氏	福祉行政についての講義を社会福祉関係グループと合同で実施
11月19日 AM9.30 ～12.00	"老人へのボランティアのすすめ方を考える"	1．ボランティアを必要とする老人に対しどのような方法で実践すればよいか。 2．実際に体験しておられる講師の話を中心に今後の心がまえをつくる	2.5	公民館 （三階講堂）	市ボランティアの会代表 高橋芳子氏	社会福祉施設グループと合同学習
11月26日 AM9.30 ～12.00	"老人ホームの生活実態を見学しよう"	1．会津長寿園の見学 2．理事者，職員との話し合い。 3．班にわかれて老人との話し合い	2.5	会津長寿園	会津長寿園園長 市福祉事務所老人福祉主事 川島明氏	
12月10日 AM9.30 ～12.00	"老人問題の実態から考えてみよう"	1．前回見学したことについての話し合い（収容人員，施設，設備等の状況） 2．老人の要望しているボランティアは何かを話し合う。	2.5	公民館 （二階 日本間2）	あおい学園代表者 市社会教育委員 藤井市馬氏 川島明氏	老人簡易授産集会所の見学
12月17日 AM9.30 ～12.30	"私達でできるボランティアを実践してみよう"	1．寝たきり老人，ひとり暮しの老人，ホームに入っている老人の現場に出かけ，実際にボランティア活動を班にわかれて実施する。	3.0		研究委員 吉岡定氏	
1月11日 AM10.00 ～14.00	"楽しい新年のつどい"	グループ合同で楽しい新年会を開催し親睦をはかる。				受講生，研究委員，事務局員合同
1月21日 AM9.30 ～12.00	"老人の幸せのため今後何をなすべきか（まとめ）"	1．実践活動の結果を持ちより，問題点を話し合う。 2．私たちできる活動と行政の立場をはっきりさせ，まとめの作業をする。	2.5	公民館 （二階 日本間2）	社会福祉事務所長 水野正夫氏	
1月28日 AM9.30 ～12.00	"グループ活動の合同発表会"	1．4つのグループ活動の結果について感想発表 2．専門講師の講評をうけ今後の展開をはかる。	2.5	公民館 （三階講堂）	中央講師の予定	

表4-4　会津若松市の事業（昭和47年度）

（技術講座）実施状況

実施月日	時間数	学習課題	学習内容	学習方法	講師氏名職名
昭和47年 11月7日 （火）	2.5	集団活動と個人の成長	1．集団とは何か 2．集団活動の成果 3．よりよい集団活動をすすめるために	テキスト使用による講義と話し合い	福島市社会教育課長 佐藤利三郎
11月24日 （金）	2.5	グループワークの原理と実際	1．ボランティア活動定着のためグループワークを考える。 2．グループワークの方法と基本的技能 3．当市におけるボランティア活動の課題	テキスト使用による講義と話し合い	県立会津短大助教授 多々良 翼
12月4日 （月）	2.5	カウンセリングの方法と技術	1．カウンセリングの必要性と任務 2．カウンセラーとクライエントの関係 3．カウンセラーの人柄 4．カウンセラーの方法	テキスト使用による講義と話し合い	県立会津短大助教授 半沢恒彦
12月18日 （月）	2.5	文化財とその活用	1．文化財とは 2．文化財の保護と愛護 3．会津若松市における指定文化財	講義と話し合い	会津教育事務所 社会教育主事 伊藤豊松
昭和48年 1月9日 （火）	2.5	家庭看護と救急法	1．新年のあいさつ…社教課長 2．ねたきり病人の看護 3．応急処置のしかた 4．家庭の常備薬	テキスト使用による実習と話し合い	市保健指導係長 小野マサ子 〃　技師 安藤　倫
1月23日 （火）	2.5	新年のつどいと感想発表会	第1部　受講生の感想発表（12名）講師（文部省、県教委） 第2部　楽しいつどい（レクリェーション）	発表とレクリェーション	文部省社会教育官 諸岡和房 県教委社会教育課主幹 松本　久
1月29日 （月）	2.5	レクリェーションの技術	1．レクの意義と指導の心構え 2．レク実技と指導のポイント	テキスト使用による講義と実技	猪苗代公民館主事 星　滋
2月6日 （火）	2.5	手話の知識	1．まず、ろうあ者の理解をする 2．意志疎通→手話の必要 3．手話の実技	講義と実技	団体役員 古関政行
2月14日 （水）	2.5	話し合いのしかた	1．話し合いの効果 2．話し合いの形態と役割 3．話し合いの実際 4．パネルディスカッションの実技	講義と実践	会津教育事務所 社会教育主事 五十嵐長市
3月27日 （火）	2.5	昭和47年度閉講式 特別講習 ボランティア活動の基本姿勢	閉講式…反省，評価，来年度構想 ボランティアの原点にかえって考えなくてはならないこと。	閉講式と講義	会津児童園長 長谷川四朗
3月6日～ 7日	8.0	グループ学習合同移動学習	ボランティアとしての定着の方法と活動のあり方	講義と話し合い	県社教主事 伊藤豊松 研究委員 秋山タケヨ

表4-5　会津若松市の事業（昭和48年度）

婦人奉仕活動家育成講座
昭和48年度会津若松市八日町ボランティアスクール

開催年月日	学習時間	学習課題	学習内容	学習方法	講師・氏名・職名
昭和48年7月23日（月）	2.5時間	開講式	本市48年度八日町ボランティアスクールの趣旨理解と年間計画の報告 1．オリエンテーション班構成	研究委員の話をきく	研究委員 長谷川四朗 田崎チヨミ 竹田正夫
8月1日（水）	2.5時間	町づくりと婦人の役割	1．八日町における地域の問題点や各自の諸問題について発表する。 2．生活のめあてと生きがいについて 3．コミュニティとその形成 共同社会のモデルと住民タイプ 4．学習と実行について	講義と話し合い	国立社会教育研修所専門員 　安原　昇 県社会教育主事 　小林八千代
8月21日（火）	2.5時間	市の政治と町づくり	1．市政の現在将来の計画について (1)　気持ちよく働くために職場の現在と将来について (2)　気持ちよく生活するために環境の現在と将来について (3)　万一の場合，老後の現在と将来について (4)　道路問題について (5)　総合福祉センターの設置について	講義と話し合い	会津若松市長 高瀬喜左衛門
9月12日（水）	2.5時間	私たちの住む町を考えようⅠ	1．映画 「おせっかい」 2．近所のおつきあいは，どうあるべきか話し合う 相手の身になり，考えて実行 新しい人間関係	フィルムフォラム 講義と話し合い	若葉幼稚園長 　中沢　剛
9月26日（水）	2.5時間	私たちの住む町を考えようⅡ	1．生活の問題点をさぐる (1)　児童館までの道路と街灯の整備について (2)　子どもの遊び場と集会所がほしい (3)　公害問題 (4)　その他	各グループによる問題点の発表 指導と助言	八日町区長 　松坂栄重
10月11日（木）	2.5時間	私たちの住む町を考えようⅢ	1．解決のための手だてについて (1)　子どもの実態調査（カギッコ） 親の無関心と遊び場の問題	指導助言 話し合い	市生活課 　鈴木課長 市警察署 　交通課長

日付	時間	テーマ	内容	方法	講師
			(2) 消費問題について (3) 事故防止について		
10月16日（火）	5時間	今後の学習について	1．市公共施設見学 　上水道，長寿園，図書館 2．広報発行の内容について	移動学習	社教主事 　長尾　ハル 　山口　輝雄
11月15日（木）	2.5時間	楽しいレクリエーションの集い	1．うたとゲーム 2．各班のだしもの	実技	第4児童館職員 　井関　民意 社教主事 　長尾　ハル 　山口　輝雄
11月26日（月）	2.5時間	余暇の利用と私たちの生きがい	1．婦人の生活周期の変化と生活設計 (1) 生活設計とは，よりよい生活を実現するための具体的な計画 (2) 生活設計の留意点 (3) 生活設計の効果	幻灯 講義と話し合い	公民館長 　渡部　宏
12月13日（木）	2.5時間	ボランティアを正しく理解しよう	1．映画 　"婦人のボランティア活動" 2．ボランティアの願いについて	フィルムフォラム 講義と話し合い	児童園長 　長谷川四朗
12月19日（水）	2.5時間	ボランティア実践グループと交歓会	1．市内のボランティアグループの活動をしている実践グループの体験発表	発表と話し合い	社教主事 　長尾ハル 　山口輝雄
1月11日（金）	2.5時間	"楽しい新年会"	1．新年会を開催し，おたがいの親睦をはかる	レクリエーション	八日町区長役員
1月28日（月）	2.5時間	町の中でボランティアの必要を考えよう	1．地域の婦人活動状況について 　玉川団地の婦人の学習と実践 　生協活動 1．団体活動のあり方	講義と話し合い	いわき市婦人指導員 　菅波ミノル
2月18日（月）	2.5時間	グループ活動と話し合いのすすめ方	1．映画「松おじさん」の鑑賞 2．グループワークと個人の成長 　松おじさんの子どもの指導，母の教育の方法についての話し合い	映画鑑賞と話し合い	県社会教育主事 　松井和夫
3月14日（木）	2.5時間	昭和48年度閉講式特別講義婦人の集団活動と個人の役割	1．地域における婦人集団活動の実際 2．集団活動のはたす役割 3．反省と茶話会 レクリエーション	閉講式と講義 レクリエーション	研究委員 　田崎チヨミ

大きな部分がボランタリー活動によって占められよう。市民が求める生涯教育の一部としての社会教育は，市民が主体性をもって参加することから始まる。社会教育の窓口としての公民館が，近年重視されてきた市民ボランタリー活動のために，その姿勢を変え内容の充実と外部条件を整えて教育行政の主要な位置にいなければならぬことを再確認することが，三年間の委嘱研究を続けてきた会津若松市でのひとつの結論であると考える」と結ばれている[10]。第1年次：「個人→仲間の発見」，第2年次：「個人の成長→集団の成長」，第3年次：「変革→新しいコミュニティの主体者」という図式で示される，この委嘱研究全体のねらいの構図は，通俗的であるという批判もできるが，見通しをもった奉仕活動（ボランティア活動）支援をめざそうとする姿勢がうかがえるものである[11]。

(3) 新潟市の事例

　新潟市の場合も3年間の委嘱を受けているが，1971（昭和46）年度には，研究委員会を，学識経験者3名（大学教員・短大教員・元新聞社員），実際活動家4名（県社会教育講師団講師・YWCA代表・県女性連盟支部長・ボランティア団体代表），関係機関団体代表3名（市連合婦人会長・市社会福祉事務所長・福祉施設所長），合計10名によって構成し，「婦人ボランティア入門講座」として，「昼の講座」・「夜の講座」を設けた[12]。

　講座名称について「端的に市民連帯感による自発的活動を表現する適当な日本語がみい出せないので，現在すでに相当つかわれているのではないかという見かたで，ボランティアという表現をそのまま名称にした。日本語の，『奉仕活動』という言葉は，昔の滅私奉公的イメージが残っている不安を感じて避けた。」[13]という記述が残っている。「昼の講座」は定員50名・参加者44名，「働いている婦人達で，すでに福祉施設に奉仕している婦人もあることから，是非学習の機会をとの声が出たので，多分に試しの程度であったが」[14]開設した「夜の講座」は定員50名・参加者29名であり，年齢別では，「昼の講座」：20歳代20％，30歳代25％，40歳代39％，50歳代14％，60歳代2％，「夜の講座」：20歳代55％，30歳代10％，40歳代21％，50歳代14％，60歳代0％であり，「昼の講座」は6％，「夜の講座」は72％が有職者であった。そ

表4-6 新潟市の事業（昭和46年度）

◎昼のコース　10月8日～11月9日
会場　中央公民館（市内西堀通6）
期間　午後1時～4時
定員50名

期　日	曜	主　題	指導者
10.8	金	開講，仲間づくり	・社会教育課長 ・社会教育主事
10.12	火	社会と私たち	教育女性連盟会長 吉川シヅ
10.15	金	私たちの生きがい	県社教講師団講師 中谷千代子
10.19	火	現代社会と人間疎外	新大教育学部教授 田中康久
10.22	金	社会と私たちの役割	・県社教講師団講師 　小木みさを ・青陵女子短大助教授 　伊藤フミ
10.26	火	社会福祉とボランティア	牧師（東仲通教会） 大宮　博
10.29	金	外国のボランティア活動	敬和学園高校教諭 モス，はつみ
11.2	火	婦人の能力とボランティア	・新潟ボランティアの会 　高橋芳子　他 ・市会議員　高橋　キク
11.5	金	私たちの市の社会福祉行政	新潟市福祉事務所長 若杉元喜
11.9	火	施設とボランティア （見学と実習）	明生園園長 中村与吉
11.12	金	閉講式 私たちのやれるボランティア	・社会教育課長 ・社会教育主事

◎夜のコース　10月8日～11月19日
会場　下越婦人会館（市内白山浦1）
時間　午後6時30分～9時
定員　50名

期　日	曜	主　題	指導者
10.8	金	開講式，仲間づくり	・社会教育課長 ・社会教育主事
10.15	金	社会福祉の歴史と人権思想	東仲通教会牧師 大宮　博
10.22	金	ボランティアの考え方	敬和学園高校教諭 モス，はつみ
10.29	金	婦人の能力とボランティア	・新潟ボランティア 　高橋芳子他 ・市会議員　高橋　キク
11.5	金	新潟市の社会福祉行政	市福祉事務所長 若杉元喜
11.13	土	福祉施設の見学 明生園，松風園	明生園園長 中村与吉
11.19	金	閉講式 私たちのやれるボランティア	・社会教育課長 ・社会教育主事

れぞれのプログラムは表4-6の通りである。

　1972（昭和47）年度は、委員会メンバーを若干増員・変更し、講座を実施したが、表4-7の通り、子ども会ボランティア・読書活動ボランティア・福祉施設ボランティア、の3つのコース別の講座構成がとられている[15]。さらに、1973（昭和48）年度は、委員を補充しつつ、市中心部の2地域を対象とした「指定地区育成講座」（参加者48人・74人）と、「ボランティア技術講座」（参加者60人）、過年度の受講者や一般のボランティアを対象とした「ボランティア・ビューロー・ゼミナー」（参加者合計173人）を開設した。それぞれのプログラムは、表4-8、表4-9、表4-10、表4-11の通りである。

(4) 西宮市の事例

　西宮市の場合は、1971（昭和46）・1972（昭和47）年度の、2年度にわたる委嘱であったが、両年度とも、「基礎講座」と、コース別の講座とで構成されていた。1971（昭和46）年度は「修了者」118名、1972（昭和47）年度は「応募者」62名であった。両年度のプログラムは、表4-12、表4-13に示した[16]。

(5) 事業の意味

　ここに紹介した事例は、それぞれ、特徴的な事例であるといえる。西宮市の場合は、大都市圏にあって、ボランティア活動関連の第一級の多彩な関係者の協力が得られる状況の中で、講義中心の講座編成で、啓発的な意味合いをもたせていたと考えられる。会津若松市の場合は、「基礎講座」を核に「技術講座」ならびに「グループ活動」を取り入れ、市内の小地域を対象にした「ボランティアスクール」を設置するようになった。新潟市では、「夜の講座」を設け、有職者への配慮をし、「指定地区育成講座」・「ボランティア技術講座」も実施し、「ボランティアビューロー」へ向けての活動も行っていた。委嘱を受けた他市の状況を示す余裕はないが、これらの事例が特徴的なことであることに間違いはない。

　これらは、もとより実施要項によるガイドラインにそったものであるとすることができようが、①ボランティア活動に関する基礎的認識を得ることを主たる目的とする、多分に啓発的な講座だけでなく、②ボランティア活動に必要な

表4-7　新潟市の事業（昭和47年度）

回数	月日	主題	内容	講師・助言者
1	9月5日(夜) 7日	開講式 オリエンテーション	○開講挨拶 ○講座運営と班編成 ○映画「ボランティアの道」	社教課長、研究委員 担当職員
2	9月12日(夜) 14日	ボランティア活動とは	○ボランティア活動の意義 ○ボランティアの必要性	高橋芳子委員 新潟市ボランティアの会リーダー
3	9月19日(夜) 21日	新潟市のボランティア活動	○新潟市のボランティア活動の実態と問題点	高橋芳子委員、石川チエ子委員、早川県社教主事他

講座名		A 子ども会ボランティア育成講座		B 読書活動ボランティア育成講座		C 福祉活動ボランティア育成講座	
回数	月日	主題	講師・助言者	主題	講師・助言者	主題	講師・助言者
4	9月26日(夜) 28日	子ども会の理解	入舟小学校長 羽二生恵太郎委員 新潟日報学芸部次長 石川チエ子委員	読書と人間	新潟大学人文学部教授 伊狩 章	児童福祉行政の実態と問題点	はまぐみ学園々長 若草寮々長 倉田久介 内藤明
5	10月3日(夜) 5日	子ども会の意義と組織	県社教主事 工藤直毅委員 東地区心配ごと相談所 榎 幹朗委員 石川チエ子委員	新潟市の図書館活動	市立図書館長 鶴巻鉄三	同上	同上
6	10月11日(夜) 12日	子ども会の運営	榎 幹朗委員 石川チエ子委員	幼児のための読書活動	市立図書館停清委員 佐野初江委員 笹口小司書 若佐久美子	児童福祉施設の実態と問題点	県児童課長 京橋原郷
7	10月17日(夜) 19日	育成会の責務	青少年育成協議会 中井直子委員 工藤直毅委員	同上	桃山小学校長 佐藤三郎委員 笹口小司書 若佐久美子	青少年の心理 幼児も含む	新潟大学教育学部助教授 辻誠・榊田久雄
8	10月24日(夜) 27日	指導者の役割	中井直子委員 羽二生恵太郎委員	老人のための読書活動	家庭買停委員 漆人老人福祉センター所長 阿部藤裵	老人福祉施設の実態と問題点	松鶴荘所長 吉川 正
9	10月31日(夜) 11月2日	司会・助言・話し合いのさせ方	市社会教育主事	同上	同上	老人福祉行政の現状と問題点	市ことぶき荘所長 阿部藤裵
10	11月14日(夜) 16日	ゲーム・ソング	〃	盲人のための読書活動	盲人のための声のテープ 事務局長 折笠広克	老人の心理	松風園副園長 笠井久司
11	11月7日(夜) 9日	野外活動に必要な技能	〃	同上	同上	ホームヘルパー活動	市福祉事務所長 若杉元晋 市ホームヘルパー代表3名
12	11月21日(夜) 24日	指人形のつくり方と指導 童話の話し方指導	中井直子委員 県社教主事講師 小木ささを委員	地域文庫と読書グループ	鶴巻鉄三委員	福祉ボランティア活動の現状と展望	中谷千代子委員、高橋芳子委員、榊田久雄委員、市社教主事
13	11月28日(夜) 30日	閉講式	○終了書渡し ○今後の活動と研究について	市社教課長、研究委員 担当職員			

表4-8 新潟市の事業（昭和48年度）

地区ボランティア育成講座
浜浦校区（主な会場……浜浦小学校）

開催 年・月・日	学習 時間	学習課題	学習内容	学習方法	講師氏名　職名
48年 （木） 10月18日	2.5	開講式	1．講座の趣旨説明 2．映画「婦人のボランティア活動」 3．講演「私のボランティア活動」	映写 講義	○市社会教育課長（代理事業担当職員） ○研究委員　髙橋芳子（新潟ボランティアの会リーダー）
（木） 11.1	3	諸外国におけるボランティア活動	アメリカ在住中に体験したアメリカの主婦が日常生活に受けとめているボランティア活動の考え方と実際	講義	研究委員　橋本光子（市立南万代小学校PTA役員）
（水） 11.14	3	子どもの生活とその欲求	学童の生活と、ものの考え方調査資料に基く子どもを正しく理解することについて	講義と座談会	研究委員　羽二生恵太郎（市立浜浦小学校長）
（木） 11.22	2.5	現代社会の問題と私たちの生活	○社会のよくない現象の原因は、我々にもあること ○社会の一員とボランティア活動	講義と話し合い	研究委員　小木みさを（県社会教育委員）
（月） 12.10	3	子どもの遊ばせ方 閉講式	○年末年始の地区内援助活動の技術 ○今後の研修計画について，反省座談会	講義，実習座談会	○講師　中井直子（市子ども会育成指導員） ○研究委員　羽二生恵太郎，市村栄子，吉岡朗子，社会教育課員
計	14 時間				

表 4-9 新潟市の事業（昭和 48 年度）

南万代校区（主な会場……都市青年の家）

開催 年月日	学習 時間	学習課題	学習内容	学習方法	講師名・職名
48年 10月29日 （月）	2.5	開講式	1．講座開設の趣旨説明 2．映画「婦人のボランティア活動」 3．ボランティア活動について ボランティアの意味 ボランティアの活動状況	・映写 ・話し合い	○社会教育課員 （事業担当職員） ○研究委員 高橋芳子　今井イネ 橋本光子　近藤一意
11月8日 （木）	4	施設見学とボランティア活動の実際	西新潟病院（国立療養所）見学と，施設ボランティアの活動状況見学と，オムツたたみの実習。	見学 実習	○講師　石田政清 （西新潟病院医事班長） ○研究委員 橋本光子　今井イネ
11月18日 （日）	3	清掃と子どもボランティア	○地区内公園の清掃奉仕（4地区公園） ○子どもと共に遊ぶレクリエーションの技術研修 ○子どもの意見と成人	実習 座談会	○技術指導　中井直子 （子ども会育成指導員） ○研究委員 近藤一意　今井イネ 橋本光子
12月3日 （月）	2.5	外国のボランティア活動について	○ボランティアの歴史 ○諸外国の実際活動	講義	○講師　大宮　簿 （新潟市中通り教会牧師）
12月17日 （月）	4	○友愛セール ○閉講式	○講義「新潟人気質とボランティア参加のしかた」 ○友愛セール ○講座反省座談会（手製郷土料理試食会をかねる）	講義 物品展示と即売 話し合い	○講師　池　政栄 （市立郷土資料館館長） ○研究委員 近藤一意　今井イネ 橋本光子　社教課員
計	16				

表4-10 新潟市の事業（昭和48年度）

開催年月日	学習時間	子どものコース				開催年月日	学習時間	老人のコース			
		学習課題	学習内容	学習方法	講師氏名、職名			学習課題	学習内容	学習方法	講師氏名、職名
49年1月8日(金)	3	開講式	開講挨拶		（子どもの会育成指導員）中井直子（青少年教育係長）鈴木 忠			オリエンテーション コース別打合せ		市社会教育主事	一市社会教育主事（担当職員）
2.12(火)	2.5	遊び	○子どもの遊びとその工夫	講義 実技		2.12(火)	2.5	心理	○老人の心理 ○老人の人格について	講義 話し合い	（市老人福祉センター長）阿諏藏策
		心理	○自立心の芽生え ○対人関係の拡大期 ○おとなとの関係	講義 話し合い	（県立女子短大助教授）高橋睿雄	2.18(月)	3	読書	○老人と読書 ○読みきかせの技術について	講義 実技指導	（県立保育専門学校講師）重野 孝
2.18(日)	3	応急手当	○幼児の発育について ○幼児に多い病気 ○幼児に多い事故と処理	講義 実技指導	（市立東保健所保健婦）早川稲子	2.25(月)	3	話し相手	○老人の生態 ○老人ヘルパーの経験談 ○老人の話し相手のコツ	講義 座談会	（市老人福祉センター職員）中原道三（市老人ホームヘルパー）高橋ミヨ・丸山カツエ
2.25(月)	3	読みきかせ	○読みきかせの重要さ ○読みきかせの実際 ○読みきかせの技術	講義 実習	（市立笹口小学校司書）若佐入美子	3		看護	○老人の病について ○老人の食物 ○老人の応急手当	講義 実習	（市立西保健所保健婦長）小池ツヤ
3.4(月)	3	視聴覚教具の扱い	○紙芝居のやり方 ○スライドの種類 フィルムスライド、1コマスライド	講義 実習	市教育センター 小林孝策						
3.11(月)	3	〃	○16ミリ映写機について ○映像機の要素 ○映写機の取り扱い フィルムの入れ方、映写の方法	講義 実習							
3.18(月)	3	開講式	○挨拶 ○反省座談会		市社会教育課長（代言）社会教育主事 事業担当職員 今後の研修打合せ 助言（研究委員）高橋芳子、中谷千代子 橋光子、今井イネ、市村栄子						
計	21.5										

表4-11 新潟市の事業（昭和48年度）

ボランティア・ビューロー・セミナー

回数	月日	内容	会場	ゲスト	時間	人数
第1回	11月28日	○映写「ボランティアへの道」 ○主題 ボランティア活動の動機と活動上の問題点	青年の家	文部省 社会教育官 湯上二郎	時間 3	45
第2回	12月19日	○主題 老人問題，老人心理について	中央公民館	研究委員 （新大助教授） 木原 孝	3	66
第3回	49年2月22日	○主題 ボランティア活動と行政の問題	同上	市福祉事務所長 児玉正男 市福祉課長 渡辺喜代三郎	3	38
第4回	3月25日	○主題 ボランティア意識の再検討	同上	研究委員 （新大教授） 相田 彰	3	24
	計				12	173

表4-12 西宮市の事業（昭和46年度）

基礎講座

月 日	時 間	テーマ	講 師
10／5	AM 10〜12	開講式・記念講演「婦人の生きがいと奉仕活動」	西宮市教育長 刀祢館 正 也
10／12	〃	社会福祉制度の現状と問題点	神戸新聞論説委員 長 島 晴 雄
10／19	〃	奉仕活動の理念	関西学院大学教授 小 関 藤一郎
10／26	〃	奉仕活動の形態と方法	大阪市大教授 柴 田 善 守
11／11	〃	カウンセリングの基礎知識(1)	関西学院大学教授 嶋 田 津矢子
11／18	〃	〃 (2)	〃
11／25	〃	演習「奉仕活動のめざすもの」	助言者 研究委員

高齢者奉仕コース

月 日	時 間	テーマ	講 師
11／30	A.M 10〜12	社会保障制度と老人問題	神戸新聞論説委員総務 村 津 清 一
12／8	〃	高齢者の健康	西宮市医師会副会長 佐 藤 修
1／18	〃	看護の技術と心構え(1)	新武庫川病院婦長 谷 口 好 恵
1／25	〃	〃 (2)	〃
2／1	〃	高齢者の心理	大阪大学教授 金 子 次 郎
2／8	〃	面接の技術と方法	産業カウンセリング協会理事長 電々公社カウンセラー 見 市 公 子
2／15	〃	老人福祉施設訪問	

1 1970年代の事業

施設奉仕コース

11/30	A.M 10～12	特殊教育の本質	市教育指導課長 小林　久盛
12/8	〃	社会福祉施設の現状と問題点	市福祉事務所長 森原　孝雄
1/18	〃	医療制度の現状と問題点	西宮市医師会副会長 佐藤　脩
1/25	〃	子どもの心理	聖和女子大学講師 石垣　恵美子
2/1	〃	面接の技術と方法	関西学院大学教授 嶋田　津矢子
2/8	〃	介護の技術と心構え	砂子療育園長 福井　育子
2/15	〃	施設訪問	

社会教育奉仕コース

11/30	A.M 10～12	社会教育概論	大阪大学助教授 二関　隆美
12/8	〃	西宮の社会教育	市教委社会教育部長 森山　好夫
1/18	〃	社会教育関係団体の機能と役割	〃社会教育部主幹 松浦　正美
1/25	〃	グループ指導の理論と実際	大阪大学助教授 二関　隆美
2/1	〃	学習の形態と方法	市教委社会教育課長 松本　孝
2/8	〃	スポーツ・レクリエーション指導の方法	市教委青少年課長 杉原　邦男
2/15	〃	会議のすすめ方	市教委中央公民館長 南野　武衛

閉講式

2/22	A.M 10～12	演習「これからの活動について」	助言者　研究委員

会場
1～7回および最終回　　市庁舎8階大会議室（813号室）
8～14回（施設訪問を除く）　勤労会館（阪神西宮東口すぐ北）

表4-13　西宮市の事業（昭和47年度）

基礎講座

月日	時間	テーマ	講師
10／19（木）	13：30〜16：00	開講式・話合い	
10／26（木）		奉仕活動の意義と歴史	大阪市立大学教授　　柴田善守
11／2（木）		〃　現状と問題点	〃
11／9（木）		〃　形態と内容	〃
11／16（木）		人間関係について	兵庫医科大学教授　　松永一郎
11／30（木）		性格について	〃
12／7（木）		人間理解の基礎知識(1)	六甲カウンセリング研究所長　井上敏男
12／14（木）		〃　　　　　　　　(2)	〃

会場　市庁舎8階　大会議室

高齢者訪問サービス

月日	時間	テーマ	講師
12／21（木）	13：30〜16：00	老人を理解しよう(1)	関西大学教授　　雀部猛利
1／11（木）		〃　　　　　　(2)	大阪市立弘済院附属病院長
1／18（木）		〃　　　　　　(3)	医学博士　　磯典理
1／25（木）		〃　　　　　　(4)	市福祉事務所　ホームヘルパー
2／1（木）		老人の食生活	神戸女学院大学講師　　山崎純子
2／8（木）		簡単な看護技術	総合衛生学院看護部長　　山上津多
2／15（木）		老人との話合い	
2／22（木）		私の奉仕プラン	

会場　今津公民館　講堂

社会教育のための託児サービス

月日	時間	テーマ	講師
12／19（火）	13：30〜16：00	社会教育概論	神戸大学教授　　津高正文
1／9（火）		婦人教育の現状と問題点	関西学院大学教授　　仲原晶子
1／16（火）		乳幼児を理解しよう(1)	聖和女子大学講師　　石垣恵美子 他
1／23（火）		〃　　　　　　　　(2)	
1／30（火）		乳幼児の保育技術(1)	
2／13（火）		〃　　　　　　　(2)	
2／20（火）		話合い	

以上の他に2／6・2／9・2／13・2／16の午前中保育実習を行なう。うち2回受講を要す。
会場　学文公民館　講堂

閉講式

月日	時間	テーマ
3／1（木）	13：00〜16：00	閉講式・話合い

会場　市庁舎8階　大会議室

「技術」を教授するような講座が設けられており，それは，実習的な形態で実施されていること，③次第に市内の特定の小地域において講座を開設するようになり，日常生活への接近とでもいえる視点が生じていること，等の特徴をみてとれるであろう．

　ボランティア活動の支援は，行政が動員的に行うものではないことも，すでに新潟市の場合に引用した，講座名称についての，「端的に市民連帯感による自発的活動を表現する適当な日本語がみい出せないので，現在すでに相当つかわれているのではないかという見かたで，ボランティアという表現をそのまま名称にした．日本語の，『奉仕活動』という言葉は，昔の滅私奉公的イメージが残っている不安を感じて避けた．」という記述からも推測できる通り，行政担当者側に，自覚的な意識が存在しているといえるであろう．これらの講座が動員的な性格を持つという批判は，その根拠が明確とはいえないのである．

　1973（昭和 48）年度に委嘱を受けた 5 市（山形市・会津若松市・新潟市・吹田市・熊本市）の参加者 291 人を対象に行った調査では，講座に参加した理由として，「奉仕活動をしたいから」31.0 ％，「余暇を有効につかうため」28.2 ％，「教養を身につけたいから」17.5 ％，に次いで「人にすすめられたから」13.4 ％が続くという状況なのである．さらに，「奉仕活動」に参加可能頻度は，「2 週間に 1 回」41.2 ％，「1 週間に 1 回」38.7 ％，であって，「1 週間に 2 回以上」は 2.9 ％に過ぎないのである．このような状況をみれば，この時期のボランティア活動支援施策が，啓蒙的な域を出ないものであったということはいえても，動員的なものであったというようなことには決してならないであろう[17]．

　この事業のまとめとしては，①婦人奉仕活動に関する調査の実施，②婦人奉仕活動に関する広報・啓発及び相談事業の整備・充実，③婦人学級・婦人団体等における奉仕活動に関する学習の助長，④婦人奉仕活動家育成講座の開設，⑤婦人ボランティアグループの育成援助，⑥婦人ボランティアグループリーダーの養成・確保，⑦婦人の奉仕活動を促進する組織及び施設，という項目が示されているが[18]，総合的，あるいは総花的な指摘にとどまっていることも事実であろう．いずれにしても，この時期，むしろ，行政の側が，それも，国レベルの行政が，需要を先取りする形でこの研究委嘱事業を実施したということができ，意欲的かつ先見の明のある事業であったと評価してよいであろう．当

時の文部省社会教育局社会教育官や国立社会教育研修所の職員等が現地で専門的なアドバイスを与えたというような記録も存在しており[19]、国レベルの行政の役割は評価こそされ、批判される存在であるとは考えにくい[20]。

2　1990年代の事業——生涯学習ボランティア活動総合推進事業

(1) 事業の概要

　この事業は，文部省の都道府県に対する補助事業として，1991 (平成3) 年度から始まっているが，毎年，若干の内容変更をしながらも，基本的な事業構成は同様に継続されていった。例えば，1994 (平成6) 年度の「生涯学習ボランティア活動総合推進事業の運用について」(生涯学習局長裁定) では，その実施理由について，「あらゆる人々が生涯にわたり学習活動の成果を地域社会における諸活動の中で生かすことができる環境の整備を図るため，下記のボランティア活動を促進する事業を広域的，総合的，体系的に実施するものである。」として，①県内のボランティア活動に関する連絡・調整，②「活動の場」(受け入れ先) の開発，③情報提供・相談事業，④ボランティア養成カリキュラム等の開発，⑤ボランティアの養成・研修事業の実施，⑥生涯学習ボランティアセンターの開設，の6項目が提示されている。このうち，①を含めた3以上の項目の実施が推奨されていた。

　この実施については，何点かについての注意が示されている。

a 教育委員会内に，「生涯学習ボランティア活動総合推進委員会」(構成：都道府県・市町村教育委員会関係者，知事部局等関係者，学校教育関係者，社会教育関係者，社会教育施設関係者，ボランティア活動関係機関・団体関係者，企業関係者等) を設置し，基本方針・実施要項の策定，運営についての審議，事業の成果の評価を実施すること。

b 事業の拠点は，生涯学習推進センター，婦人教育施設，青少年教育施設等にすること。

c 青少年教育・婦人教育等の社会教育関係団体，社会福祉関係団体，青少年・女性・高齢者グループ等のボランティアを志す人々の参加・協力を求めること。特に②③⑥は，ボランティアの協力を得て運営することが考え

られる。

示された6項目の事業については，かなり詳細なガイドライン・注意事項が示されていた。1996（平成8）年度の実績は，実施都道府県47，①県内のボランティア活動に関する連絡・調整：47件，②「活動の場」（受け入れ先）の開発：24件，③情報提供・相談事業：37件，④ボランティア養成カリキュラム等の開発：13件，⑤ボランティアの養成・研修事業の実施：365事業，⑥生涯学習ボランティアセンターの開設：23，80カ所，の通りであった。

このほか，文部省が直接行う事業として，海外ボランティア活動状況調査，地域生涯学習ボランティア・コーディネート・システム整備充実事業，全国ボランティア活動推進連絡協議会開催，全国ボランティア活動情報提供・相談窓口開設等の諸事業が実施された。

(2) 岐阜県の例

岐阜県教育委員会の1992（平成4）年度の，生涯学習ボランティア活動総合推進事業は，その設置要綱によって12名から成る生涯学習ボランティア活動総合推進委員会（学識経験者1名，学校教育関係者［高校長］1名，関係団体代表者［ボーイスカウト県連盟兼県社会教育委員，県子ども会育成会，社会福祉協議会，連合婦人会，県老人クラブ連合会，県婦人生活会館］6名，市町村教育関係者［村社会教育係長，町中央公民館長，町学校教育課長］3名，青少年施設代表者［少年自然の家］1名）が設置されて実施された[21]。この委員会は年間3回の開催であったが，事務連絡会が県教委社会教育課内に各教育事務所課長補佐クラスを中心にして構成されていた。

具体的な事業は，（1）情報提供・相談事業として，①ボランティアバンクの開設，②ボランティア相談員の配置，（2）ボランティアの養成・研修事業の実施として，①青少年ボランティア養成講座（8月下旬，県立自然の家3カ所，2泊3日，90名），②婦人ボランティア養成講座（7-9月，1回2時間半7回，42名，岐阜県婦人生活会館に委託），③総合ボランティア養成講座（7-3月，県立施設・市町村施設3カ所，150名，3市町村の実行委員会に委託），④ボランティアの集い（1月下旬，県中央青少年会館，162名）であった。

1997（平成9）年度の事業を見ると，委員会や事務連絡会が知事部局代表者を

多数参加させることによって拡充されており(1995年度より)，行政内部の連絡調整の進展の様子が反映されている。具体的な事業は，ボランティアの養成・研修事業の実施として，①青少年ボランティア養成講座（8月上旬，県立少年自然の家，2泊3日，89名），②婦人ボランティア養成講座（5-7月，1回2時間半7回，34名，岐阜県婦人生活会館に委託），③総合ボランティア養成講座（7-3月，県立施設・市町村施設3ヵ所，150名，3市町村の実行委員会に委託），④ボランティアの集い（1月下旬，県生涯学習センター，191名）であって，1992（平成4）年度と，ほとんど変化はない[22]。

1998（平成10）年度もほぼ同様で，ボランティアの養成・研修事業の実施として，①青少年ボランティア養成講座（8月上旬，県立少年自然の家，2泊3日，82名），②婦人ボランティア養成講座（6-7月，1回2時間半7回，34名，岐阜県婦人生活会館に委託），③総合ボランティア養成講座（7-3月，県立施設・市町村施設3ヵ所，150名，3市町村の実行委員会に委託），④ボランティアの集い（1月下旬，県生涯学習センター，141名）が実施された[23]。

「青少年ボランティア養成講座」は，高校生対象の宿泊型研修であり，各年度，さまざまなボランティア活動領域の講義と実習を組み合わせた，ほぼ同様なプログラムで実施されている。ただし，1997（平成9）年度からは，「研修Ⅱ」と称した，8月の研修以降の受講生の地域におけるボランティア活動の「実践報告書」作成も，研修の一部とするような工夫がなされた。短期間の「研修」だけではなく，中・長期的に継続することの意義を考慮した事例であろう。表4-14は，1998（平成10）年度の「研修Ⅰ」の事例である。

「総合ボランティア養成事業」は，各年度，地域的バランスを考慮して，3市町村ごとに委託されており，年度の総括的な全体集会に当たる「ボランティアの集い」において成果の発表という形で事業の報告がなされている。市町村レベルにまで事業をおろして，その地域に即した形で事業展開を図るという工夫がみられる例として位置づけられるであろう。

「婦人ボランティア養成講座」は，各年度，岐阜県婦人生活会館に委託されているが，人形劇ボランティア活動，朗読ボランティア活動，演劇的表現ボランティア活動についての養成講座をそれぞれ複数年度継続という形で実施してきている。この講座は，いわゆる教養講座の性格ももち，さらにそこで会得し

表4-14　岐阜県の事業（平成10年度）
研修Ⅰ　ボランティア活動についての知識・技術の習得
（平成10年8月6日（木）～8日（土））〔会場：伊自良青少年の家〕

内容	意義と実践上の問題点	体験と交流	実践・活動計画と交流
期日	第1日：8／6（木）	第2日：8／7（金）	第3日：8／8（土）
6:00		起床	起床
6:30		朝のつどい	朝のつどい
7:00		清掃	清掃
7:30			シーツ返却
8:00		朝食	朝食
8:30		Ⅳ【講義と実習】	Ⅶ【ボランティア IN IJIRA】
9:00		選択学習	
9:30		◇環境保護と　◇文化・伝承と	Ⅷ【演習】
10:00		ボランティア　　ボランティア	活動プログラムの作成と交流
		～自然を感じて～手作り遊び・絵本で	～地域の中で生かそう
11:00		みませんか～　楽しもう～	自分の力を～
		アウトドアコーディネ　おはなし王手箱主宰	Ⅸ【反省会】
11:30		ーター　洞口健児先生　山本孝子先生	3日間を振り返る
12:00	受　付	片付け・移動	荷物の整理
	朝　食		
12:30	入所式・開講式	昼　食	昼　食
13:00	挨拶　岐阜県社会教育委員の会議長　辻欽一先生	Ⅴ【講義と実習】	退所式
13:40	オリエンテーション	選択学習	
14:00	Ⅰ【アイスブレーキング】	◇福祉とボランティア　◇国際交流と	
	仲間作りゲーム・グルーピング	～障害者の方と　　ボランティア	
14:40		勤労体験をしよう～　～海外協力隊経験者の	
15:00	入室と荷物整理	方と語り合おう～	
15:10	Ⅱ【講　義】	知的障害者施設	
	若者とボランティア活動	伊自良苑　海外協力隊経験者の方	
16:00	中部学院大学教授　巡静一先生		
16:30		選択学習のまとめ	
16:45	シーツ配布		
17:00	夕べのつどい	夕べのつどい	
17:30			
18:00	夕　食	夕　食	
18:20			
19:00	Ⅲ【講話と話し合い】	Ⅵ【交　流】	
	求める人に求めるものを	選択学習の交流	
20:00	～阪神大震災その後～		
	プロジェクト「結ふ」代表　石井布紀子先生	輪之内町社会福祉協議会専門員近藤ひろみ先生	
20:15			
21:00	入　浴	入　浴	
22:00	就　寝	就　寝	

表4-15 岐阜県の事業（平成10年度）
「ボランティアの集い」〔平成11年1月24日（日）〕日程及び内容

時刻	9:00	9:30	10:00	10:30	11:10	11:20	12:00	13:20	13:30	14:10	14:20	15:00	15:30
内容	会場準備	受付	開会式	講演 今後のボランティアのあり方について 東京大学助教授 鈴木 眞理		全体発表 総合ボランティア養成講座代表者 （安八町）	昼食休憩 〈自由交歓会〉		ミニ教室 分科会 Ⅰ		ミニ教室 分科会 Ⅱ		閉会式

《受付》
　アンケート配布　　　　　　　　　　　　　　　　　　　9：30〜10：00
(1) 開会式
　　生涯学習課長あいさつ　　　　　　　　　　　　　　10：00〜10：25
(2) 基調講演（生涯学習とボランティアのあり方）
　　東京大学助教授　鈴木　眞理　　　　　　　　　　　10：30〜11：10
(3) 全体発表（実践交流）
　　総合ボランティア「安八町各種ボランティア養成講座」　11：20〜12：00
　　→町民の新しいボランティアニーズに対応する知識技術の学習成果を紹介
《昼食・休憩　自由交歓会》　　　　　　　　　　　　　12：00〜13：20
(4) ボランティアミニ教室〈実践交流〉
　【内容】　① ボランティア養成講座の内容の報告
　　　　　　② 講座をもとにした実践活動の報告
　　　　　　③ 質疑応答
　　　　　　④ 実技のミニ講習会　等

------- 分科会Ⅰ --- 13：30〜14：10
　　第1教室　総合ボランティア「可児市生涯学習アドバイザー養成講座」
　　　　　　→市民個別の要求に応じた学習法・学習機会をアドバイスする学習支援ボランティアの紹介
　　第2教室　青少年ボランティア「学校・地域で広げようボランティアの輪」
　　　　　　→青少年ボランティア養成講座の学習成果と地域実践活動の紹介
　　第3教室　知事部局関連ボランティア「岐阜森林愛護隊」
　　　　　　→森林を保護するボランティア活動の実践紹介

------- 分科会Ⅱ --- 14：20〜15：00
　　第1教室　総合ボランティア「上之保村花いっぱいボランティア養成講座」
　　　　　　→青少年や高齢者を中心に，地域の花飾りボランティアによる住民交流促進の紹介
　　第2教室　婦人ボランティア「演劇的表現ボランティア」
　　　　　　→演劇表現を身につけ，幅広いボランティア活動に応用する実践の紹介
　　第3教室　知事部局関連ボランティア「岐阜県BBS連盟」
　　　　　　→ボランティア活動を通じて青少年の健全育成を図る団体の実践紹介

(5) 閉会式　全体講評　　　　　　　　　　　　　　　　15：00〜15：30
　　生涯学習センター所長あいさつ

た技術を使って，気軽に自身も楽しみながらできるボランティア活動への発展をめざした講座と位置づけられている。その後，諸施設での実践的活動が実施されている事実も付け加えられなければならないであろう。プログラムのみを見ると，迂遠あるいは無関係な事業を「婦人ボランティア養成講座」として実施しているとも考えられるが，日常的な活動，自己実現的な活動を社会貢献的な活動に結びつけようとする，主催者側の意図の有無によってこの講座の評価は異なるのであろう。

「ボランティアの集い」のプログラムは，表4-15に示した。これは，全体の総括の場としてのイベントであり，事例発表等を行うなどして当事者にとっての「ハレの場」を用意することによってそれまでの活動を称揚するとともに，また対外的にも啓発的な意味合いをもたせることにも配慮したプログラムであると位置づけることができるであろう。

(3) 山口県の例

山口県における1997（平成9）年度の生涯学習ボランティア活動総合推進事業は，生涯学習ボランティア活動総合推進委員会（学識経験者2名，高等学校長1名，社会教育関係団体代表者［ガールスカウト日本連盟，県連合青年団］2名，社会教育施設関係者［博物館，生涯教育センター］2名，市町村教育関係者［市教育委員会，市社会福祉協議会事務局］2名，社会福祉協議会等関係者［県ボランティア振興財団，県社会福祉協議会兼ボランティアセンター，福祉教育・ボランティア学習関係団体］3名）を12名によって構成し，そのもとで実施された[24]。また，知事部局（女性青少年課・厚政課），教育委員会（指導課・保健体育課・教育研修所），県社会福祉協議会の職員によって幹事会が設置されていた。

具体的な事業については，(1) 指導者の養成として，①生涯学習ボランティア指導者養成講座（7-8月4日間，県教育研修所，公私立高校教員等対象［小学校教員15名・中学校教員14名，高校教員9名，盲・聾・養護学校教員4名，社会教育担当職員8名，一般成人5名］55名参加），②コーディネーター養成講座（10-11月，4日間，県教育研修所，地域の実践者対象24名参加），③社会教育施設ボランティア養成講座（8月，1泊2日×2回，県立施設，一般成人対象，参加者15名）が実施され，(2) 活動の場の開発として，①受け入れ施設職員研修講座（9月，2日間，

県教育研修所，社会教育施設等職員対象，14名参加），②生涯学習ボランティアの集い大会（1月，県セミナーパーク，234［高校関係153・一般81］名参加），③生涯学習ボランティア相談員の設置（県生涯教育センターに設置，「生きがいテレホン」として活動の場に関する情報収集・提供，活動のコーディネート，ボランティアバンクの運営の活動），④生涯学習ボランティアセンターの開設（各教育事務所に設置，情報収集・提供等［情報誌の発行など］）等の事業が実施されている。

　1998（平成10）年度には，前年度とほぼ同様に，(1) 指導者の養成として，①生涯学習ボランティア指導者養成講座（7-8月4日間，県教育研修所，公私立高校教員等対象［小学校教員8名・中学校教員8名，高校教員6名，社会教育担当職員11名，一般成人3名］36名参加），②コーディネーター養成講座（10-11月，4日間，県教育研修所，地域の実践者対象27名参加），③社会教育施設ボランティア養成講

表4-16　山口県の事業（平成10年度）

受け入れ施設職員研修講座

月日	時間	内容	講師・指導助言者等
9月24日（木）	9:40～10:00	開講行事	
	10:00～10:50	（講義）生涯学習ボランティア活動総合推進事業について	社会教育課青少年教育係　社会教育主事　秋枝　勤
	11:10～12:00	（講義）生涯学習ボランティア相談電話「生きがいテレホン」の現状と課題	生涯教育センター　生涯学習ボランティア相談員　西山　香代子
	13:00～14:00	（体験発表）私たちのボランティア活動	徳佐公民館子ども文庫　代表　山本　義子　ボランティアネットワークWE　代表　尾田　恵美子
	14:20～16:00	（講義）生涯学習とボランティア活動	山口大学教育学部　教授　岡村　豊太郎
9月25日（金）	9:40～10:40	（講義）社会教育施設におけるボランティアの受入れについて	山口県文化ホールいわくに　主任主事　村重　政司
	11:00～12:00	同　　上	北九州市立美術館普及課　課長　吉富　和男
	13:00～15:40	（研究協議）受入施設におけるボランティア活動の在り方	同　　上
	15:40～16:00	閉講行事	

座（6月，4日間，県ふれあいパーク，大学生・一般成人対象，参加者23名）が実施され，(2) 活動の場の開発として，①受け入れ施設職員研修講座（9月，2日間，県教育研修所，社会教育施設等職員対象，11名参加），②生涯学習ボランティアの集い大会（1月，県セミナーパーク，174［高校関係174・一般83］名参加），③生涯学習ボランティア相談の設置，④生涯学習ボランティアセンターの設置等の事業が実施されている[25]。

「受け入れ施設職員研修講座」のプログラムについては表4-16，「生涯学習ボランティアの集い」については表4-17に示した。なお，「生涯学習ボランティアの集い」は，1991（平成3）年度から「生涯学習ボランティア活動総合推進事業」の一環として実施されてきたが，それ以前の1983・84（昭和58・59）

表4-17　山口県の事業（平成10年度）
「ボランティアの集い」

【午前の部】
■ 開会行事
■ オープニング　　　　　　　　　　朗読劇サークル　　　　　座・レガート
■ 実践活動報告
　　（1）　サビエル高等学校カリタス会　　　2　年　　　古　松　美　穂
　　　　　　　　　　　　　　　　　　　　　　2　年　　　藤　田　めぐみ
　　（2）　社会教育施設ボランティアサークル　山口大学4年　秋　貞　裕　子
　　（3）　やまぐちエコ倶楽部　　　　　　　　会　員　　　太　田　とも子
　　（4）　シアター365萩オフィス　　　　　　代　表　　　杉　山　浩　司
　　（5）　エコー防府　　　　　　　　　　　　代　表　　　斉　藤　清　子
【午後の部】
■ シンポジウム
　◇ テ　ー　　マ　　～これからの社会を創り，支えるボランティア活動～
　◇ コーディネーター　山口短期大学　　　　　非常勤講師　　松　田　ト　ミ
　◇ シ ン ポ ジ ス ト　山口農業高等学校　　　　3　年　　　神　田　　　希
　　　　　　　　　　　　　　　　　　　　　　　3　年　　　原　田　利　彦
　　　　　　　　　　　　　　　　　　　　　　　3　年　　　国　徳　　　誠
　　　　　　　　　　　山口県連合青年団　　　　団　長　　　金　谷　克　彦
　　　　　　　　　　　まちづくり研究集団「創」　会　員　　　水　沼　　　信
　　　　　　　　　　　宇部市ふるさとコンパニオンの会・会長　　安　井　敬　子
　　　　　　　　　　　やまぐちネットワークエコー代表者　　　　西　山　京　子
■ フィナーレ　　　　　　　　　　　　教員バンド　　　　ザ・ガーリック
■ 閉会行事

日　程

10:00	10:20	30	50		12:15	13:15		15:00	15:35	40
受　付	開会行事	オープニング		実践活動報告	昼食休憩	シンポジウム		フィナーレ		閉会行事

年度は「青少年社会参加促進事業」，1985 (昭和 60) 年度から 1990 (平成 2) 年度までは「青少年ボランティア参加促進事業」の一環として「高校生ボランティアの集い」として実施されていたものの発展として位置づけられている。

この事例では，「受け入れ施設職員研修講座」や，「生涯学習ボランティア指導者養成講座」，「コーディネーター養成講座」，「社会教育施設ボランティア講座」等，ボランティアに直接働きかける事業ではなく，間接的にボランティア活動を支援する人々を対象とした事業が実施されているのが注目されよう。したがって，各事業の参加者は少ないという印象を受けるのであるが，それは，当然といえば当然のことなのである。1992 (平成 4) 年度から「生涯学習ボランティア相談員」を置き，1994 (平成 6) 年度以降「生涯学習ボランティアセンター」を教育事務所単位で設置し，それぞれが手作りの広報紙を刊行するなどの活動を行っていることとも共通するが，基盤を充実させるという点に配慮した事業展開であったということができるであろう。

(4) 兵庫県の例

兵庫県における 1991 (平成 3) 年度の生涯学習ボランティア活動総合推進事業は，それまでの「青少年ボランティア参加促進事業」(1984 年度から)，「社会教育ボランティア活動推進事業」(1987 年から) 等を組み替えて実施されたものである[26]。「生涯学習ボランティア活動総合推進委員会」が，12 名 (学識経験者，学校代表，青少年・婦人団体，福祉団体，行政関係者等) で構成され，①活動の場の開発 (社会教育・文化財課：ボランティア活動のニーズ調査)，②情報提供・相談事業 (6 教育事務所：ボランティアバンクの開設・相談員の配置)，③ボランティア養成カリキュラムの開発 (嬉野台生涯教育センター：カリキュラム開発・ボランティア学習の手引き作成)，④ボランティア養成研修事業の実施 (嬉野台生涯教育センター：各種講座の開設，リーダー・受け入れ施設職員研修，ボランティアの集い) から成る事業が実施された。研修事業は，「高校生ボランティア養成講座」5 校，「婦人ボランティア養成講座」30 時間・26 名，「高齢者ボランティア養成講座」30 時間・52 名，「ボランティア受け入れ団体・施設職員研修講座」は〈ボランティア活動をめぐる諸問題〉(県立嬉野台生涯教育センター・5 回・延べ 81 名)〈ボランティア活動と図書館の活性化〉(県立図書館・4 回・延べ 69 名)〈博物館におけ

るボランティア導入の対応と実践〉(県立近代美術館・7回)〈博物館としてのボランティア受け入れの知識や技術等の研修〉(県立歴史博物館・4回・延べ94名)のテーマごとに行われ,「ボランティアのつどい」には96名の参加があったことが記録されている。なお,この「つどい」は,1983(昭和58)年度以降,100-150人規模で高校生を主たる対象として継続されているものである。

　1992(平成4)年度は,前年度の職員に対する研修は,1泊2日のまとまった研修「社会教育施設職員等研修会」(31名参加)に変更されており,「兵庫県立近代美術館ボランティア養成講座」(10回・30時間・11名参加),「兵庫県立図書館ボランティア養成講座」(3回〈内1回は3会場で〉・30時間・93名),「兵庫県立歴史博物館ボランティア養成講座」(11回・30時間・46名)のように,個別の社会教育施設ボランティア養成講座が,この事業の一環として位置づいてきた[27]。1993(平成5)年度もほぼ同様であるが,社会教育施設ボランティア養成講座が,県立近代美術館(33名)・県立歴史博物館(37名)・県立人と自然の博物館(61名)において実施された。また,「生涯学習アドバイザー養成講座」が4回・22名の参加で実施されている。この年には,県立嬉野台生涯教育センターの他3教育事務所に「生涯学習ボランティア活動コーディネーター」を置き,より事業内容を拡充した「生涯学習ボランティアセンター」を設置(他は,旧来の通りボランティアバンク)している[28]。1994(平成6)年度には,「博物館・美術館解説ボランティア養成講座」が,「共通コース」(実施主体:兵庫県博物館協会・6回・83名)と「専門コース」(実施主体:県立近代美術館〈震災のため中断〉・県立歴史博物館〈30名〉・県立人と自然の博物館〈20名〉)に分けて実施された[29]。1995(平成7)年1月17日には「兵庫県南部地震・阪神淡路大震災」が発生したが,この年度の事業の多くは,それ以前に実施済みであった。

　1995(平成7)年度は,報告書の「はじめに」において,例年の通り,「ボランティア活動そのものが生涯学習の実践であり,また個人の生き甲斐にも通じることが認識され始めたと言えましょう」としているが,震災に触れ,「全国各地から多数のボランティアが被災地に駆けつけ,混乱した状況下での活動ぶりは,被災者に多くの勇気と希望を与え,その献身的な活動の姿に称賛の声が上がりました。また,今回の震災時の活動を通じて,ボランティア活動は私たちの身近な日常生活にあたって,誰にでもできるものであるということを多く

の人に認識させることになりました。県教育委員会では，こうした体験を大切にしながら，これまですすめてきた各種のボランティア活動をより親しみのあるものとして位置づけ，こころ豊かな人づくりをすすめていきたいと考えています。」としている。「生涯学習ボランティア活動総合推進委員会」において，「災害時におけるボランティアを踏まえて，今後社会教育関係者が配慮すべきことについて」協議がなされ，コーディネーターの必要性，社会教育施設相互間のネットワーク化の必要性，社会教育でのボランティア学習の必要性等の指摘がなされていたが，実施された具体的な事業には，大きな変化はみられない[30]。1996（平成8）年度は，ボランティアセンター・ボランティアバンクを整理し，県立2施設（嬉野台生涯教育センター・歴史博物館）にボランティアセンターを設置し，各教育事務所単位では，「ボランティア活動研修会」が実施された。この研修会は，それぞれ，1日の日程で社会教育関係者を中心とする参加者50名から250名程度の，啓発的な役割をもつものである。その他は大きな変更点はみられない[31]。

　この事例は，文部省の総合推進事業以前からの事業が組み替えられて開始されたものであること，社会教育施設のボランティア，特に博物館のボランティアについて，その養成の機会を県立施設（歴史博物館・近代美術館・人と自然の博物館）相互の連携によって拡充してきていることなどが特徴としてあげられることであろう。また，震災に見舞われるということがあったが，議論のテーマとしては考えられたが，具体的な方策としては表れてきていないことも，指摘できるであろう。

(5) 全国ボランティア活動推進連絡協議会

　文部省には，生涯学習局に1993（平成5）年度にボランティア活動推進専門官が置かれ，その職務が「上司の命を受け，ボランティア活動の推進に関し，専門的事項についての調査および指導，助言にあたる」（文部省設置法施行規則）と規定された。婦人教育課を中心に施策の展開がなされるが，文部省レベルの直接の事業としては，1995（平成7）年度から実施された全国ボランティア活動推進連絡協議会が注目される[32]。

　この，推進連絡協議会は，1996（平成8）年1月11・12日に，「第1回全国ボ

ランティア活動推進連絡協議会」として，東京・代々木の国立オリンピック記念青少年総合センターを会場に開催された[33]。この開催については，事前に，学校教育・社会教育・青少年教育・社会福祉・企業・行政等の関係者からなる「企画委員会」が設置され，協議会の運営内容についての議論が行われ，そこでのさまざまな人脈・情報網を活用する形で，事務当局による要綱づくりが進行した[34]。日程は，以下の通りである。

表4-18　第1回全国ボランティア活動推進連絡協議会日程

```
第1日：1996（平成8）年1月11日（木）
  10:30　開会挨拶　　草原克豪文部省生涯学習局長
         施策説明　　板東久美子文部省生涯学習局婦人教育課長
  11:00　基調講演　　生涯学習とボランティア活動　伊藤俊夫（東京家政大学）
  12:15　昼食
  13:30　テーマ別協議（－17:00）
   ①心を育む－ボランティア活動へのきっかけづくり
      コメンテーター：興梠寛(日本青年奉仕協会)・五十嵐純(さわやか福祉財団)
      コーディネーター：荒谷信子（文部省社会教育官）・鈴木眞理（東京大学）
      研究事例：「ボラボラクラブ（長野県大町市）」・「ヤングボランティア活動
           （山形県）」・「宮城県鹿島台町立鹿島台小学校」・「大震災でボラン
           ティア活動に参加した学生・市民」
   ②手をつなぐ－団体，関係機関，企業，行政のパートナーシップの形成
      コメンテーター：永井順國（読売新聞）
      コーディネーター：村上徹也（日本青年奉仕協会）
      研究事例：「島根県平田市」・「世田谷ボランティア協会」・「トヨタ自動車株
           式会社」・「足利未来倶楽部」
   ③学んで活かす－ボランティアの養成・研修と活動場面の拡がり
      コメンテーター：松下倶子（国立信州高遠少年自然の家）
      コーディネーター：廣瀬隆人（国立教育会館社会教育研修所）
      研究事例：「老人大学院修了生等派遣事業（福岡県）」・「国立科学博物館教育
           ボランティア」・「水戸芸術館現代美術センター」・「いっくら国際
           文化交流会（宇都宮市）」
  17:15　情報交換会
  19:00　終了
第2日：1996（平成8）年1月12日（金）
  10:00　全体会　　テーマ別協議の総括・研究協議
```

```
12:00  昼食
13:00  全体会  情報収集・提供の在り方を考える
       コメンテーター：金子郁容（慶應義塾大学）
       コーディネーター：馬場祐次朗（文部省ボランティア活動推進専門官）
       研究事例：「大阪ボランティア協会」（早瀬昇）・「香川県生涯学習ボランティ
               ア情報バンク」（小島克己・香川県ボランティア協会）・[PC－
               VANパソコン通信によるボランティア情報サービス］（井上忠
               志・NEC）「FAXによるボランティア情報の提供」（村上徹也）
               「慶應義塾大学湘南藤沢キャンパス……インターＶネット・
               VCOM」（金子郁容）
15:00  閉会
```

第2回の推進連絡協議会は，7カ月後であるが，翌年度の1996（平成8）年8月20・21日に東京大学・本郷キャンパスを会場に実施された。日程は，以下の通りであった。

表4-19 第2回全国ボランティア活動推進連絡協議会日程

```
第1日：1996（平成8）年8月20日（火）
10:30  開会挨拶    草原克豪文部省生涯学習局長
       施策説明    大西珠江文部省生涯学習局婦人教育課長
11:00  基調講演    生きる力とボランティア活動  牟田悌三（俳優・世田谷ボ
                   ランティア協会理事長）
12:00  昼食
13:30  分科会協議（テーマ別）（－17:00）
  ①育む－研修や専門家の養成
     コメンテーター：岡本包治（川村学園女子大学）
     コーディネーター：村上徹也（日本青年奉仕協会）
     事例発表：「大阪YWCA専門学校」・「コスモ石油株式会社」・「埼玉ボラン
              ティアズクラブ」・「人事院・国家公務員の研修」
  ②結ぶ－ボランティア活動と情報提供
     コメンテーター：興梠寛（日本青年奉仕協会）
     コーディネーター：井上忠志（日本電気社会貢献室）
     事例発表：「ボランティア・ビューロー（埼玉県）」・「東京ガス株式会社」・
              「兵庫県学生ボランティア協議会」・「ダイヤル・サービス株式会
              社（おちゃのこさいさいボランティアの缶詰）」
  ③認める－ボランティア活動の評価
```

コメンテーター：永井順國（読売新聞）

コーディネーター：荒谷信子（文部省社会教育官）

事例発表：「富山大学・総合学科」・「亜細亜大学・一芸一能推薦入試」・「常陽銀行・ボランティア歴評価」・「高等学校入学者選抜・兵庫県」

④創る－施設とボランティア活動

コメンテーター：大堀哲（国立科学博物館）

コーディネーター：廣瀬隆人（国立教育会館社会教育研修所）

事例発表：「国立婦人教育会館と [V-net]」・「東京大学医学部附属病院・にこにこボランティア」・「市川市図書館ボランティア」・「佐賀県立生涯学習センター・アバンセ」

⑤学ぶ－青少年とボランティア活動

コメンテーター：吉永宏（市民活動研修開発所）

コーディネーター：服部英二（国立オリンピック記念青少年総合センター）

事例発表：「半田市立乙川中学校」・「福岡市立梅林中学校PTA・エイズベビーにキルトを送る活動」・「白百合女子大学」・「福岡県立築上東高等学校家庭クラブ」

⑥参画する－高齢社会とボランティア活動

コメンテーター：和田敏明（全国社会福祉協議会）

コーディネーター：鈴木眞理（東京大学）

事例発表：「飛騨高山ふるさと事業団」・「清見潟大学塾（清水市）」・「ふれあい・いきいきサロンづくり活動（長野県三水村）」・「ふきのとう会（世田谷区）」

⑦踏み出す－地域や社会の課題とボランティア活動

コメンテーター：松下倶子（国立信州高遠少年自然の家）

コーディネーター：渥美省一（千葉県教育委員会）

事例発表：「2001年・地球ウォッチングクラブ・にしのみや」・「ボランティアグループ・クレヨン（福井市）」・「日本国際ボランティアセンター山形」・「長野オリンピックのボランティア」

⑧貢献する－働く人とボランティア活動

コメンテーター：田代正美（経済広報センター）

コーディネーター：増子建（日本青年奉仕協会）

事例発表：「日産自動車株式会社」・「明治生命保険相互会社」・「松山フィランソロピーネットワーク」・「関彰商事株式会社」

17:15 － 19:00　情報交換会

19:00 － 21:00　自由交流会

第2日：1996（平成8）年8月21日（水）

8:30　全体会　　分科会協議の研究協議
　　　　　パネリスト：田代正美（経済広報センター）・松下倶子（国立信州高遠少年
　　　　　　　　　　自然の家）・吉永宏（市民活動研修開発研究所）・和田敏明（全
　　　　　　　　　　国社会福祉協議会）
　　　　　コーディネーター：荒谷信子（文部省社会教育官）
　12:00　昼食
　13:30　トークセッション　ボランティア活動に関するコーディネーション
　　　　　パネリスト：石井祐子（大阪ボランティア協会）・唐木理恵子（練馬ボラ
　　　　　　　　　　ンティアセンター）・桜井伊佐子（淑徳短大ボランティア情報
　　　　　　　　　　室）・西山香代子（山口県生涯教育センター）・山崎富一（世田
　　　　　　　　　　谷ボランティア協会）
　　　　　コーディネーター：興梠寛（日本青年奉仕協会）
　15:30　閉会

　第1回，第2回の推進連絡協議会は，ともに，全国各地からの500人程度の出席者があり，きわめて大規模な活発な集会であったということができよう。その趣旨は，生涯学習振興の観点からのボランティア活動推進のため，ボランティア団体関係者，青少年団体関係者，行政関係者，教育関係者，企業関係者等が集まり，研究協議・情報交換を行うというものであった[35]。コーディネーター，コメンテーターの多くは，企画委員会のメンバーに振りあてられ，プログラムの位置づけが明瞭になるような配慮がなされていた。また，当初から国立婦人教育会館・国立科学博物館等のボランティアによる運営時の支援活動がみられたが，第2回以降は，大学生によるボランティアとしての関与もみられるようになった。第2回からは，事前に冊子体になった「発表の概要」も配布されるなど，回を重ねるたびにさまざまな工夫がなされていった。
　推進連絡協議会はその後，第3回［1997（平成9）年9月29日（月）・30日（火）：国立オリンピック記念青少年総合センター］，第4回［1998（平成10）年9月17日（木）・18日（金）：国立オリンピック記念青少年総合センター］，第5回［1999年11月11日（木）・12日（金）：国立婦人教育会館］と実施された。
　第3回推進連絡協議会は，1997（平成9）年9月29・30日に国立オリンピック記念青少年総合センターを会場に実施された。日程は，以下の通りであった。

表4-20　第3回全国ボランティア活動推進連絡協議会日程

第1日：1997（平成9）年9月29日（月）
　10:30　開会あいさつ　　　　長谷川正明文部省生涯学習局長
　　　　　文部省のとりくみ　　大西珠江文部省生涯学習局婦人教育課長
　11:00　スペシャルメッセージ　　子どもたちのボランティア活動を進める
　　　　　　　　　　　　　　　　堀田力（弁護士・[財]さわやか福祉財団理事長）
　12:00　昼食
　13:30　コース別協議（－17:00）
　　①ボランティア学習コース
　　　　コメンテーター：興梠寛（日本青年奉仕協会）
　　　　コーディネーター：山谷敬之（都立小山台高校）
　　　　事例発表：「越谷市立大袋東小学校」・「盛岡市立厨川中学校」・「青森県立平
　　　　　　　　内高校」・「宮崎県東郷町（牧水の里少年少女サークル）」
　　②ヤングボランティアコース
　　　　コメンテーター：徳山明（常葉学園富士短期大学）
　　　　コーディネーター：井上忠志（日本電気社会貢献室）
　　　　事例発表：「銀狼の里・立正大学」・「きょうと学生ボランティアセンター」・
　　　　　　　　「愛媛大学」・「松下電器産業」
　　③働き盛りボランティアコース
　　　　コメンテーター：吉永宏（市民活動研修開発研究所）
　　　　コーディネーター：増子建（日本青年奉仕協会）
　　　　事例発表：「港ネット」・「さわやか愛知」・「滋賀県竜王町立公民館図書ボラ
　　　　　　　　ンティア・トトロ」・「NEC社会貢献室」
　　④ウェル・エイジングコース
　　　　コメンテーター：大堀哲（国立科学博物館）
　　　　コーディネーター：荒谷信子（文部省社会教育官）
　　　　事例発表：「シニアのためのネットワーク仙台」・「（財）東京都地域福祉財団
　　　　　　　　東京いきいきライフ推進センター」・「さわやか倶楽部」・「国立信
　　　　　　　　州高遠少年自然の家・星のボランティア」
　　⑤子育てネットワークコース
　　　　コメンテーター：松下俱子（国立信州高遠少年自然の家）
　　　　コーディネーター：鈴木仁（[社]日本PTA全国協議会）
　　　　事例発表：「富山県社会福祉協議会・子育て支援ボランティア事業」・「おや
　　　　　　　　じの会・いたか」・「こころの子育てインターねっと関西」・「熊本
　　　　　　　　県西合志町西合志南中学校PTA」
　　⑥スクールボランティアコース

　　　　コメンテーター：永井順國（読売新聞）
　　　　コーディネーター：児島邦宏（東京学芸大学）
　　　　事例発表：「秋田市教育委員会・はばたけ秋田っこ教育推進事業」・「千葉県
　　　　　　習志野市立秋津小学校」・「新潟県見附市立見附小学校」・「愛知県
　　　　　　西尾市立東部中学校PTA」
　　⑦共生スタディコース
　　　　コメンテーター：和田敏明（全国社会福祉協議会）
　　　　コーディネーター：村上徹也（日本青年奉仕協会）
　　　　事例発表：「稲城ハートフルネット」・「六甲病院緩和ケア病棟ボランティ
　　　　　　ア」・「地球市民の会」・「山口若葉会」
　　⑧地域課題スタディコース
　　　　コメンテーター：鈴木眞理（東京大学）
　　　　コーディネーター：澤田実（国立教育会館社会教育研修所）
　　　　事例発表：「鹿沼図書館ボランティアKLV［カリブ］協会」・「ながめ黒子の
　　　　　　会」・「寄居町にトンボ公園を作る会」・「北区リサイクラー活動機
　　　　　　構」
17:15-19:00　情報交換会
19:00-21:00　自由交流会
第2日：1997（平成9）年8月30日（火）
8:30　シンポジウム　これからの社会を創り，支えるボランティア活動
　　　　パネリスト：井上忠志（日本電気広報部社会貢献推進室）・岡本包治（川村
　　　　　　学園女子大学）・児島邦宏（東京学芸大学）・松下倶子（国立信
　　　　　　州高遠少年自然の家）・和田敏明（全国社会福祉協議会）
　　　　コーディネーター：吉永宏（市民活動研修開発研究所）
12:00　昼食
13:30　トークセッション　ボランティア活動の評価をめぐって
　　　　パネリスト：花谷昌徳（小松島西高校）・榊原清則（慶應義塾大学）・渡邉裕
　　　　　　（信州大学）・折田達也（富士ゼロックス人事部）・坂井剛（資
　　　　　　生堂企業文化部）
　　　　コーディネーター：興梠寛（日本青年奉仕協会）
15:30　エンディング　閉会のことば　大西珠江文部省生涯学習局婦人教育課長

　第3回推進連絡協議会の企画委員会委員宛の開催に関する文書によれば，協力団体として，「（財）勤労者リフレッシュ事業振興財団，経団連1％クラブ，（財）さわやか福祉財団，（社）日本青年奉仕協会，（社）日本PTA全国協議会，

(社) 全国公民館連合会，(社福) 全国社会福祉協議会，全国地域婦人団体連絡協議会」があげられ，また，開催通知を送付した機関等として，「『〈広がれボランティアの輪〉連絡会議』構成団体などのボランティア団体，大学，文部省関係施設・機関及び都道府県教育委員会・知事部局，日本青年会議所，全国連合小学校長会，全日本中学校長会，全国高等学校長協会，全国特殊学校長会，日本私立小学校連合会，日本私立中学高等学校連合会，全国専修学校各種学校総連合会，社会教育団体振興協議会，(社) 中央青少年団体連絡協議会，(社) 経済団体連合会，(財) 教職員生涯福祉財団」があげられている。情報交換会の会費は3000円，希望者には会場であるオリンピック記念青少年総合センターの宿泊が斡旋された。さらに，資料交換コーナーも設置され，資料の持ち寄りが呼びかけられていた。

参加者名簿によれば，参加者は402名。関東地区の参加者が多いものの，北海道から沖縄までほぼ全県からの参加があった。第3回推進連絡協議会では，企画委員会関係者の関わる大学の学生によるボランティア活動の規模が拡大され，第1日目終了後に，各コースの様子を記載した「速報版かべ新聞」の作成などの活動もみられた。文部省側からは，「スタッフジャンパー」の支給もあった。

第4回の推進連絡協議会は，1998（平成10）年9月17・18日に国立オリンピック記念青少年総合センターを会場に実施された。日程は，以下の通りであった。

表4-21　第4回全国ボランティア活動推進連絡協議会日程

```
第1日：1998（平成10）年9月17日（木）
  10:15  開会挨拶　　富岡賢治文部省生涯学習局長
         施策説明　　折原守文部省生涯学習局男女共同参画学習課長
  10:50  対談「ボランティアがつくるこれからの社会−ボランティアの可能性を
         探る」
         登壇者　榊　定信（熊本県立熊本工業高等学校）
                 山崎　美貴子（東京ボランティア・市民活動センター）
         司会　　鈴木眞理（東京大学）
  12:00  昼食
  13:30  コース別協議（− 17:00）
```

①ボランティアの意義を学ぶ
　　コメンテーター：興梠寛（日本青年奉仕協会）
　　コーディネーター：中明敏康（東京都立府中西高等学校）
　　事例発表：「神戸市立鷹取中学校」・「愛媛県立西条農業高等学校林業科林産加工班」・「七尾市立石崎小学校」
②課題に気づく
　　コメンテーター：永井順國（読売新聞）
　　コーディネーター：佐々木正道（兵庫教育大学）
　　事例発表：「創造ネットワーク研究所（山形県余目町）」・「中央学院大学アクティブセンター」・「ふれ愛フレンド（大阪府）」
③男女共同参画により地域社会に関わる
　　コメンテーター：島田京子（日産自動車広報部社会文化室）
　　コーディネーター：宇津木法男（勤労者リフレッシュ事業振興財団））
　　事例発表：「沢内村社会福祉協議会『スノーバスターズ』」・「むさしの－FM市民参加による放送局」・「月曜会（長野県・安曇野）」
④みんなが共に生きる
　　コメンテーター：和田敏明（全国社会福祉協議会）
　　コーディネーター：松下倶子（国立信州高遠少年自然の家）
　　事例発表：「こうばこの会（東京都）」・「モニカの仲間（綾瀬市）」・「ボランティアグループ『ふれあい』（長崎県田平町）」
⑤経験を生かす
　　コメンテーター：大堀哲（静岡大学）
　　コーディネーター：和久井良一（さわやか福祉財団）
　　事例発表：「富士箱根伊豆国立公園箱根パークボランティア」・「退職校長親和会（静岡市）」・「硝友会（山口県小郡町）」
⑥学校に参加し，支援する
　　コメンテーター：鈴木仁（日本PTA全国協議会）
　　コーディネーター：児島邦宏（東京学芸大学）
　　事例発表：「あぶくま地域展開ネットワーク研究会（福島県三春町）」・「姉崎東中学校『ボランティア相談室』（市原市）」・「岡山県御津町立御津中学校PTA」
⑦施設に活力を呼ぶ
　　コメンテーター：大久保邦子（社会教育施設ボランティア交流会）
　　コーディネーター：吉武弘喜（国立科学博物館）
　　事例発表：「社会教育施設ボランティア『兵庫県立人と自然の博物館』」・「安土町公民館施設ボランティア『たんぽぽ』」・「特別養護老人ホー

　　　　　　　ム『大名』(那覇市)」
　　　⑧「出会いの演出」－コーディネートを学ぶ
　　　　　ファシリテーター：廣瀬隆人(国立教育会館社会教育研修所)
　　　　　ファシリテーター：山崎富一(世田谷ボランティア協会)
　　　　　ファシリテーター：村上徹也(日本青年奉仕協会)
17:15-19:00　情報交換会
19:00-21:00　自由交流会
第2日：1998(平成10)年9月18日(金)
　　9:30　パネルディスカッション　今改めて考える生涯学習とボランティア活動
　　　　　パネリスト：興梠寛(日本青年奉仕協会)島田京子(日産自動車広報部社会
　　　　　　　　　　　文化室)永井順國(読売新聞)和久井良一(さわやか福祉財
　　　　　　　　　　　団)
　　　　　コーディネーター：吉永宏(市民活動研修開発研究所)
　12:00　昼食
　13:30　トークフォーラム　ボランティア活動とNPO法
　　　　　事例発表：「盛岡市・街づくりわいわい塾」「三島市・グラウンドワーク三
　　　　　　　　　　島」
　　　　　ファシリテーター：出口正之(総合研究大学院大学)
　15:30　閉会

　第4回推進連絡協議会後に開催された企画委員会(11月5日)において配付された資料によれば，当日の状況は以下の通りである。参加者総数460名(117名のスタッフ・ボランティア・講師を含む)，男性275(52)名，女性185(65)名。第1日の対談には292名が参加，コース別協議には全体で321名，内訳は①ボランティアの意義を学ぶ：56名，②課題に気づく：55名，③男女共同参画により地域社会に関わる：32名，④みんなが共に生きる：16名，⑤経験を生かす：14名，⑥学校に参加し，支援する：28名，⑦施設に活力を呼ぶ：53名，⑧「出会いの演出」－コーディネートを学ぶ：67名。第2日のパネルディスカッションは304名，トークフォーラムは290名の参加であった。所属別では，把握できた343名中，大学・短期大学89名，都道府県市町村教育委員会74名，ボランティア団体59名，市町村33名，都道府県首長部局24名，小・中・高・高等専門学校21名，社会福祉協議会15名，文部省関係機関14名，企業関係9名，等であった。大学・短大関係者の参加の増加が大きいことが示され

ていた。

　なお，文部省スタッフは27名，ボランティアスタッフは43名であった。この年もボランティアにはスタッフジャンパーが支給され，社会教育施設のボランティア・大学生による支援活動が活発になされ，前年に引き続き「壁新聞」が作られるなどのこともあった。ボランティアとの事前打ち合わせも7月・9月に文部省内でもたれていた。ボランティアとして参加した大学生は，希望に基づいて割り振られた活動をしながら「私は，『課題に気づく』という題のところに配属されました。いったいどんな話し合いがなされるのか私には全く予想がつかなかったのですが，参加して実はとても難しい問題であるということに気づきました。協議の中で私が興味を引かれた話し合いは『どうしてボランティアをやるのか？』というトピックです。私自身も，協議のなかで『何でボランティアをするのか』について発言する機会を頂きました。……実際，私は協議会の後ボランティアについて今まで考えなかったような事も考えるようになりました。協議会に参加した私の大きな成果です。」（木村華奈子：立教大学コミュニティ福祉学部1年）と述べている[36]。当日のボランティアにとっても協議会の意味がでてくるような配慮も考えられるようなことにもなっていた兆候だとすれば，積極的な評価が可能であろう。なお，推進連絡協議会参加者には毎回，終了時に，年齢，所属，協議会を知った方法，興味深かったプログラム，プログラム改善の方法，開催時期，取り上げてほしいテーマ，改善すべき点についての簡単なアンケートが実施されているが，第4回では83枚の回収があり，集計されて企画委員会にも資料として配布されている。

　第5回の推進連絡協議会は，1999（平成11）年11月11・12日に国立婦人教育会館を会場に実施された。当日配布の参加者名簿によれば，参加申込者は，全国から311名。日程は，以下の通りであった。

表4-22　第5回全国ボランティア活動推進連絡協議会日程

第1日：1999（平成11）年11月11日（木）			
13:00	開会挨拶	有松育子文部省生涯学習局男女共同参画学習課長	
		大野曜国立婦人教育会館長	
	施策説明	有松育子文部省生涯学習局男女共同参画学習課長	
13:30	基調講演	ボランティア活動が未来を拓く－2001年ボランティア国際年	

　　　　　　　に向けて　中田　武仁（国連ボランティア名誉大使）
15:10　コース別協議 part 1（− 17:00）
　　①子どもとボランティア活動
　　　　コメンテーター：榊定信（熊本県立熊本工業高等学校）
　　　　　　　　　　　　藤川喜久夫（入間市立金子中学校）
　　　　コーディネーター：松下倶子（聖徳大学）
　　　　事例発表：「福山市立春日小学校」・「『トライやる・ウィーク』（兵庫県）」・
　　　　　　　　　「大森工業高等学校」
　　②地域の教育力を活用した学校支援ボランティア
　　　　コメンテーター：早川敬介（日本 PTA 全国協議会）
　　　　　　　　　　　　平野紀美子（木更津市立金田小学校）
　　　　コーディネーター：永井順國（女子美術大学）
　　　　事例発表：「小千谷市立小千谷小学校」・「鹿沼市立板荷中学校」・「マツダス
　　　　　　　　　ペシャリストバンク（広島県府中町）」
　　③大学等高等教育機関のボランティア活動支援
　　　　コメンテーター：栗田充治（亜細亜大学）
　　　　　　　　　　　　櫻井伊佐子（淑徳短期大学ボランティア情報室）
　　　　コーディネーター：興梠寛（日本青年奉仕協会）
　　　　　　　　　　　　　和久井良一（さわやか福祉財団）
　　　　　　　　　　　　　村上徹也（日本青年奉仕協会）
　　　　　　　　　　　　　渡部靖之（国立教育会館社会教育研修所）
　　　　事例発表：「桜の聖母短期大学ボランティアセンター」・「東京ボランティ
　　　　　　　　　ア・市民活動センター」
　　④「社会参加」の場としての社会教育施設ボランティア
　　　　コメンテーター：越田幸洋（鹿沼市教育委員会生涯学習課）
　　　　　　　　　　　　木村清一（国立淡路青年の家）
　　　　コーディネーター：石川昇（国立科学博物館）
　　　　事例発表：「香川県豊中町立図書館ボランティア」・「富山市科学文化センタ
　　　　　　　　　ー」
　　⑤地域で子どもたちを育てるボランティアの新たな可能性
　　　　コメンテーター：奥山恵美子（仙台市教育委員会）
　　　　　　　　　　　　澤登信子（アンテナネット）
　　　　コーディネーター：鴻上哲也（国立教育会館社会教育研修所）
　　　　事例発表：「千葉県酒々井町 B-Net 子どもセンター」・「ソニーおもしろ科学
　　　　　　　　　実験室」・「静岡県大井川町少年少女サークル活動推進委員会」
　　⑥生涯学習ボランティアセンターのコーディネーション

　　　　　コメンテーター：渥美省一（さわやかちば県民プラザ）
　　　　　　　　　　　　小野田全宏（静岡県ボランティア協会）
　　　　　コーディネーター：吉永宏（市民活動研修開発研究所）
　　　　　事例発表：「生涯学習ボランティア相談電話『生きがいテレホン』・山口
　　　　　　県」・「あんなか子育て支援の会（群馬県）」
　　17:30-19:30　情報交換会
　　第2日：1999（平成11）年11月12日（金）
　　　9:00　コース別協議 part 2
　　　12:00　昼食
　　　13:00　シンポジウム　学び・出会い・発見 － 21世紀を担う子どもたちの健やか
　　　　　　　な成長のために
　　　　　コメンテーター：渥美清一（さわやかちば県民プラザ）
　　　　　　　　　　　　奥山恵美子（仙台市教育委員会）
　　　　　　　　　　　　木村清一（国立淡路青年の家）
　　　　　　　　　　　　栗田充治（亜細亜大学）
　　　　　　　　　　　　榊定信（熊本県立熊本工業高校）
　　　　　コーディネーター：永井順國（女子美術大学）
　　　15:30　閉会挨拶　　有松育子文部省生涯学習局男女共同参画学習課長

　この推進連絡協議会については「ボランティア団体，関係機関・団体，企業，行政や学校関係者など，ボランティア活動に関わる幅広い方々にお集まりいただき，全国各地におけるさまざまな分野のボランティア活動の事例をもとに，活動を推進していく上でのさまざまな問題について積極的に研究協議・情報交換をしていただくため」[37] 開催されたという当時の生涯学習局長の見解が示されているが，推進連絡協議会の特徴は，以下のような何点かにまとめられるだろう。

　第1は，文部省の一担当課による全国的な大規模な集会であったことがあげられる。そして，それが，アウトソーシングではなく，直接の担当者を中心として運営されたことも重要であった。このことは，何よりも，ボランティア活動の推進に対する，担当課・担当者の姿勢を参加者等に強烈に示したものになったと考えられる。

　第2は，参加者数が多く，ボランティア活動ならびにその推進に関心が高まっていることが示されたことである。これは，それまでの阪神淡路大震災・

NPO法制定の動き等の社会的な動きとともに、1992（平成4）年の生涯学習審議会答申や、何より、1991（平成3）年度からの生涯学習ボランティア活動総合推進事業の存在が大きかったと考えられよう。この推進連絡協議会という全国規模の集会の基礎は、すでに作られていたのである。

　第3は、さまざまなタイプの事例発表を多数取り入れた内容が、大きな特徴となっていたと考えられる。全国各地の社会教育・学校教育・社会福祉等をはじめとするさまざまな領域でのボランティア活動や、企業によるボランティア活動支援も、重要な存在として取り上げられていた。企業関係者、学校特に大学関係者の関心を引くものとなったという事実もある。また、いわゆる「体制補完的」なボランティア活動と揶揄されるようなものではない、むしろ「体制批判的」なボランティア活動も事例として取り上げられていたことは注目に値することであろう。もちろんそのことを主催者側が意識していたかどうかは不明ではあるが。この多数の事例発表（コメンテーター等の人選も含めて）の存在が、この推進連絡協議会の重要な意義になっており、分科会ならびに情報交換会における交流がきわめて活発であることにつながったと考えられる。この背景には、担当課・職員における日常的な情報の収集、企画委員会の存在があったことも指摘されなければならないであろう。

　第4は、運営にボランティアの協力を得ていたことである。文部省に密接に関係する施設である、国立婦人教育会館や国立科学博物館のボランティア、企画委員等の所属先の大学生等の協力は、大きな特徴であったと考えられる。そのことが、いわゆる「官製」の集会らしくない雰囲気を醸し出しており、分科会の様子を「壁新聞」として当日中に作成するなど、例えば日本青年奉仕協会が行ってきた「全国ボランティア研究集会」等と同様な熱気や活気を感じさせるものであった。

　第5は、この推進連絡協議会は、年1回のイベントであったということである。この推進連絡協議会には、日常的に継続する「連絡」組織を作っていく必要があったはずであろう。しかし、その動きは第4回集会の情報交換会において、ひとりの企画委員からの問題提起と呼びかけがあったものの、結局実現せずに終わっている。主催者である文部省がそこまで配慮することはないであろうが、ボランタリーな集会であるのに、参加者間でその種の試みがなされなか

ったことは，ネットワークの困難さ・文部省主導の事業とそれへの依存体質という限界を露呈するものであったとみることもできよう。この種の事業は，呼び水的な存在であろうが，それを実現していくためのさらに踏み込んだ工夫が当事者達にも求められるのであろう。いや，当事者が当事者でいる時期が限定されていることが，社会教育を中心とする生涯学習支援の特徴であるのだろうから，そもそも，無理な話なのだろうか。

(6) 事業の意味

1990年代の事業のひとつとして都道府県への補助事業として実施された生涯学習ボランティア活動総合推進事業の性格・特徴・意味は，いくつかにまとめられるであろう。

第1に，この事業は文部省主導による施策の推進であったということである。すでに示した，「生涯学習ボランティア活動総合推進事業の運用について」において実施すべき事業が示され各都道府県がそれに基づいて選択をして事業を実施している。かなり詳細なガイドラインも示されていたということもすでに示したとおりである。このことの評価は多様に考えられるであろう。

第2は，それゆえ，事業には，パターン化がみられるということである。ここでは，3県の例に絞って提示したが，多かれ少なかれ，同様の事業が展開されていたという事実は否めない。また，それらの中には，新しい事業の趣旨を体現したユニークなものも存在していたが，旧来の事業を若干のアレンジを施し，この事業の枠で行ったとも考えられる事業が存在しているのも事実である。また，県レベルの事業であって，市町村の事業として展開するにはそれなりの配慮が必要であったと考えられる。市町村レベルのボランティア活動推進にどれだけの意味をもったかは，それほど明らかではない。このことは社会教育を中心とする生涯学習支援に関する，都道府県と市町村との関係が究明される必要に結びつく。

第3には，さまざまな機関との連携が意識されていたということがあげられる。首長部局や，民間の諸機関との連携が，「生涯学習ボランティア活動総合推進委員会」の設置・運営や，事業の実施の際に模索されていたといえる。

第4には，事業推進の中心的役割を果たした職員が存在しており，その職員

の役割が大きいということである。これについては，この事業が，長期にわたって継続していたこと，さまざまな機関との連携が求められていたこと，日本青年奉仕協会の「全国ボランティア研究集会」が存在していたり，途中からであるが「全国ボランティア活動推進連絡協議会」が開催されるようになったことにより，職員同士の交流の機会が得られるようになったことの意味も大きいと考えられる。

　「全国ボランティア活動推進連絡協議会」については，総じて，1990年代の文部省が直接実施した社会教育行政におけるきわめて重要な事業であるとすることができるであろう。もちろん，文部省主導の事業であって，社会教育行政の在り方の問題として，そのことの是非は検討されなくてはならない。第1回の集会のまとめの全体会で，企画委員でもあるパネラーから「この会議は『第1回』ということで，来年度も多分予算措置を講じておられると思いますが，これは誤解されると危険な発言ですが，これはおかしい。行政が音頭をとって活動を推進しようというのはやはりおかしい。しかしおかしいような状況にしなければいけない状況もあるのだというわけです。この協議会がいつの日か自然になくなっていくこと，少なくとも第1分科の『心を育む』『きっかけづくり』というようなことについての協議は必要ないような状況ができるのはいつになるのか。(中略) そういう状況になることを目指していくことが遠い目標になるのだと思います。議論が活発になってボランティア活動は活発ではない，というような状況は是非とも避けたいと考えています。」[38] という発言があった。実際この推進連絡協議会は，5回で終了しているが，それは，状況が変わった，必要なくなったのではなく，行政の都合によるものであったと考えることの方が自然である。民間で，別な発展的な事業が展開されてきたわけでもなく，この事業のもつ意味が，文部行政の中でも風化していったと考えることが妥当であろう。

　2000 (平成12) 年度には，「生涯学習ボランティア100万人参加計画」が提唱され，「生涯学習ボランティア推進フォーラム」が全国8ブロックで開催されたり，国立婦人教育会館に「全国ボランティア情報提供・相談窓口」を設置するなどの施策展開が試みられたが，大きな成果をみることはできなかったとしてよいであろう。その後，文部行政の関心は，一時の生涯学習支援という筋で

の社会教育よりも，学校改革，子ども，奉仕活動・体験活動へと移っていったのである[39]。

「全国ボランティア活動推進連絡協議会」は，イベント・啓発事業としては，効果的であり関係者には大きな関心がもたれていた。この開催の中心的な役割を担ったボランティア活動推進専門官の存在も大きい[40]。中央官庁としては初めての「ボランティア」という表現の入った職名であったというが，この専門官が，文字通り専門官として職務を遂行した場合は，その存在意義は，きわめて大きいものであった。この種の職は，人事上の配慮として，中間管理職ポストとして利用されることもあり得るが，このボランティア活動推進専門官の場合は，配置された職員の能力や日常的な努力も相俟って，さまざまな連携のキイパーソンとして，充分にその役割を果たしてきたと評価できるであろう。関連諸機関との連携，都道府県教育委員会の担当者等との連携等，連絡協議会に限らず，ボランティア活動推進全般にわたって重要な位置を占めていたといえる。

しかし，これらの事業は，すでに述べたような，文部科学省の政策の力点の変更，すなわち，学校改革・子ども対象の事業への回帰とでもいうような方向転換によって，新たな展開はみられない状況になってきたといえる。自治体レベルで活発な支援施策が展開されているので，中央の役割は終了したのだと考えるのは早計であろう。自治体レベルにおける社会教育関係職員の人事や，職員の専門的能力・政策遂行能力を勘案した場合，未だ，中央からの適切なガイドラインの提示や水路付けは，必要不可欠な状況であると考えられよう。「適切な」についての，詰めた検討が必要であることは間違いないが，それが統制であるのだというような議論は，全くの空論であるといえよう。

注
1) このあたりについては，大西珠江「ボランティア支援・推進施策の現状と課題」図書館ボランティア研究会編『図書館ボランティア』丸善，2000, p. 63-101. 馬場祐次朗「文部科学省におけるボランティア活動支援・推進施策の展開」鈴木眞理・津田英二編『生涯学習の支援論』(シリーズ生涯学習社会における社会教育第5巻) 学文社，2003, p. 227-242. など，支援行政の当事者であった者によるまとめがある。
2) この事業に関しては，文部省社会教育局『奉仕活動に関する婦人教育資料——婦人教育研究委嘱事業報告書』1976による。なお，ここで用いる1970年代の報告書類は，岡

本包治氏がたまたま保管・所蔵していたものを利用している。社会教育領域におけるこの種の報告書や資料の保存は組織的に行われておらず，研究上の課題でもある。
3) 文部省社会教育局, *op. cit.*, p. 73.
4) 報告書の中では，「奉仕活動」という語は，時折，「奉仕活動（ボランティア活動）」という表記になって場合があり，「奉仕活動」と「ボランティア活動」とを特段使い分け・区別を行っているという様子はうかがえない。
5) *Ibid.*, p. 59.
6) *Ibid.*, p. 2-3.
7) 1971（昭和46）年度の委嘱研究に関しては，会津若松市教育委員会『婦人奉仕活動促進方策についての研究報告書（昭和46年度）』1972. による。表にして掲載したプログラムの事例もこの報告書からの引用である。これは以下の各地の事例についても同様である。
8) 1972（昭和47）年度の委嘱研究に関しては，会津若松市教育委員会『婦人奉仕活動促進方策研究報告書』1973. による。
9) 1973（昭和48）年度の委嘱研究に関しては，会津若松市教育委員会『婦人奉仕活動促進方策研究報告書』1974. による。
10) *Ibid.*, p. 105.
11) *Ibid.*, p. 43-44.
12) この事例については，新潟市教育委員会『昭和46年度文部省委託婦人奉仕活動促進方策研究報告書』1972. による。
13) *Ibid.*, p. 25.
14) *Ibid.*, p. 33.
15) 新潟市教育委員会『昭和47年度文部省委託婦人奉仕活動促進方策研究報告書』1973. による。
16) この事例については，西宮市教育委員会『婦人奉仕活動促進方策研究報告書』（昭和46年度）1972. ならびに西宮市教育委員会『婦人奉仕活動促進方策研究報告書』（昭和47年度）1973. による。
17) 文部省社会教育局, *op. cit.*, p. 76-79.
18) *Ibid.*, p. 67-68.
19) たとえば，会津若松市, *op. cit.*, 1973, p. 4. p. 46. 1974, p. 14.
20) たとえば，1979年の自由民主党による「家庭基盤の充実に関する対策要綱」について，「この要綱は公的努力を弱めつつ社会保障を国民一人ひとりの自助努力と家庭の相互扶助にゆだねようとする『日本型社会福祉論』をふまえたものであり」，「70年代後半の文部省によるボランティア活動の本格的展開」などは，前述の「対策要綱ともかかわりあう婦人教育政策」であったとする議論がある。千野陽一「総解説」千野陽一編『資料集成現代日本女性の主体形成』第7巻，ドメス出版，1996, p. 24-25.
21) この事例については，岐阜県教育委員会『平成4年度生涯学習ボランティア活動総合推進事業実施報告書』1993. による。
22) この事例については，岐阜県教育委員会『生涯学習ボランティア活動総合推進事業実施報告書（平成9年度）』1998. による。
23) この事例については，岐阜県教育委員会『生涯学習ボランティア活動総合推進事業実

施報告書（平成 10 年度）』1999. による。
24) この事例については，山口県教育委員会『広げよう，つなげよう，ボランティアの心（平成 9 年度生涯学習ボランティア活動総合推進事業実施報告書）』1998. による。
25) この事例については，山口県教育委員会『"SMILE" ボランティア，つなげよう，広げよう，明日へ！（平成 10 年度生涯学習ボランティア活動総合推進事業実施報告書）』1999. による。
26) この事例については，兵庫県教育委員会『平成 3 年度生涯学習ボランティア活動総合推進事業』1992. による。
27) この事例については，兵庫県教育委員会『生涯学習ボランティア活動総合推進事業』（平成 4 年度版）1993. による。
28) この事例については，兵庫県教育委員会『生涯学習ボランティア活動総合推進事業』（平成 5 年度版）1994. による。
29) この事例については，兵庫県教育委員会『生涯学習ボランティア活動総合推進事業』（平成 6 版年度）1995. による。
30) この事例については，兵庫県教育委員会『生涯学習ボランティア活動総合推進事業』（平成 7 年度版）1996. による。
31) この事例については，兵庫県教育委員会『生涯学習ボランティア活動総合推進事業』（平成 8 年度版）1997. による。
32) このあたりの事情については，ボランティア活動推進専門官として担当者であった馬場祐次朗 op. cit. に詳しい。馬場は，開催 1 カ月前の海外調査出張中にも本省担当課との連絡を密接にとっており，具体的な内容が決定したのは，まさに開催直前であったという。
33) この事例については，文部省『第 1 回全国ボランティア活動推進連絡協議会報告書』1996. ならびに，文部省『ひろがるボランティア活動――第 1 回・第 2 回全国ボランティア活動推進連絡協議会の概要』ぎょうせい，1997. による。
34) 筆者もこの企画委員会の一員であり，以降の記述に当たっては，単なる憶測や伝聞を排除しつつ，その際入手した資料や，議論の状況，推進連絡協議会当日の経験等による記述も加えることにする。
35) 第 1 回は約 500 名，第 6 回は約 600 名，第 2 回では，「ボランティア関係団体の参加者が前回の約 2 倍に増えた」という記録がある。大西珠江「刊行にあたって」文部省『ひろがるボランティア活動――第 1 回・第 2 回全国ボランティア活動推進全国協議会の報告』op. cit., p. iii.
36) 企画委員である筆者が参加を募った学生からの事後のレポートより。
37) 草原克豪「はじめに」文部省『第 1 回全国ボランティア活動推進連絡協議会報告書』1996.
38) 文部省『第 1 回全国ボランティア活動推進連絡協議会報告書』op. cit., p. 119. 鈴木眞理の発言。
39) このあたりについては，馬場祐次朗，op. cit., p. 235-237. 高杉良知「現代的課題の学習の地域的展開をはかるための国の役割」鈴木眞理・小川誠子編『生涯学習をとりまく社会環境』（シリーズ生涯学習社会における社会教育第 3 巻）学文社，2003, p. 221-229. を参照されたい。

40) このあたりについては，鈴木眞理「生涯学習社会とボランティア活動の動向」日本青年奉仕協会『ボランティア白書 '96-'97』1997, p. 43. を参照されたい。

第5章　社会教育施設におけるボランティア活動の現状

1　はじめに

　この調査は，社会教育施設ボランティア研究会（代表：鈴木眞理）によって社会教育施設におけるボランティア活動の現状を把握するために企画されたものである。社会教育施設の定義は多様にできるが，ここでは，女性施設，青少年教育施設，図書館，公民館，博物館，生涯学習センターを具体的な対象とした。より具体的にいえば女性施設は国立婦人教育会館が把握している全施設（国立・都道府県立・政令市立・市立），青少年教育施設は国立オリンピック記念青少年総合センターが把握している職員配置の国立・都道府県立・政令市立・市立の全施設，図書館は日本博物館協会が把握している県立・政令市立・市立の公共図書館，公民館は全国公民館連合会が把握している政令市立・市立の公民館，博物館は日本博物館協会が把握している国立（国立大立を含む）・都道府県立・政令市立・市立の博物館，生涯学習センターは国立教育会館社会教育研修所が把握している都道府県立・政令市立の全施設を対象としている。

　これらの施設は社会教育施設とひとまとめにして考えることもできるが，規模，機能等も大幅に異なり，施設の種類ごとにまた設置主体ごとに検討を加えることが必要であると思われる。そこで，今回は，同じ調査票で6種類の施設（9カテゴリー）の調査を行うという方法を採用した。抽出率が異なる施設もあるが，全体像の把握と個別の状況の把握ということをできるだけ同時に行いたいと考えた結果である。個別の分析に関しては，女性施設，公民館，生涯学習センターは単一のカテゴリーでの分析となるが，青少年教育施設と博物館は国立と都道府県立・政令市立・市立（以下，県・市立と略記）の2カテゴリー，図書館も都道府県立・政令市立（以下，県・政令市立と略記）と市立の2カテゴリーでの分析を行っている。また，市立図書館では1/10，公民館では1/30の抽出率での調査であるが，他は悉皆調査を行っている。

統計学的な正確さを求めることも必要であるが，ここではおおよその状況について，これまでの現実の動きなども勘案しながら，社会教育施設におけるボランティア活動の現状について概観しておくこととしたい。

今回の調査は，トータルで考えると，発送数1454，有効回答数1033，回収率71.0％であった (1998 (平成10) 年1月15日に発送し，2月10日到着分までを対象とした)。生涯学習センターでは9割の回収率であり，低いところは公民館の56.2％，市立図書館の58.2％であった。

回答のあった施設の設置年は，女性施設，生涯学習センターでは1990年以降が約半数を占めており，これらの施設は新しいタイプの施設であることがわかる。施設の職員数では，公民館が少人数，国立青少年教育施設，生涯学習センターが多人数など，それぞれの施設の特徴が鮮明にあらわれている。

2　施設のボランティアへの対応

(1) 施設のボランティア関連事業

ボランティアの養成事業については，国立青少年教育施設で自施設のボランティア養成・一般的なボランティア養成ともに約7割の施設が行っており，県・市立の青少年教育施設もボランティアの養成には積極的であることがうかがえる。図書館や公民館ではボランティアの養成は不活発であるが，生涯学習センターでは，自施設以外の一般的なボランティアの養成に特徴がみられる。

養成以外のボランティア関連事業としては，国立青少年教育施設で啓発的講座・情報提供サービス等を3割程度行っており，女性施設，県・市立青少年教育施設や公民館でも啓発的講座や情報提供サービスも2割弱の施設が行っている。生涯学習センターは6割が情報提供サービスを，3割弱が啓発的講座を，2割弱がボランティアセンターを設置している。生涯学習センターのボランティア関連事業の実施状況は，他の施設を凌駕している (表5-1)。

(2) 施設ボランティアの概要

回答のあった国立青少年教育施設では全施設がボランティアを受け入れている。受け入れている施設の方が多いのは，県・政令市立図書館 (70.6％)，市立

表5-1 養成以外のボランティア関連事業（上位3つ）

(M.A)

	1位	2位	3位
女性施設	啓発的講座　　(18.6%)	情報提供・相談　(13.7%)	ボランティアセンターを設置　(4.9%)
国立青少年教育施設	啓発的講座　　(34.8%)	情報提供・相談　(26.1%)	
県・市立青少年教育施設	啓発的講座　　(19.3%)	情報提供・相談　(16.5%)	ボランティアセンターを設置　(0.5%)
県・政令市立図書館	啓発的講座　　(8.6%)	情報提供・相談　(6.1%)	ボランティアセンターを設置　(1.2%)
市立図書館	情報提供・相談　(14.1%)	啓発的講座　　(9.4%)	－
公民館	啓発的講座　　(18.2%)	情報提供・相談　(16.7%)	ボランティアセンターを設置　(1.5%)
県・市立博物館	啓発的講座　　(14.3%)	情報提供・相談　(4.5%)	ボランティアセンターを設置　(0.4%)
生涯学習センター	情報提供・相談　(61.1%)	啓発的講座　　(27.8%)	ボランティアセンターを設置　(16.7%)

※Nは，女性施設；102，国立青少年教育施設；23，県・市立青少年教育施設；212，県・政令市立図書館；163，市立図書館；85，公民館；132，県・市立博物館；266，生涯学習センター；36．「その他」と「無回答」は除外した

図書館（65.9%），県・市立青少年教育施設（64.2%），であり，女性施設（52.9%），生涯学習センター（52.8%），公民館（48.5%）では，受け入れている施設・受け入れていない施設がほぼ同数，県・市立博物館（42.1%），国立博物館（35.7%）では受け入れていない施設の方が多いという結果が出ている（図5-1）。

ボランティアの受け入れ開始時期については，生涯学習センター，県・市立博物館等でその半数以上が1992年以降になっていること，女性施設も同時期からがほぼ半数であること，国立青少年教育施設では半数以上が1986年以前

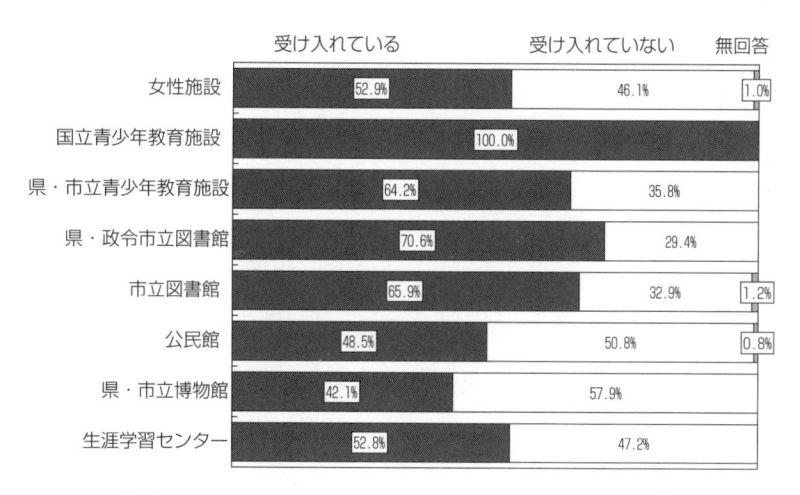

	受け入れている	受け入れていない	無回答
女性施設	52.9%	46.1%	1.0%
国立青少年教育施設	100.0%		
県・市立青少年教育施設	64.2%	35.8%	
県・政令市立図書館	70.6%	29.4%	
市立図書館	65.9%	32.9%	1.2%
公民館	48.5%	50.8%	0.8%
県・市立博物館	42.1%	57.9%	
生涯学習センター	52.8%	47.2%	

※Nは，女性施設；102，国立青少年教育施設；23，県・市立青少年教育施設；212，県・政令市立図書館；163，市立図書館；85，公民館；132，県・市立博物館；266，生涯学習センター；36

図5-1　ボランティアの受け入れ状況

2　施設のボランティアへの対応

から受け入れていることなどの特徴をみることができる。また、公民館では約4割が無回答であったことも付記しておく。

　受け入れ理由については、以下のような特徴を指摘できよう。生涯学習センターでは「生涯学習の場として提供する」や「人々に学習成果や能力を生かす場を提供できる」が高いこと、国立青少年教育施設では、「施設の活性化につながる」や「講座修了者に活動の場を提供できる」が高いこと、また「施設の人的不備を補える」がやや高いこと（これは県・市立青少年教育施設も同様）、さらに「所管部局の施策」が他の施設と比べると高めであること、県・政令市立図書館では「生涯学習の場として提供する」が低いこと（市立図書館もほぼ同様）、公民館では「施設と地域の結びつきが強まる」が高いこと、県・市立博物館では「施設が多くの人に親しまれる」「施設と地域の結びつきが強まる」が高いこと、女性施設では回答が散らばっていることに特徴がみられるといえよう。なおこれらの設問を学習機会の提供、施設機能の充実、地域関係強化、全国的趨勢追随に大別し、1つ以上の選択があったものの割合を算出してその特徴をみてみると、学習機会の提供が高いのは国立青少年教育施設や生涯学習センター、施設機能の充実が低いのは公民館、地域関係の強化では県・市立博物館、公民館が高いなどの結果があらわれている（表5-2）。

表5-2　ボランティアを受け入れている理由（上位3つ）　　　（M.A）

	1位	2位	3位
女性施設	養成講座修了者に活動の場を提供できる　（51.9％）	人々に学習成果や能力を生かす場を提供　（51.9％）	多くの人に親しまれる施設になる　（48.1％）
国立青少年教育施設	施設の活性化につながる　（82.6％）	養成講座修了者に活動の場を提供できる　（78.3％）	ボランティア活動を生涯学習の場として提供　（69.6％）
県・市立青少年教育施設	施設の人的体制の不備を補える　（58.8％）	ボランティア活動を生涯学習の場として提供　（50.0％）	運営や事業に新しい工夫が得られる　（48.5％）
県・政令市立図書館	人々に学習成果や能力を生かす場を提供　（47.0％）	多くの人に親しまれる施設になる　（42.6％）	施設の人的体制の不備を補える　（37.4％）
市立図書館	施設の人的体制の不備を補える　（57.1％）	施設の活性化につながる　（46.4％）	人々に学習成果や能力を生かす場を提供　（44.6％）
公民館	施設と地域の結びつきが強まる　（68.8％）	ボランティア活動を生涯学習の場として提供　（60.9％）	多くの人に親しまれる施設になる　（50.0％）
県・市立博物館	ボランティア活動を生涯学習の場として提供　（70.5％）	多くの人に親しまれる施設になる　（66.1％）	施設の活性化につながる　（59.8％）
生涯学習センター	ボランティア活動を生涯学習の場として提供　（84.2％）	人々に学習成果や能力を生かす場を提供　（78.9％）	運営や事業に新しい工夫が得られる　（52.6％）

※Nは、女性施設；54、国立青少年教育施設；23、県・市立青少年教育施設；136、県・政令市立図書館；115、市立図書館；56、公民館；64、県・市立博物館；112、生涯学習センター；19。女性施設の1位と2位は同率であるが、ここでは調査票における選択肢の順に並べた

ボランティアを受け入れていない施設の理由については，全体としては「受け入れまでは手が回らない」が半数程度になっているが，県・政令市立図書館では「運営は職員が自力で行うべき」が3.5割（市立でも25％）と多い，県・市立博物館，市立図書館では「対応できない」が3割程度，市立図書館，公民館では「活動の場がない」が2割を越えているというような特徴がある。また県・市立博物館では「手が回らない」という回答が7割弱に達している。

　受け入れていない施設の今後の予定は，はっきりと「予定はない」とする施設が多いのは女性施設（72.3％），県・政令市立図書館（68.8％），市立図書館（64.3％）など，「1-2年のうちに受け入れる方向」と具体的な回答がみられるのは生涯学習センター（17.6％）であり，あとは，「検討課題になっている」という中間的な回答になっている。県・市立青少年教育施設，県・市立博物館，生涯学習センターでは「予定はない」「検討課題になっている」がほぼ同数という状況である。

　ボランティアを受け入れている施設のボランティアの人数については，県・政令市立図書館，市立図書館では7割が20名まで，女性施設，県・市立博物館，生涯学習センターでは人数は分散しており，特に県・市立博物館，生涯学習センターでは100名を越す施設も2割ほどである，国立青少年教育施設では51-100名，県・市立青少年教育施設では21-50名がもっとも多く，それぞれ4割を越えているなどの特徴をみることができる。

　ボランティアの活動頻度は，全体的にみれば「特別の場合のみ」が多いのであるが，女性施設，県・市立博物館，生涯学習センターでは約3割が「ほぼ毎日」と答えている。「特別の場合のみ」は国立青少年教育施設69.6％で，県・市立青少年教育施設では79.4％，公民館では73.4％である。なお，図書館では4割，県・市立博物館では3割が「その他」としており，多様な実態が示されているようでこれにも注意が必要のようである。

　ボランティアの主な属性では，全体的には主婦が多いことが示されている。特に女性施設（88.9％），県・政令市立図書館（78.3％），市立図書館（75.0％）では高い数値である。青少年教育施設では「大学生」が国立56.5％，県・市立30.9％と高く特徴的であり，「フルタイムの就業者」も国立13.0％，県・市立24.3％と高い。公民館，県・市立博物館，生涯学習センターでは，「退職者あ

表5-3 ボランティアの主な属性

	フルタイムの就業者	主婦	高校生	大学生	退職者・高齢者	特定企業の従業員	特定団体のメンバー
女性施設	3.7 %	88.9 %	-	-	1.9 %	-	1.9 %
国立青少年教育施設	13.0 %	-	17.4 %	56.5 %	4.3 %	-	4.3 %
県・市立青少年教育施設	24.3 %	3.7 %	21.3 %	30.9 %	3.7 %	0.7 %	5.1 %
県・政令市立図書館	1.7 %	78.3 %	-	0.9 %	3.5 %	0.9 %	7.8 %
市立図書館	-	75.0 %	-	-	1.8 %	-	16.1 %
公民館	12.5 %	54.7 %	-	-	15.6 %	-	10.9 %
県・市立博物館	7.1 %	39.3 %	2.7 %	4.5 %	26.8 %	-	2.7 %
生涯学習センター	5.3 %	47.4 %	-	5.3 %	21.1 %	-	5.3 %

※Nは，女性施設；54，国立青少年教育施設；23，県・市立青少年教育施設；136，県・政令市立図書館；115，市立図書館；56，公民館；64，県・市立博物館；112，生涯学習センター；19．「その他」と「無回答」は除外した

るいは高齢者」がそれぞれ，15.6％，26.3％，21.1％と相対的に高くなっている（表5-3）。

　ボランティアの属性の多様性を知るために，いくつかの属性を用意し1人でも該当するボランティアがいる場合には回答を求めた。国立青少年教育施設，県・市立青少年教育施設では「教員」がそれぞれ56.5％，41.9％という数値であった。また，「会社員」もそれぞれ91.3％，53.7％と多く特徴的である。国立青少年教育施設では「県市町村以外から来ている人」が6割，県・市立青少年教育施設では「小・中学生」が1割であり，青少年教育施設のボランティアの属性は多様であるといえよう。県・市立博物館では「70歳以上の高齢者」が6割，生涯学習センターでは「教員をのぞく公務員」が4割というのも相対的な特徴といえるだろう。なお，県・政令市立図書館で53.0％，市立図書館で35.7％，女性施設で33.3％が「無回答」であり，これらの施設ではボランティアの属性はどちらかといえば均質的であるといえよう。

　ボランティア活動の内容の設定方法については，傾向としては「職員とボランティアが共同で考えている」が4-6割と多いのであるが，国立青少年教育施設では47.8％，県・市立青少年教育施設では52.2％が「職員が考えている」と答えている。また，県・市立博物館でも41.1％が「職員が考えている」となっている。公民館では「ボランティアが考えている」が他の施設と比べてもっとも多くなっている（図5-2）。

　活動内容については次のような点が指摘できる。女性施設では「施設利用者のための保育活動」（61.1％），「広報活動への協力」（42.6％）などが特徴的であ

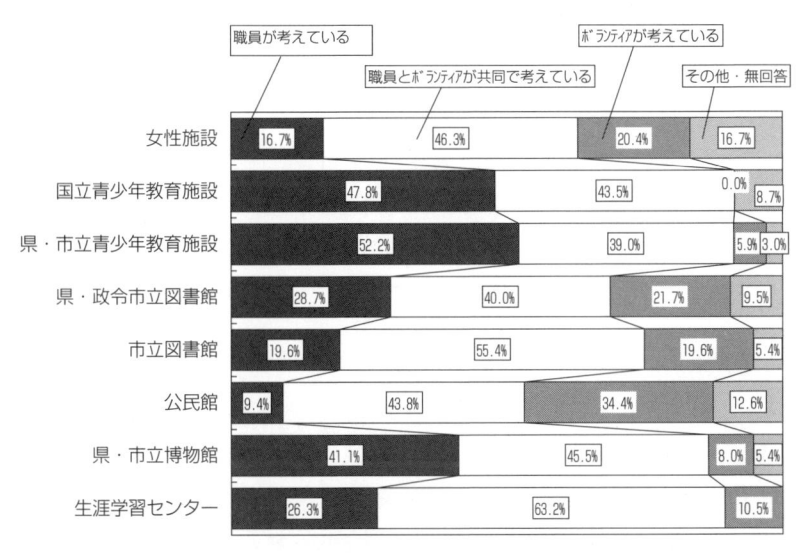

施設	職員が考えている	職員とボランティアが共同で考えている	ボランティアが考えている	その他・無回答
女性施設	16.7%	46.3%	20.4%	16.7%
国立青少年教育施設	47.8%	43.5%	0.0%	8.7%
県・市立青少年教育施設	52.2%	39.0%	5.9%	3.0%
県・政令市立図書館	28.7%	40.0%	21.7%	9.5%
市立図書館	19.6%	55.4%	19.6%	5.4%
公民館	9.4%	43.8%	34.4%	12.6%
県・市立博物館	41.1%	45.5%	8.0%	5.4%
生涯学習センター	26.3%	63.2%		10.5%

※Nは，女性施設；54，国立青少年教育施設；23，県・市立青少年教育施設；136，県・政令市立図書館；115，市立図書館；56，公民館；64，県・市立博物館；112，生涯学習センター；19

図5-2　活動内容の設定方法

る。国立青少年教育施設は「施設の美化活動」(65.2%)，「各種の集会における会場整理」(47.8%)，「各種の視聴覚機器の操作援助」(21.7%)，「事業の企画立案・運営への参画」(65.2%)，「施設の教育活動の支援」(65.2%) など，多くの項目が高い割合で選択されている。県・市立青少年教育施設では「事業の企画立案・運営への参画」(50.0%)，県・政令市立図書館，市立図書館では「障害がある利用者への支援活動」(それぞれ31.3%，28.6%)，公民館では「施設の美化活動」(34.4%)，県・市立博物館では「施設の教育活動の支援」(74.1%) に特徴がみられる。また，生涯学習センターでは，「各種の集会における会場整理」(63.2%)，「事業の企画立案・運営への参画」(47.4%)，「広報活動への協力」(36.8%) などが多くなっている。なお，県・政令市立図書館，市立図書館では「その他」が約半数あり，この分類には収まらない多様な活動が存在しているようである。

(3) ボランティアの受け入れ・登録と学習成果

ボランティアの受け入れ方法については，女性施設で「自施設の養成講座修了者から」と「一般公募」が同数 (53.7 %) であること，国立青少年教育施設では 91.3 % が「自施設の養成講座修了者」，県・市立博物館では「一般公募」がやや多く 44.6 %，生涯学習センターでは「自施設の養成講座修了者」が約半数などの点が指摘できる。また，県・政令市立図書館，市立図書館では約 5 割が「その他」と回答しており，図書館のボランティアの様相が異なることが示されている（図 5-3）。

受け入れの際の資格などの要件については，「特に問わない」とする施設が 6 割から 9 割と圧倒的に多いが，「知識・技術」が国立青少年教育施設 (26.1 %)，県・政令市立図書館 (26.1 %) でやや目立ち，強いていえば「生活上の経験」が国立青少年教育施設 (13.0 %)，生涯学習センター (10.5 %)，女性施設 (9.3 %) で，「地域社会等での活動歴」が国立青少年教育施設 (13.0 %)，女性施

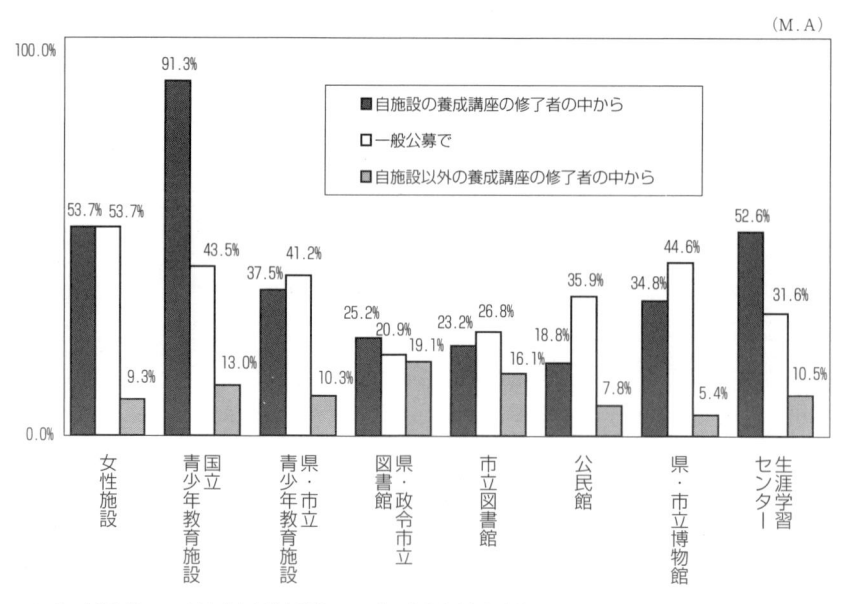

※ N は，女性施設；54，国立青少年教育施設；23，県・市立青少年教育施設；136，県・政令市立図書館；115，市立図書館；56，公民館；64，県・市立博物館；112，生涯学習センター；19．「その他」と「無回答」は除外した

図 5-3 受け入れ方法

設 (11.1 %)，県・政令市立図書館 (10.4 %) で考慮されているようである。

受け入れの際の書類審査や面接は「特に行わない」がほぼ7割から9割であるが，「書類審査」，「面接」もそれぞれ1割ぐらいの施設で取り入れられているようである。

受け入れの時期については，「申し出があった時」が市立図書館で78.6 %，国立青少年教育施設で65.2 %，公民館で57.8 %，県・政令市立図書館で53.9 %と多い。逆にいえば県・政令市立図書館，市立図書館，公民館では「定期的」がそれぞれ13.9 %，5.4 %，15.6 %と少ないということであるが，女性施設，県・市立博物館，生涯学習センターでは「申し出があった時」と「定期的」とが拮抗している。「欠員発生時」という選択肢への回答も少数（女性施設では22.2 %）だがみられた。

登録制度を持たない施設は，国立青少年教育施設 (13.0 %) を除くと，4割から7割弱であるが，個人登録が多いのは女性施設 (51.9 %)，国立青少年教育施設 (87.0 %)，県・市立青少年教育施設 (47.8 %)，県・市立博物館 (50.0 %)，生涯学習センター (42.1 %) などで，むしろグループ登録に特徴が見いだせるのは県・政令市立図書館，市立図書館，公民館等であるが，これらの施設はもともと登録制度がない施設が 56.5 %，66.1 %，60.9 %と高い比率で存在している。

(4) ボランティアのコーディネート（連絡・調整）と職員

ボランティアのコーディネーターが存在しない施設が市立図書館，公民館で約半数，女性施設，県・政令市立図書館で3.5割から4割となっている。「常勤職員」がコーディネーターになっているのは国立青少年教育施設 (78.3 %)，県・市立青少年教育施設 (66.9 %)，県・市立博物館 (64.3 %) で多く，女性施設，生涯学習センターでは「常勤職員」も4割程度だが，「非常勤職員」がそれぞれ 31.5 %，26.3 %であるいう特徴がある。「ボランティア自身」がしている施設は公民館 26.6 %，県・市立博物館 21.4 %などであるが，少数である。

コーディネーターが存在する施設について，コーディネーターの属性をみてみると，国立青少年教育施設，県・市立青少年教育施設で「社会教育主事・社会教育指導員」が5割から6割と目立つ。県・市立青少年教育施設では「学校教員」，「元学校教員」も 1-2 割近くあげられている。公民館・生涯学習センタ

ーでは「社会教育主事・社会教育指導員」も3割程度だが,「ボランティア活動経験者」もそれぞれ44.8％,28.6％となっている。この他相対的に「ボランティア活動経験者」が多いのは,市立図書館(26.9％),女性施設(23.5％),国立青少年教育施設(21.1％)である。なお,公民館,県・市立博物館では「元学校教員」をあげる施設がそれぞれ20.7％,19.8％であることも特徴であろう。

　職員の啓発・研修については以下のような特徴がみられる。生涯学習センター(10.5％),国立青少年教育施設(13.0％),県・市立青少年教育施設(22.1％)を除くと,「特に何もしていない」施設は4割から5.5割になる。啓発・研修といっても「職員の自己啓発」がむしろ多いのであるが,国立青少年教育施設,県・市立青少年教育施設,生涯学習センターでは21.7％,15.4％,21.1％が「施設内研修」をしており,生涯学習センターでは57.9％が,国立青少年教育施設では39.1％が「外部研修」を取り入れている。

(5) ボランティア組織

　ボランティアの組織については,「ない」施設が生涯学習センターで36.8％,公民館で37.5％,県・市立博物館で40.2％,となっている。県・政令市立図書館,市立図書館,公民館は「ボランティアが作った施設」の方が多く,他は「施設が作った組織」のほうが「ボランティアが作った組織」より多いのであるが,特に県・市立博物館(34.0％)で相対的に多くみられ,国立青少年教育施設(26.0％),生涯学習センター(31.6％)は全く同数になっている。また,「施設が作った組織」は生涯学習センターでは全員参加が多いが,女性施設,国立青少年教育施設では任意参加が多い。

　組織がある場合の目的では,「ボランティア同士の情報交換・親睦・仲間作り」が県・市立青少年教育施設(79.3％),女性施設(77.8％),生涯学習センター(75.0％)等で多く,「ボランティアの相互学習の場とする」は生涯学習センター(83.3％)で,「ボランティアの考え方・意見を施設が聞く・施設に伝えるため」は生涯学習センター(50.0％)や国立青少年教育施設(41.7％)で,「施設の理解を深めてもらうため」は生涯学習センター(41.7％)で,「施設とボランティアとの連絡・調整」は生涯学習センター(75.0％)や県・市立博物館

表5-4 ボランティア組織の目的（上位3つ）

(M.A)

	1位	2位	3位
女性施設	ボランティア同士の情報交換・親睦・仲間作り(77.8%)	施設とボランティアとの連絡・調整を円滑に進める(51.9%)	ボランティアの相互学習の場とする(48.1%)
国立青少年教育施設	ボランティアの相互学習の場とする(66.7%)	ボランティア同士の情報交換・親睦・仲間作り(58.3%)	ボランティアの考え方・意見を施設が聞く・施設に伝える(41.7%)
県・市立青少年教育施設	ボランティア同士の情報交換・親睦・仲間作り(79.3%)	ボランティアの相互学習の場とする(63.8%)	施設とボランティアとの連絡・調整を円滑に進める(56.9%)
県・政令市立図書館	ボランティアの相互学習の場とする(62.5%)	ボランティア同士の情報交換・親睦・仲間作り(43.8%)	施設とボランティアとの連絡・調整を円滑に進める(34.4%)
市立図書館	ボランティア同士の情報交換・親睦・仲間作り(45.5%)	ボランティアの相互学習の場とする(36.4%)	施設とボランティアとの連絡・調整を円滑に進める(31.8%)
公民館	ボランティア同士の情報交換・親睦・仲間作り(68.4%)	ボランティアの相互学習の場とする(52.6%)	施設とボランティアとの連絡・調整を円滑に進める(36.8%)
県・市立博物館	ボランティア同士の情報交換・親睦・仲間作り(62.1%)	施設とボランティアとの連絡・調整を円滑に進める(59.1%)	ボランティアの相互学習の場とする(56.1%)
生涯学習センター	ボランティアの相互学習の場とする(83.3%)	施設とボランティアとの連絡・調整を円滑に進める(75.0%)	ボランティア同士の情報交換・親睦・仲間作り(75.0%)

※Nは，女性施設；27，国立青少年教育施設；12，県・市立青少年教育施設；58，県・政令市立図書館；32，市立図書館；22，公民館；38，県・市立博物館；66，生涯学習センター；12．生涯学習センターの2位と3位は同率であるが，ここでは調査票における選択肢の順に並べた

(59.1%)で多くみられる回答であった（表5-4）。

　このボランティア組織に会則・規約があるところはほぼ半数であるが，県・政令市立図書館で31.3%と低く，生涯学習センターでは66.7%と高い。

　組織の運営経費についてみると，「経費は不要」とするところが高い割合なのは，県・市立青少年教育施設(37.9%)，女性施設(37.0%)，国立青少年教育施設(33.3%)などであり，「施設等から資金が出ている」のは市立図書館(45.5%)，公民館(47.4%)，生涯学習センター(41.7%)で多くみられ，「組織が独自に財源を確保している」のは同様に市立図書館(45.5%)，公民館(39.5%)，生涯学習センター(41.7%)で多いという結果があらわれている。「ボランティアから会費を徴収」は県・政令市立図書館では約1割，その他の施設では2-3割である。

3 ボランティア支援の具体的内容

(1) 施設によるボランティアへの支援

　ボランティアを受け入れている施設における施設・設備・便宜などの支援については以下のような点が指摘できる。県・政令市立図書館，市立図書館，公民館では際だった支援はないが，市立図書館では「施設利用上の優遇措置」を講じているところがちょうど半数存在している。女性施設では「コピー・印刷機」(51.9 %)，「事務用品」(48.1 %)，「ロッカー」(37.0 %) が目立っている。国立青少年教育施設では「ボランティア専用の部屋」が73.9 %と際だって多く，「施設利用上の優遇」(39.1 %)，「コピー・印刷機」(34.8 %)，「ロッカー」(34.8 %)，「制服・名札」(34.8 %) がこれに次ぐ。「制服・名札」が高いのは，県・市立博物館とともに特徴的なことである。県・市立博物館では，「施設利用上の優遇」(50.0 %)，「制服・名札」(45.5 %)，「ボランティア専用の部屋」(44.6 %)，「事務用品」(35.7 %) などが多くみられる。生涯学習センターでは，「ボランティア専用の部屋」(57.9 %) が多く，「コピー・印刷機」(36.8 %)，「ロッカー」(36.8 %)，「事務用品」(36.8 %) がこれに次ぐ (表5-5)。

　ボランティア保険については，「かけていない」施設が国立青少年教育施設 (17.4 %)，県・市立青少年教育施設 (26.5 %) で少なくなっているが，県・政令市立図書館 (65.2 %)，市立図書館 (57.1 %) では，むしろかけていない施設の方が多い。ボランティア保険をかけている場合，国立青少年教育施設では「ボラ

表5-5 施設による設備等の支援

(M.A)

	専用室等	TEL/FAX	コピー・印刷機	ロッカー	事務用品	制服・名札	施設利用上の優遇
女性施設	31.5 %	20.4 %	51.9 %	37.0 %	48.1 %	14.8 %	33.3 %
国立青少年教育施設	73.9 %	26.1 %	34.8 %	34.8 %	30.4 %	34.8 %	39.1 %
県・市立青少年教育施設	26.5 %	16.9 %	25.7 %	11.0 %	14.7 %	19.9 %	25.0 %
県・政令市立図書館	17.4 %	3.5 %	29.6 %	11.3 %	19.1 %	5.2 %	23.5 %
市立図書館	17.9 %	12.5 %	23.2 %	14.3 %	19.6 %	7.1 %	50.0 %
公民館	12.5 %	20.3 %	34.4 %	4.7 %	10.9 %	1.6 %	31.3 %
県・市立博物館	44.6 %	14.3 %	31.3 %	25.0 %	35.7 %	45.5 %	50.0 %
生涯学習センター	57.9 %	15.8 %	36.8 %	36.8 %	36.8 %	10.5 %	15.8 %

※Nは，女性施設；54，国立青少年教育施設；23，県・市立青少年教育施設；136，県・政令市立図書館；115，市立図書館；56，公民館；64，県・市立博物館；112，生涯学習センター；19。「その他」と「無回答」は除外した

ンティアが全額負担」が圧倒的に多い（52.2％）が，県・市立青少年教育施設，県・市立博物館，女性施設，生涯学習センターなどでは「施設が全額負担」の方が多い（それぞれ，40.4％，37.5％，29.6％，26.3％）。

　経済的支援については，「特にない」とする施設が市立図書館（66.1％）・公民館（64.1％），県・市立博物館（60.7％）で半数を超えている反面，国立青少年教育施設（0％），県・市立青少年教育施設（13.2％），女性施設（24.1％）などでは「特にない」は相対的に少ない。「交通費」の支援は国立青少年教育施設（65.2％），県・市立青少年教育施設（48.5％），女性施設（44.4％）で多く，「食事代」の支援は県・市立青少年教育施設（60.3％），国立青少年教育施設（56.5％）で多い（図5-4）。

　ボランティア活動活性化のための支援の特徴は次のようにまとめられる。全般的にいえば「自主活動へ協力」，「施設内研修実施」，「広報誌紹介」が多くみられることであるが，女性施設では「施設内研修実施」（42.6％），「広報誌紹介」（37.0％），国立青少年教育施設では「施設内研修」（65.2％）をはじめ「自主

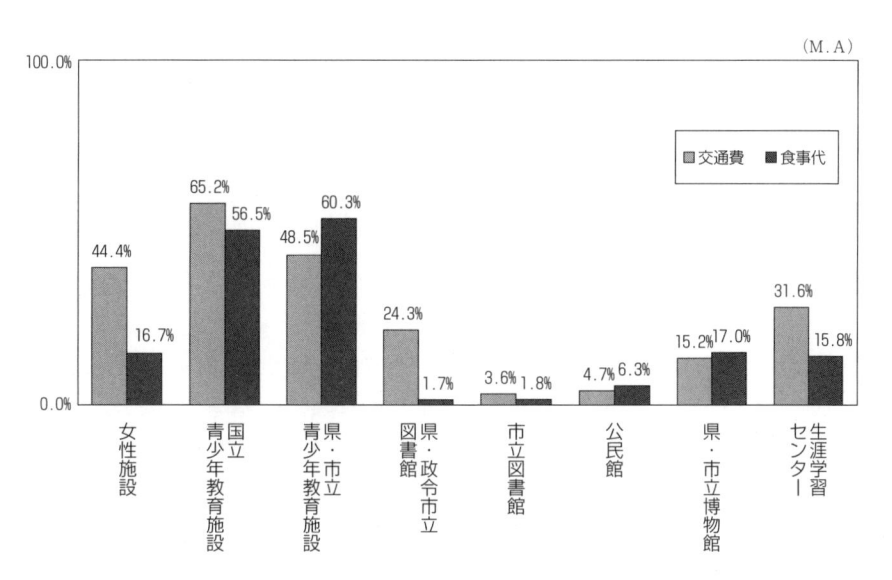

※Nは，女性施設；54，国立青少年教育施設；23，県・市立青少年教育施設；136，県・政令市立図書館；115，市立図書館；56，公民館；64，県・市立博物館；112，生涯学習センター；19。「その他」「なし」「無回答」は除外した

図5-4　ボランティアへの経済的支援

活動へ協力」(43.5 %),「施設外研修派遣」(34.8 %),「表彰」(34.8 %) が万遍なく,県・市立青少年教育施設では「施設内研修実施」(46.3 %),県・市立博物館では「施設内研修実施」(52.7 %),「自主活動へ協力」(41.1 %),「広報誌紹介」(38.4 %),生涯学習センターでは「広報誌紹介」(63.2 %),「施設内研修実施」(52.6 %),「自主活動へ協力」(52.6 %) などが多い。また,公民館での「表彰」(21.9 %) も特徴的である。

(2) ボランティアの研修

ボランティアの研修について,「特に行っていない」が半数を超えているのは県・政令市立図書館 (62.6 %),市立図書館 (55.4 %),公民館 (53.1 %) であった。時期・頻度については,「受け入れ時」が多いのは県・市立博物館 (48.2 %),生涯学習センター (31.6 %),国立青少年教育施設 (30.4 %),「年1-2回」が多いのは,国立青少年教育施設 (56.5 %),県・市立青少年教育施設 (44.9 %),女性施設 (35.2 %) などである。「2-3ヶ月に1回」という施設も県・市立博物館 (21.4 %),生涯学習センター (15.8 %),女性施設 (14.8 %) などで1割以上みられる。

研修の内容についての特徴は,以下のようになっている。女性施設では「ボランティア活動に必要な知識」(50.0 %),「ボランティア活動についての考え方」(40.7 %) などが多い。国立青少年教育施設では,「職員との交流」(39.1 %) まで含んで内容が広範にわたっているが「活動に必要な技術」,「活動に必要な知識」(ともに 65.2 %) が多く,「施設の状況・活動」(56.5 %),「活動の際の安全」(47.8 %) も特徴的である。県・市立青少年教育施設は,国立青少年教育施設と同様な傾向にある。県・政令市立図書館,市立図書館,公民館では,「研修を行っていない」や「無回答」が多く,前述の通り,研修は活発ではないが,行われている内容は「活動に必要な知識」,「活動に必要な技術」が2割程度という状況である。県・市立博物館では「活動に必要な知識」(60.7 %),「施設の状況・活動」(37.5 %) などが多い。生涯学習センターでは,「活動に必要な知識」(68.4 %),「活動に必要な技術」(47.4 %),「活動についての考え方」(47.4 %) が多いが,「一般的な教養の向上」(26.3 %) も特徴的である。

研修の記録などについては,特段行われていないことが多数である。「資料

集を作っている」や「研修記録を作っている」は，あっても1割程度という状況である。

(3) ボランティアの活動期間制限

ボランティアの活動期間制限については，大多数の施設（市立図書館98.2％から生涯学習センター84.2％まで）で設けていないが，年齢・活動年数での制限が1割程度の施設でみられる状況もある。ケースがごく少数であるが，制限の理由については，「多くの人に活動の場を提供するため」，「他でも経験を生かしてもらうため」，「人間関係の硬直化を防ぐため」，「ボランティアの健康への配慮」，「施設運営に支障をきたすおそれがあるため」の選択枝がすべて選ばれている。

4 ボランティア活動の成果と意味

(1) ボランティア活動の成果

ボランティア活動の成果の施設内での展開に関しては，「施設の事業の講師等になった」がどの施設でも一般的なことであるが，国立青少年教育施設や生涯学習センターではかなり活発で，国立青少年教育施設では，「施設の常勤・非常勤の職員になった」(56.5％)，「施設の事業の講師等になった」(52.2％)，「施設の研修の講師等になった」(43.5％)で際だって多いことが示されている。県・市立青少年教育施設でも同様な傾向にあるが，生涯学習センターでは，「施設の事業の講師等となった」(52.6％)，「施設の研修の講師等になった」(26.3％)の他，「施設の運営委員会の委員になった」(36.8％)も多い。「施設の運営委員会の委員になった」は公民館(40.6％)，市立図書館(35.7％)，女性施設(20.4％)でも特徴として認められる。なお，県・政令市立図書館では「無回答」が73.9％となっており，ここにあげられたような成果の活用という面での展開はあまりみられない。

ボランティア活動の施設外への広がりという点では，生涯学習センターや女性施設が活発である。「他所でボランティア活動を行う」が一般的に多いが，生涯学習センターでは78.9％，国立青少年教育施設では73.9％に達している。

生涯学習センターでは他の項目も万遍なく高い数値が出ており，「研修会等で講師や発表者になった」(63.2％)，「マスコミ等で取り上げられた」(57.9％)，「社会教育関係団体等で活動している」(42.1％)等が多い。女性施設では「他所でボランティア活動を行う」(53.7％)，「社会教育関係団体等で活動している」(40.7％)のほか，「行政の委員となっている」(18.5％)，「市民団体の活動を始めた」(16.7％)も注目される。「行政の委員となっている」，「市民団体の活動を始めた」は生涯学習センターでも15.8％，10.5％と他の施設と比べて多い。国立青少年教育施設では「他でボランティア活動をしている」が73.9％，市立図書館，公民館で「職場や地域社会で評価・表彰された」がそれぞれ26.8％，18.8％，公民館で「社会教育関係団体等で活動している」が45.3％，県・市立博物館で「マスコミ等で取り上げられた」が49.1％ということなどにもそれぞれの施設の特徴が表れている（表5-6）。

ボランティアの活動支援についての他機関との連携・協力については，以下のような点を指摘できる。全体としては女性施設，県・市立博物館で「無回答」が約7割と高率で，他の機関等との連携がなされていないことが示されて

表5-6　ボランティア活動の広がり（上位3つ）

(M.A)

	1位	2位	3位
女性施設	他でボランティア活動を行った　(53.7％)	社会教育関係団体等で活動　(40.7％)	講師や事例発表者になった　(29.6％)
国立青少年教育施設	他でボランティア活動を行った　(73.9％)	講師や事例発表者になった　(21.7％)	社会教育関係団体等で活動　(21.7％)
県・市立青少年教育施設	他でボランティア活動を行った　(53.7％)	社会教育関係団体等で活動　(24.3％)	講師や事例発表者になった　(21.3％)
県・政令市立図書館	他でボランティア活動を行った　(51.3％)	マスコミで紹介された　(20.9％)	講師や事例発表者になった　(20.9％)
市立図書館	他でボランティア活動を行った　(55.4％)	講師や事例発表者になった　(33.9％)	マスコミで紹介された　(30.4％)
公民館	社会教育関係団体等で活動　(45.3％)	他でボランティア活動を行った　(26.6％)	マスコミで紹介された　(21.9％)
県・市立博物館	マスコミで紹介された　(49.1％)	他でボランティア活動を行った　(32.1％)	講師や事例発表者になった　(26.8％)
生涯学習センター	他でボランティア活動を行った　(78.9％)	講師や事例発表者になった　(63.2％)	マスコミで紹介された　(57.9％)

※Nは，女性施設；54，国立青少年教育施設；23，県・市立青少年教育施設；136，県・政令市立図書館；115，市立図書館；56，公民館；64，県・市立博物館；112，生涯学習センター；19。「わからない」は除外した。国立青少年教育施設の2位と3位，県・政令市立図書館の2位と3位は同率であるが，ここでは調査票における選択肢の順に並べた

おり，逆に国立青少年教育施設，生涯学習センター，県・市立青少年教育施設では連携に積極的であることが示されている。国立青少年教育施設では，「他の社会教育施設」が73.9％と圧倒的に多く，「社会福祉施設・社会福祉協議会」(34.8％)，「大学」(34.8％)，「行政機関」(30.4％)，「高校」(26.1％)が次ぐ。県・市立青少年教育施設も国立とほぼ同様な傾向であるが，「(地域の)諸団体」(14.2％)，「小・中学校」(13.7％)がやや多い。生涯学習センターでは「他の社会教育施設」(55.6％)，「行政機関」(30.6％)，「社会福祉施設・社会福祉協議会」(27.8％)，「(地域の)諸団体」(16.7％)などが多い。市立図書館では，「小・中学校」(16.5％)に，公民館では「小・中学校」(17.4％)，「社会福祉施設・社会福祉協議会」(31.8％)，「(地域の)諸団体」(20.5％)に特徴をみることができる(表5-7)。

(2) 施設・職員にとってのボランティアの意味

全施設の回答者個人に対して施設にとってのボランティアのメリットを尋ねたところ，全体的には「施設が地域住民に身近なものになる」，「業務の補完と

表5-7 活動支援に伴う他機関との連携・協力（上位6つ）

(M.A)

	1位	2位	3位	4位	5位	6位
女性施設	行政機関(14.7%)	他の社会教育施設(12.7%)	社会福祉施設等(12.7%)	(地域の)諸団体(11.8%)	-	-
国立青少年教育施設	他の社会教育施設(73.9%)	大学(34.8%)	社会福祉施設等(34.8%)	行政機関(30.4%)	高校(26.1%)	病院等(13.0%)
県・市立青少年教育施設	他の社会教育施設(28.8%)	行政機関(22.2%)	社会福祉施設等(17.9%)	高校(16.0%)	(地域の)諸団体(14.2%)	小・中学校(13.7%)
県・政令市立図書館	他の社会教育施設(24.5%)	行政機関(14.7%)	-	-	-	-
市立図書館	他の社会教育施設(21.2%)	社会福祉施設等(18.8%)	小・中学校(16.5%)	(地域の)諸団体(11.8%)	-	-
公民館	社会福祉施設等(31.8%)	(地域の)諸団体(20.5%)	小・中学校(17.4%)	他の社会教育施設(14.4%)	行政機関(13.6%)	-
県・市立博物館	他の社会教育施設(19.9%)	-	-	-	-	-
生涯学習センター	他の社会教育施設(55.6%)	行政機関(30.6%)	社会福祉施設等(27.8%)	(地域の)諸団体(16.7%)	小・中学校(11.1%)	企業(11.1%)

※Nは，女性施設；102，国立青少年教育施設；23，県・市立青少年教育施設；212，県・政令市立図書館；163，市立図書館；85，公民館；132，県・市立博物館；266，生涯学習センター；36．10％以下は除外した。また，「無回答」も除外した。女性施設の2位と3位，国立青少年教育施設の2位と3位，生涯学習センターの5位と6位は同率であるが，ここでは選択肢の順に並べた

して助かる」,「利用者・地域住民の声が聞ける」,「職員自身が刺激を受ける」などの回答が多かった。国立青少年教育施設，県・市立青少年教育施設は同じような傾向を示しているが，中でも「業務の補完として助かる」がそれぞれ69.6％,50.9％と高い。さらに国立青少年教育施設では全体としてどの項目にも回答率は高く，ボランティアの存在についてのメリット感は際だっているといえるが，特に「施設の責任を果たせる」が78.3％,「職員自身が刺激を受ける」が69.6％と特徴的である。生涯学習センターでもボランティアの存在についてのメリット感は高い。「施設の責任を果たせる」(63.9％),「感性等が新鮮で施設活性化に役立つ」(50.0％),「専門知識や技術にサポートされる」(47.2％)などが多い回答である。県・政令市立図書館では「施設が地域住民に身近なものになる」(58.3％),市立図書館では「業務の補完として助かる」(49.4％),「職員自身が刺激を受ける」(48.2％)などが特徴的であり，県・市立博物館では「施設が地域住民に身近なものになる」(68.0％),「利用者・地域住民の声を聞ける」(49.6％)などが高率であり，注目される。

　ボランティア受け入れのデメリットについては，結果からみれば多くの施設でデメリットは特段感じていないといえる。特に国立青少年教育施設では91.3％,県・市・立青少年教育施設では60.4％,県・政令市立図書館では57.7％,生涯学習センターでは55.6％が「特にデメリットを感じていない」と答えている。それでも設定したデメリットと考えられる項目にはわずかながら回答があり，デメリットが全く感じられていないわけではなく，女性施設において「人間関係に疲れる」(14.7％),「運営に理想が語られ対応に困る」(12.7％)など，市立図書館で「施設として責任の所在が曖昧になる」(20.0％),市立博物館では「仕事が増えてかえって負担になる」(24.1％),「施設の指揮・命令系統が混乱する」(18.4％)など，生涯学習センターでは「運営に理想が語られ対応に困る」(22.2％)などに回答が集まり，それぞれの施設の抱えている問題の一端がうかがわれる。

　職員とボランティアの役割について4つの選択肢から1つを選んでもらったところ，「職員の仕事をボランティアが補完すべき」は相対的に少なく，どの施設でも「ボランティアの活動を職員が支援すべき」が多いという結果になった。特に国立青少年教育施設ではその割合が56.5％,生涯学習センターでは

52.8％と際だっている。「同じ仲間として共同で仕事をすべき」が県・市立青少年教育施設では25.5％，生涯学習センターでも22.2％であること，「全く別物にすべき」が県・政令市立図書館で23.9％，市立図書館で25.9％，県・市立博物館で22.9％であること，「職員の仕事をボランティアが補完すべき」が公民館（0％），女性施設（5.9％），生涯学習センター（5.6％）で低率であることなどが目立った特徴である。なお，これをボランティアを受け入れている施設だけで集計すると「ボランティアの活動を職員が支援すべきである」が増加するという特徴があらわれている。

5　おわりに

これまでの結果から，ごくおおざっぱな表現を用いれば，それぞれの施設とボランティア活動との関連は次のようにいうことも可能であろう。

施設の活動が成立するためにボランティアの力が必要不可欠になっている青少年教育施設（特に国立青少年教育施設）。ボランティア活動の活性化という形の学習支援に積極的な女性施設と，さらに意識的にボランティア活動の活性化をめざしている生涯学習センター。専門的な仕事との関連でボランティアの位置づけにややとまどいを見せる図書館。地域との関係づくりにボランティアを位置づけるものの図書館と同じような問題も抱える博物館。地域施設である故にボランティア活動が特別に意識されるものではないとみえる公民館。

もちろんこの表現は厳密なものではなく，すべてを正確に言い表しているものではない。個別の種類の施設についてのデータをより詳細に検討することが必要であるのはいうまでもない。

この調査では，各種の社会教育施設のボランティアの受け入れ状況について「学習の成果」という視点を入れながら，総合的に把握することを試みた。全体とすれば，やや深く掘りさげることが不足している感も免れないが，限界はあるものの現時点でのこのような総合的・包括的なデータの確定は全く無意味なことではあるまい。

〔調査対象〕

表5-8 サンプル母集団の出所

施設の種類	データ出所
女性施設	国立婦人教育会館情報交流課調べ（1997年11月現在）
青少年教育施設	国立オリンピック記念青少年総合センター調べ（1997年10月現在）
図書館	社団法人日本図書館協会図書館年鑑編集委員会『図書館年鑑1998』社団法人日本図書館協会, 1997.7
公民館	社団法人全国公民館連合会編『全国公民館名鑑』（平成3年度版）第一法規, 1991.10
博物館	財団法人日本博物館協会編『会員名簿』（平成9年度）財団法人日本博物館協会, 1997.11
生涯学習センター	全国生涯教育・社会教育センター協議会編『都道府県・指定都市生涯学習・社会教育センター等職員名簿』1997.7

表5-9 サンプル数・回収数等

施設の種類		母数		抽出規準	サンプル数（発送数）	回収数	回収率
女性施設	国・都道府県・政令市・市立		158	悉皆	158	102	64.6 %
青少年教育施設	国立		28	悉皆	28	23	82.1 %
	都道府県・政令市・市立		278	職員配置の全施設	278	212	76.3 %
図書館	都道府県・政令市立		221	悉皆	221	163	73.8 %
	市立		1,475	等間隔抽出	146	85	58.2 %
公民館	政令市・市立		6,032	等間隔抽出	235	132	56.2 %
博物館	国立		20	悉皆	20	14	70.0 %
	都道府県・政令市・市立		328	悉皆	328	266	81.1 %
生涯学習センター	都道府県・政令市立		40	悉皆	40	36	90.0 %
計					1454	1033	71.0 %

第6章 社会教育行政による
　　　　ボランティア活動の支援施策の現状

1　はじめに

　この調査は，社会教育施設ボランティア研究会（代表：鈴木眞理）によって，ボランティア活動の支援施策が行政，特に教育行政なかんずく社会教育行政によって，どのように展開されているかを把握するために企画されたものである。ここでは，全国の都道府県，政令指定都市，それ以外の市・区のすべての教育委員会を対象とした。
　調査票は1999（平成11）年3月10日に発送し，3月26日を回答期限とし，3月1日現在の状況を記載してもらうよう依頼した。
　全体としては，調査票送付数740，有効回答数538，回収率72.7％であった。集計は，都道府県・政令指定都市（以下「都道府県・政令市」と表記）をひとまとめにし，それ以外の市・区（以下「一般市」と表記）とは別に扱った。都道府県・政令市では，調査票送付数59，有効回答数51，回収率86.4％，一般市では，調査票送付数681，有効回答数487，回収率71.5％であった。

2　ボランティア活動の基盤整備

(1) 教育委員会におけるボランティア活動支援セクション

　都道府県・政令市の場合，教育委員会にボランティア活動の支援セクションは，92.2％設置されている。そのすべてが社会教育系にあり，学校教育系にも重複して存在するところは，9.8％・5自治体ということになる。
　一方，一般市の場合，ボランティア担当が設置されていないのは，51.1％とほぼ半数という状況である。設置されているのは，都道府県・政令市の場合と同様，社会教育系においてが圧倒的であり，社会教育系・学校教育系に重複するもの6自治体，学校教育系にのみ設置されているのは，1自治体ということ

になる。

　都道府県・政令市の場合は，担当が置かれているところが9割，そのすべてが社会教育系，一般市では，担当が置かれているのは，ほぼ半数，こちらでもほとんどが社会教育系という状況が示されている（表6-1）。

表6-1　教育委員会事務局におけるボランティア活動支援の担当セクション

(M.A)

		県（N = 51）	市（N = 487）
1	ない	7.8 %	51.1 %
2	学校教育系統にある	9.8 %	1.4 %
3	社会教育系統にある	92.2 %	47.8 %
	無回答	0.0 %	0.8 %

　ボランティア活動支援セクションの所掌事項については，都道府県・政令市の場合，「ボランティアの養成・研修事業」「情報提供・相談事業」が8割を越え，「普及啓発事業」「連絡調整」「指導者の養成・研修事業」が，6割程度で次ぎ，「団体育成事業」は，1割程度と低い。一般市では，「ボランティアの養成・研修事業」「情報提供・相談事業」が5割強，「連絡調整」「普及啓発事業」「指導者の養成・研修事業」が3割台，「団体育成事業」が2.5割となっている。都道府県・政令市の場合は，平均3.7事項を所掌していることになっており，一般市の場合の平均2.4事項と比較して多数の事項を所掌している。いずれの事項も都道府県・政令市の方で回答率が高いが，「団体育成事業」だけは，一般市の方で回答率が高いことも特徴的である（表6-2）。

表6-2　ボランティア活動支援セクションの所掌事項

(M.A)

		県（N = 47）	市（N = 233）
①	連絡調整	59.6 %	38.2 %
②	普及啓発事業	66.0 %	35.6 %
③	指導者の養成・研修事業	59.6 %	33.0 %
④	ボランティアの養成・研修事業	89.4 %	54.1 %
⑤	情報提供・相談事業	85.1 %	52.4 %
⑥	団体育成事業	12.8 %	26.6 %
	無回答	0.0 %	1.3 %

※担当が「社会教育系統にある」場合を対象とした

(2) ボランティアに関する庁内の横断的な連携組織

ボランティアに関する庁内の横断的連携組織に関しては，都道府県・政令市においては，6割が「首長部局を含めてある」ということになっており，「ない」とするのは4割であるが，一般市の場合は，「ない」が86.9％と「ない」方が常態である。一般市の場合，「首長部局を含めてある」が1割，少数だが「教育委員会内である」という回答もあった（表6-3）。

表6-3 ボランティアに関する庁内の横断的な連携組織

		県（N＝51）	市（N＝487）
1	ない	39.2 %	86.9 %
2	首長部局を含めてある	60.8 %	11.3 %
3	教育委員会内である	0.0 %	1.2 %
	無回答	0.0 %	0.6 %
	計	100.0 %	100.0 %

連携組織を構成している課・係では，都道府県・政令市の場合，「福祉関係」が80.6％，「環境関係」が67.7％と多い。次いで，「国際交流関係」「防災・消防関係」が4割台等となっている。一般市では，「福祉関係」が83.6％で圧倒的に多く，次ぐのは「防災・消防関係」「国際交流関係」が20％台となっており，都道府県・政令市で多かった「環境関係」は14.5％となっている。都道府県・政令市の場合，平均選択数は3.8であり，一般市の場合は平均選択数1.8であることは，都道府県・政令市の方で連携の相手先が多様なことを示している（表6-4）。

表6-4 連携組織を構成している課・係

(M.A)

		県（N＝31）	市（N＝55）
①	防災・消防関係	41.9 %	23.6 %
②	環境関係	67.7 %	14.5 %
③	福祉関係	80.6 %	83.6 %
④	医療関係	29.0 %	3.6 %
⑤	公園・緑地関係	35.5 %	7.3 %
⑥	警察関係	32.3 %	0.0 %
⑦	国際交流関係	48.4 %	20.0 %
⑧	その他	48.4 %	29.1 %
	無回答	3.2 %	5.5 %

※担当が「社会教育系統にある」場合を対象とした

(3) ボランティア活動支援についての言及

　各種の文書・計画等におけるボランティア活動支援についての言及については，回答のないものが都道府県・政令市で2件，3.9％であったのに対し，一般市では111件，22.8％に上っていた。都道府県・政令市においては，「生涯学習推進計画（社会教育計画）で言及」が76.5％，「自治体の基本構想・総合計画で言及」が51.0％，「自治体の他部局の計画（たとえば福祉計画など）で言及」が，49.0％であった。一般市においても傾向はほぼ同様で「生涯学習推進計画（社会教育計画）で言及」が54.4％，「自治体の基本構想・総合計画で言及」が39.2％，「自治体の他部局の計画（たとえば福祉計画など）で言及」が33.7％であったが，選択率はどれも低い。「首長の選挙公約や施政方針・議会答弁などで言及」（都道府県・政令市39.2％，一般市9.7％），「活動支援をうたった条例や指針がある」（都道府県・政令市23.5％，一般市3.3％）については，都道府県・政令市に比べて一般市では，かなり少なくなっていることが示されている（表6-5）。

表6-5 ボランティア活動支援についての言及

		県（N = 51）	市（N = 487）
1	首長の選挙公約や施政方針・議会答弁などで言及	39.2 %	9.7 %
2	活動支援をうたった条例や指針がある	23.5 %	3.3 %
3	自治体の基本構想・総合計画で言及	51.0 %	39.2 %
4	自治体の他部局の計画（たとえば福祉計画など）で言及	49.0 %	33.7 %
5	生涯学習推進計画（社会教育計画）で言及	76.5 %	54.4 %
	無回答	3.9 %	22.8 %

(4) ボランティアについての言及

　教育委員会関係の審議会等の答申等の中におけるボランティアについての言及に関しては，都道府県・政令市においては，「生涯学習審議会答申・建議等にある」が47.1％，「社会教育審議会答申・建議等にある」が35.3％であった。一般市においては，「生涯学習審議会答申・建議等にある」が15.0％，「社会教育審議会答申・建議等にある」が15.8％であった。ここでも，都道府県・政令市の方がボランティアに言及している比率が高いことが示されている。「その他の答申・提言等」にもみられるが，言及のみられる主要な答申・建議類は，上記2種類であった（表6-6）。

表6-6　ボランティアについての言及

		県（N = 51）	市（N = 487）
1	生涯学習審議会答申・建議等にある	47.1 %	15.0 %
2	社会教育委員会議答申・建議等にある	35.3 %	15.8 %
3	公民館運営審議会の提言等にある	0.0 %	1.8 %
4	図書館協議会の提言等にある	2.0 %	1.0 %
5	博物館協議会の提言等にある	0.0 %	0.0 %
6	その他の答申・提言等にある	9.8 %	8.4 %
	無回答	21.6 %	63.7 %

(5) 教育委員会が所管している，ボランティア活動支援に関する施策等を専門に検討する組織

　教育委員会で，ボランティア活動支援施策は，どのような組織で専門に検討されているであろうか。都道府県・政令市では，「独立してある」が72.5 %，「ない」が23.5 %であるのに対し，一般市では，「独立してある」1.8 %，「ない」96.7 %という状況で，きわめて対照的である。

　その検討組織（「独立してある」場合のみ）の主な活動内容は，都道府県・政令市で「事業内容の検討」91.9 %，「情報交換・連絡調整」78.4 %，「施策の方針の検討」73.0 %となっている。一般市では，該当するのはきわめて少数で9件だけであるが，ほぼ同様の活動内容といえる。

　検討組織の委員構成は，都道府県・政令市の場合，「大学教員・学識経験者」91.9 %，「社会教育関係団体関係者」86.5 %，「教育委員会職員」81.1 %，「社会福祉協議会関係者」78.4 %，「小・中・高等学校教員」78.4 %，「ボランティア」70.3 %，が高率で続いている。学校との連携や，活動しているボランティアの参加も留意されていると考えられる結果である。一般市の場合は，該当する回答は9件であるが，「ボランティア」66.7 %，「社会教育関係団体関係者」55.6 %という結果になっている。

　検討組織の活動の結果については，都道府県・政令市の場合，「事業等が実施された後の会議で評価・検討」が78.4 %，「報告書が作成される」56.8 %，「行政施策に反映」48.6 %，「活動に基づいた提言等」27.0 %のようになっている。特に施策に密接に関係するような結果をもたらしているとは考えられない，といえるのであろう。一般市の場合は，「活動に基づいた提言等」66.7 %，事業等が実施された後の会議で評価・検討」が55.6 %，「行政施策に反映」55.6 %，「報告書が作成される」33.3 %，という順になっている（表6-7，8，9，10）。

表6-7 教育委員会が所管している，ボランティア活動支援に関する施策等を専門に検討する組織

	県（N＝51）	市（N＝487）
1　ない	23.5 %	96.7 %
2　既存の生涯学習審議会・社会教育委員会議等に部会等を設置してある	3.9 %	0.4 %
3　独立してある	72.6 %	1.8 %
無回答	0.0 %	1.0 %
計	100.0 %	100.0 %

表6-8 検討組織の主な活動内容

(M.A)

	県（N＝37）	市（N＝9）
①　施策の方針の検討	73.0 %	66.7 %
②　一般的なプログラム開発	13.5 %	22.2 %
③　事業内容の検討	91.9 %	66.7 %
④　調査研究	5.4 %	44.4 %
⑤　情報交換・連絡調整	78.4 %	66.7 %
無回答	2.7 %	0.0 %

※検討組織が「独立してある」場合を対象とした

表6-9 検討組織の委員構成

(M.A)

	県（N＝37）	市（N＝9）
①　首長	0.0 %	22.2 %
②　首長部局職員	56.8 %	22.2 %
③　教育委員会職員	81.1 %	33.3 %
④　議会議員	0.0 %	11.1 %
⑤　教育委員・生涯学習審議会委員・社会教育委員等	13.5 %	22.2 %
⑥　社会教育関係団体関係者	86.5 %	55.6 %
⑦　社会福祉協議会関係者	78.4 %	33.3 %
⑧　小・中・高等学校教員	78.4 %	11.1 %
⑨　大学教員・学識経験者	91.9 %	44.4 %
⑩　ボランティア	70.3 %	66.7 %
⑪　民間企業関係者	43.2 %	44.4 %
無回答	2.7 %	0.0 %

※検討組織が「独立してある」場合を対象とした

表6-10 検討組織の活動

(M.A)

	県（N＝37）	市（N＝9）
①　報告書が作成される	56.8 %	33.3 %
②　事業等が実施された後の会議で評価・検討	78.4 %	55.6 %
③　活動に基づいた提言等	27.0 %	66.7 %
④　行政施策に反映	48.6 %	55.6 %
⑤　特にない	2.7 %	0.0 %
無回答	5.4 %	0.0 %

※検討組織が「独立してある」場合を対象とした

(6) 過去10年間のボランティアに関する調査や研究

過去10年間に教育委員会や所管の機関が行ったボランティアに関する調査や研究が「ある」のは，都道府県・政令市では，58.8％，一般市では，13.8％であった。半数以上の都道府県・政令市で調査や研究が行われており，一般市に比べて圧倒的に多いことが示されている（表6-11）。

表6-11 過去10年間に教育委員会や所管の機関が行ったボランティアに関する調査や研究

		全体		中心的職員がいない		中心的職員がいる		無回答	
		県(N=51)	市(N=487)	県(N=18)	市(N=410)	県(N=33)	市(N=72)	県 −	市(N=5)
1	ない	41.2％	85.6％	61.1％	87.1％	30.3％	77.8％	−	80.0％
2	ある	58.8％	13.8％	38.9％	12.4％	69.7％	22.2％	−	0.0％
	無回答	0.0％	0.6％	0.0％	0.5％	0.0％	0.0％	−	20.0％
	計	100.0％	100.0％	100.0％	100.0％	100.0％	100.0％	−	100.0％

その調査・研究の実施主体の構成については，都道府県・政令市の場合，「職員のみで行った」がちょうど50.0％，「住民やボランティア，学識経験者等が加わった」は，30.0％，「調査機関・大学等の外部機関に委託した」が16.6％になっている。一般市の場合もほぼ同様で，「職員のみで行った」が56.7％，「住民やボランティア，学識経験者等が加わった」は，22.4％，「調査機関・大学等の外部機関に委託した」が14.9％であった（表6-12）。

表6-12 ボランティアに関する調査・研究の実施主体

		県（N=30）	市（N=67）
①	職位のみで行った	50.0％	56.7％
②	住民やボランティア，学識経験者等が加わった	30.0％	22.4％
③	調査機関・大学等の外部機関に委託した	16.7％	14.9％
	無回答	3.3％	6.0％
	計	100.0％	100.0％

※調査や研究が「ある」場合を対象とした

調査・研究の結果を公表したのは，都道府県・政令市で83.3％，一般市では，61.2％となっている（表6-13）。

表6-13 ボランティアに関する調査・研究の公表

		県（N=30）	市（N=67）
①	した	83.3％	61.2％
②	しない	10.0％	31.3％
	無回答	6.7％	7.5％
	計	100.0％	100.0％

※調査や研究が「ある」場合を対象とした

2 ボランティア活動の基盤整備

調査・研究の内容としては，都道府県・政令市の場合，「住民のボランティアの実態調査」が56.7％，「施設のボランティア受け入れ状況調査」が33.3％，「ボランティアに関する一般的検討」が23.3％，「ボランティアに関する事例の収集・検討」が16.7％となっている。一般市では，「住民のボランティアの実態調査」が53.7％，「ボランティアに関する一般的検討」が37.3％，「ボランティアに関する事例の収集・検討」が29.9％，「施設のボランティア受け入れ状況調査」が11.9％となっている。一般市での方が，一般的な情報収集をしているという傾向にあると考えられよう（表6-14）。

表6-14 ボランティアに関する調査・研究の内容

(M.A)

		県（N = 30）	市（N = 67）
①	住民やボランティアの実態調査	56.7％	53.7％
②	施設のボランティア受け入れ状況調査	33.3％	11.9％
③	ボランティアに関する一般的な検討	23.3％	37.3％
④	ボランティアに関する事例の収集・検討	16.7％	29.9％
	無回答	6.7％	7.5％

※調査や研究が「ある」場合を対象とした

調査研究の利用方法としては，都道府県・政令市の場合，「一般的な施策に反映された」が53.3％，「具体的な施策に反映された」は，30.0％，「教育委員会内で勉強会・研究会が開かれた」，「継続した調査・研究を実施・継続中」がそれぞれ20.0％であった。一般市の場合は，「一般的な施策に反映された」が37.3％，「継続した調査・研究を実施・継続中」31.3％，「具体的な施策に反映された」は20.9％，「教育委員会内で勉強会・研究会が開かれた」が11.9％となっている。調査研究が必ずしも施策に直結するものではないことが示されているともいえるが，施策に反映するものが少なくとも3割程度はあることもまた事実である。都道府県・政令市の方が，利用について積極的であるということもいえそうである（表6-15）。

表6-15 ボランティアに関する調査・研究の利用方法

(M.A)

		県（N = 30）	市（N = 67）
①	一般的な施策に反映された	53.3％	37.3％
②	具体的な施策に反映された	30.0％	20.9％
③	教育委員会内で勉強会・研究会が開かれた	20.0％	11.9％
④	継続した調査・研究を実施・検討中	20.0％	31.3％
	無回答	3.3％	17.9％

※調査や研究が「ある」場合を対象とした

これを，支援の中心的職員の有無で比較してみると，都道府県・政令市では，「中心的職員が存在する」場合には，調査や研究が「ある」69.7％，「ない」30.3％，「中心的職員が存在しない」場合には「ある」38.9％，「ない」61.0％となっており，中心的職員の有無と調査や研究の有無についての関連性をみることができる。一般市の場合は，「中心的職員が存在する」場合の方が調査や研究がある率が高いものの，都道府県・政令市ほど，関連は明瞭ではない（表6-11）。

3　ボランティア活動支援の実際

(1) ボランティアの支援事業の内容

ボランティアの支援事業については，都道府県・政令市の場合，回答のなかったものは，教育委員会で7.8％，施設で23.5％であったが，一般市の場合は，教育委員会38.4％，施設58.7％になっており，ボランティア支援は，都道府県・政令市レベルでは一般的な事柄になっているが，一般市では，半数程度の自治体でしか取り組みが行われていないという実態が示されている。これは，回答のあった選択肢の合計が都道府県・政令市の教育委員会254（回答数平均5.4），施設161（回答数平均4.1）であったのに対し，一般市では，教育委員会871（回答数平均2.9），施設530（回答数平均2.6）というようになっていることでも，都道府県・政令市の方が，多様な取り組みを行っていることが示されている。

都道府県・政令市の教育委員会で断然多いのは，「ボランティアおよびボランティアリーダーの養成・研修」76.5％であり，「ボランティアへの情報提供」52.9％，「広報誌によるボランティア・活動・団体の紹介」49.0％，「ボランティア養成プログラム等の開発」47.1％，「ボランティア活動交流集会」47.1％，「活動の場の開発」43.1％，「ボランティアバンクの開設」43.1％等が続く。都道府県・政令市の施設では，「ボランティアの受け入れ」64.7％，「ボランティアおよびボランティアリーダーの養成・研修」47.1％，「活動の場の開発」41.2％，「ボランティアバンクの開設」31.4％，「ボランティア養成プログラム等の開発」31.4％，「ボランティアへの情報提供」29.4％が続いている。

一般市の教育委員会では，「ボランティアおよびボランティアリーダーの養

成・研修」が33.3％であり，「広報誌によるボランティア・活動・団体の紹介」26.1％,「ボランティアへの情報提供」23.0％,「活動の場の開発」18.9％,「ボランティアバンクの開設」18.3％が続く。都道府県・政令市の場合と同様の傾向であるといえるが,「ボランティア養成プログラム等の開発」8.4％,「ボランティア活動交流集会」6.4％等は，一般市では少ない。一般市の施設では,「ボランティアの受け入れ」が28.7％で最も多く,「ボランティアおよびボランティアリーダーの養成・研修」16.0％,「活動の場の開発」16.0％,「ボランティアへの情報提供」9.4％,「広報誌によるボランティア・活動・団体の紹介」9.2％等が続き，ほぼ都道府県・政令市の施設と同様であるが,「ボランティア養成プログラム等の開発」7.4％,「ボランティアバンクの開設」4.3％,等が少ないのは，都道府県・政令市の施設との役割の違いによるものであろう

表6-16　ボランティアの支援事業の内容

(M.A)

		教育委員会		施設	
		県(N=51)	市(N=487)	県(N=51)	市(N=487)
1	活動の場の開発	43.1％	18.9％	41.2％	16.0％
2	所管施設へのボランティア受け入れのための手引き・ガイドラインの作成	17.6％	4.1％	−	−
3	ボランティアの受け入れ	−	−	64.7％	28.7％
4	ボランティアバンクの開設	43.1％	18.3％	31.4％	4.3％
5	ボランティア養成プログラム等の開発	47.1％	8.4％	31.4％	7.4％
6	ボランティアおよびボランティアリーダーの養成・研修	76.5％	33.3％	47.1％	16.0％
7	ボランティア受け入れ団体・施設職員等の研修	29.4％	3.1％	17.6％	4.7％
8	広報誌によるボランティア・活動・団体の紹介	49.0％	26.1％	17.6％	9.2％
9	ボランティアに関する事例集の作成	23.5％	2.5％	5.9％	0.4％
10	ボランティア活動の表彰等	7.8％	8.0％	2.0％	1.0％
11	ボランティア活動交流集会	47.1％	6.4％	15.7％	2.7％
12	ボランティアコーディネーターの養成・研修	27.5％	4.7％	11.8％	2.3％
13	ボランティアへの情報提供	52.9％	23.0％	29.4％	9.4％
14	ボランティア団体への助成・補助	11.8％	14.4％	0.0％	3.7％
15	ボランティア団体への事業委託	21.6％	7.8％	0.0％	2.9％
	無回答	7.8％	38.4％	23.5％	58.7％

(表6-16)。

(2) ボランティア支援事業を実施する際に必要度が高いもの

　ボランティア支援事業を実施する際に必要度が高いものとして，都道府県・政令市の場合は，「国や都道府県の財政的支援」が64.7％の選択率であった。この場合は，「国の財政的支援」ということになるが，他を引き離している。次いで「生涯学習・社会教育に関する専門的機関・団体等のソフト面での支援」49.0％，「ボランティアに関する専門的機関のソフト面での支援」47.1％になり，「担当職員の意欲や努力」39.2％，「自治体内の他部局からのソフト面での支援」31.4％，「国や都道府県のソフト面での支援」29.4％となっている。一般市の場合は，「生涯学習・社会教育に関する専門的機関・団体等のソフト面での支援」39.0％，「担当職員の意欲や努力」38.2％，「ボランティアに関する専門的機関のソフト面での支援」37.0％ がほぼ同率で，「自治体内の他部局からのソフト面での支援」30.6％，「国や都道府県の財政的支援」が27.9％が次いでいる。「国や都道府県のソフト面での支援」は19.3％であった。財政的支援の選択率が低いこと，無回答が2割弱存在することも一般市の特徴である。

　これを支援の中心的職員の有無で比較してみると，都道府県・政令市では，「中心的職員が存在する」場合には，すべての項目で「存在しない」場合より選択率が上回っており，特に，「国や都道府県の財政的支援」81.8％，「生涯学

表6-17　ボランティア支援事業を実施する際に必要性が高いもの

(M.A)

		全体		中心的職員がいない		中心的職員がいる		無回答	
		県(N=51)	市(N=487)	県(N=18)	市(N=410)	県(N=33)	市(N=72)	県-	市(N=5)
1	国や都道府県の財政的支援	64.7％	27.9％	33.3％	26.1％	81.8％	36.1％	—	60.0％
2	国や都道府県のソフト面での支援	29.4％	19.3％	5.6％	17.8％	42.4％	26.4％	—	40.0％
3	自治体内の他部局からのソフト面での支援	31.4％	30.6％	22.2％	28.0％	36.4％	44.4％	—	40.0％
4	ボランティアに関する専門的機関のソフト面での支援	47.1％	37.0％	38.9％	33.9％	51.5％	55.6％	—	20.0％
5	生涯学習・社会教育に関する専門的機関・団体等のソフト面での支援	49.0％	39.0％	33.3％	38.0％	57.6％	47.2％	—	0.0％
6	外部の団体等の財政的支援	9.8％	6.2％	5.6％	5.4％	12.1％	11.1％	—	0.0％
7	担当職員等の意欲や努力	39.2％	38.2％	38.9％	35.6％	39.4％	54.2％	—	20.0％
	無回答	3.9％	18.5％	11.1％	21.2％	0.0％	2.8％	—	20.0％

習・社会教育に関する専門的機関・団体等のソフト面での支援」57.6％，「ボランティアに関する専門的機関のソフト面での支援」51.5％などが高く，また，「国や都道府県のソフト面での支援」も42.4％であり，「中心的職員が存在しない」場合の選択率5.6％と比較して高率であることが示されている。一般市の場合も，ほぼ同様の傾向がみうけられるが，都道府県・政令市でみられるような圧倒的な差は認められないといってよい（表6-17）。

(3) ボランティア支援事業を実施する際に参考にするもの

　ボランティア支援事業を実施する際に参考にするものとしては，都道府県・政令市では，「ボランティアの声や意見」が82.4％ときわめて高率で選択されており，次いで，「国の審議会等の答申」68.6％，「自治体内の他部局の動向や考え方」54.9％，「専門的団体等の提言や動き」43.1％等がきている。さらに，「関係する各種の調査」33.3％，「担当職員の経験や体験」31.4％，「研究者の著作や考え方」25.5％等が続いている。一般市の場合は，やはり「ボランティアの声や意見」が72.5％の高率で，次いで「自治体内の他部局の動向や考え方」32.4％，「専門的団体等の提言や動き」29.4％，「他の自治体の動き」27.1％，「担当職員の経験や体験」25.9％，「関係する各種の調査」23.4％，「国の審議会等の答申」21.1％，「研究者の著作や考え方」12.9％となる。

　「ボランティアの声や意見」が共通して他を引き離してトップにきていること，都道府県・政令市では，「国の審議会等の答申」を参考されることが多いが，一般市では，そうではないこと，「マスコミの論調や提言」は，選択率が低いこと等が，特徴的なことである。

　これを支援の中心的職員の有無で比較してみると，都道府県・政令市では，「中心的職員が存在する」場合は，「存在しない」場合を「担当職員の経験や体験」（27.3％-38.9％）と，「自治体内の他部局の動向や考え方」（54.5％-55.6％），「ボランティアの声や意見」（81.8％-83.3％）の項目を除いては，選択率が上回っている。しかし，そこには他の設問にみられるような圧倒的な差を見いだすことはできない。一般市の場合は，すべての項目で，「存在する」場合が上回っているが，ここでも，明瞭な関連性をみいだすのは困難であると考えられる（表6-18）。

表6-18 ボランティア支援事業を実施する際に参考にするもの

(M.A)

		全体		中心的職員がいない		中心的職員がいる		無回答	
		県(N=51)	市(N=487)	県(N=18)	市(N=410)	県(N=33)	市(N=72)	県-	市(N=5)
1	ボランティアの声や意見	82.4%	72.5%	83.3%	70.5%	81.8%	84.7%	—	60.0%
2	研究者の著作や考え方	25.5%	12.9%	11.1%	11.5%	33.3%	20.8%	—	20.0%
3	専門的団体等の提言や動き	43.1%	29.4%	33.3%	27.8%	48.5%	38.9%	—	20.0%
4	国の審議会等の提言	68.6%	21.1%	61.1%	19.0%	72.7%	31.9%	—	40.0%
5	自治体内の他部局の動向や考え方	54.9%	32.4%	55.6%	32.0%	54.5%	36.1%	—	20.0%
6	他の自治体の動き	11.8%	27.1%	11.1%	27.1%	12.1%	27.8%	—	20.0%
7	マスコミの論調・提言	3.9%	4.9%	0.0%	4.6%	6.1%	6.9%	—	0.0%
8	関係する各種の調査	33.3%	23.4%	27.8%	22.7%	36.4%	29.2%	—	0.0%
9	担当職員の経験や体験	31.4%	25.9%	38.9%	24.6%	27.3%	31.9%	—	40.0%
	無回答	2.0%	17.5%	5.6%	20.0%	0.0%	2.8%	—	20.0%

(4) 教育委員会が所管するボランティア支援機関・施設

　教育委員会が所管するボランティア支援機関・施設については，都道府県・政令市では，「既存の施設の中にボランティアセンター・ボランティアコーナー等を設置している」が43.1%,「独立した施設がある」が2.0%,「ない」は54.9%であった。一般市では，「既存の施設の中にボランティアセンター・ボランティアコーナー等を設置している」が，3.1%,「独立した施設がある」が0.5%,「ない」が95.5%であった。都道府県・政令市では，半数程度が教育委員会所管の支援機関・施設を何らかの形（独立施設は，例外的だが）で設置しているが，一般市では，ほとんどの場合，そのような機関・施設を持たないという状況である（表6-19）。

表6-19 教育委員会が所管するボランティア支援施設・機関

		県（N = 51）	市（N = 487）
1	ない	54.9%	95.5%
2	既存の施設の中にボランティアセンター・ボランティアコーナー等を設置している	43.1%	3.1%
3	独立した施設がある	2.0%	0.8%
	無回答	0.0%	0.6%
	計	100.0%	100.0%

　その機関は，都道府県・政令市の場合，「生涯学習センター」に置かれるのが27.3%,「図書館」,「青少年教育施設」がそれぞれ9.1%,「公民館」（政令市の場合である）4.5%,「その他」50.0%,であり，一般市の場合は，「公民館」40.0%,「生涯学習センター」20.0%,「青少年教育施設」6.7%,「その他」

表6-20 ボランティア支援機関の設置場所

		県（N = 22）	市（N = 15）
①	生涯学習センター	27.3 %	20.0 %
②	公民館	4.5 %	40.0 %
③	図書館	9.1 %	0.0 %
④	博物館	0.0 %	0.0 %
⑤	青少年教育施設	9.1 %	6.7 %
⑥	女性施設	0.0 %	0.0 %
⑦	学校	0.0 %	0.0 %
⑧	その他	50.0 %	33.3 %
	無回答	0.0 %	0.0 %
	計	100.0 %	100.0 %

※既存の施設内に支援施設・機関がある場合を対象とした
（表6-19の2）

33.3 %となっている（表6-20）。

　さらに，その施設・機関に専任職員が「いる」のは，都道府県・政令市では73.9 %であるが，一般市では，47.4 %となっている。また，運営に携わるボランティアが「いる」のは，都道府県・政令市で，34.8 %，一般市で52.6 %であり，専任職員の設置とは，逆の結果となっている（表6-21,22）。

　活動内容については，都道府県・政令市の場合は，「情報提供・相談」95.7 %，「コーディネート」78.3 %が高く，「交流促進」47.8 %，「養成・研修」26.1 %，「調査研究」21.7 %と続く。一般市では，「情報提供・相談」と「養成・研修」が68.4 %，続いて「交流促進」52.6 %，「調査研究」36.8 %，「コ

表6-21 ボランティア支援施設・機関の専任職員

		県（N = 23）	市（N = 19）
①	いる	73.9 %	47.4 %
②	いない	17.4 %	47.4 %
	無回答	8.7 %	5.3 %
	計	100.0 %	100.0 %

※何らかの支援施設・機関がある場合を対象とした
（表6-19の2・3）

表6-22 ボランティア支援施設・機関の運営に携わるボランティア

		県（N = 23）	市（N = 19）
①	いる	34.8 %	52.6 %
②	いない	56.5 %	42.1 %
	無回答	8.7 %	5.3 %
	計	100.0 %	100.0 %

※何らかの支援施設・機関がある場合を対象とした
（表6-19の2・3）

ーディネート」31.6％となる。「情報提供」が共通して選択率が高いこと，都道府県・政令市では，「コーディネート」が，一般市では「養成研修」が高率であること等が特徴的であるといえよう（表6-23）。

表6-23　ボランティア支援施設・機関の活動内容

(M.A)

	県（N = 23）	市（N = 19）
① 情報提供・相談	95.7 %	68.4 %
② 調査研究	21.7 %	36.8 %
③ プログラム開発	8.7 %	15.8 %
④ 養成・研修	26.1 %	68.4 %
⑤ 交流促進	47.8 %	52.6 %
⑥ コーディネート	78.3 %	31.6 %
無回答	0.0 %	5.3 %

※何らかの支援施設・機関がある場合を対象とした
（表6-19の2・3）

(5) 所管施設へボランティアを受け入れることについての回答者の考え

　回答者は，所管施設へのボランティア受け入れについては，全体としては，積極的であるといえる。都道府県・政令市では，「ボランティアの生涯学習支援という意味で積極的に受け入れることがいい」88.2％，「施設利用者へのサービスの向上につながるので積極的に受け入れることがいい」56.9％となっており，「受け入れに伴い，職員の負担が増えることが危惧される」，「受け入れに伴い，職員以外の人が施設にはいることになり，運営に支障が出ることが危惧される」が，ともに7.8％，「受け入れに伴い，仕事をしてくれる人が増え，職員の労働負担が軽減されることが期待される」が3.9％となっている。

　一般市では，「ボランティアの生涯学習支援という意味で積極的に受け入れることがいい」79.3％，「施設利用者へのサービスの向上につながるので積極的に受け入れることがいい」47.6％と都道府県・政令市の場合と同じ傾向になっており，次いで「受け入れに伴い，職員の負担が増えることが危惧される」15.6％，「受け入れに伴い，仕事をしてくれる人が増え，職員の労働負担が軽減されることが期待される」が14.0％，「受け入れに伴い，職員以外の人が施設にはいることになり，運営に支障が出ることが危惧される」が8.2％となっている。都道府県・政令市では，このかん主張されているボランティア受け入れの意義に沿った回答がみられるといえるが，一般市では，「受け入れに伴い，仕事をしてくれる人が増え，職員の労働負担が軽減されることが期待される」

と考える回答者（職員）も少なからず存在することは興味深い。

　これを支援の中心的職員の有無で比較してみると，都道府県・政令市では，「施設利用者へのサービスの向上につながるので積極的に受けいれることがいい」が「中心的職員が存在しない」場合でむしろ多いことを除けば，他では「存在する」方が選択率が高くなっている。一般市では，「受け入れに伴い，職員の負担が増えることが危惧される」が「存在しない」場合で多いが，他では，「存在する」場合が選択率が高い。都道府県・政令市，一般市ともに，「ボランティアの生涯学習の支援という意味で積極的に受け入れることがいい」と考えるのは，「中心的職員が存在する」場合には約90％，「存在しない」場合は80％であるという結果は興味深い（表6-24）。

表6-24　所管施設へボランティアを受け入れることについての回答者の考え

(M.A)

		全体		中心的職員がいない		中心的職員がいる		無回答	
		県(N=51)	市(N=487)	県(N=18)	市(N=410)	県(N=33)	市(N=72)	県 -	市(N=5)
1	ボランティアの生涯学習の支援という意味で積極的に受け入れることがいい	88.2 %	79.3 %	83.3 %	78.0 %	90.9 %	88.9 %	-	40.0 %
2	施設利用者へのサービスの向上につながるので積極的に受け入れることがいい	59.6 %	47.6 %	61.1 %	47.6 %	54.5 %	50.0 %	-	20.0 %
3	受け入れに伴い，仕事をしてくれる人が増え，職員の労働負担が軽減されることが期待される	3.9 %	14.0 %	0.0 %	13.7 %	6.1 %	16.7 %	-	0.0 %
4	受け入れに伴い，職員の負担が増えることが危惧される	7.8 %	15.6 %	5.6 %	15.9 %	9.1 %	13.9 %	-	20.0 %
5	受け入れに伴い，職員以外の人が施設にはいることになり，運営に支障が出ることが危惧される	7.8 %	8.2 %	5.6 %	7.8 %	9.1 %	11.1 %	-	0.0 %
	無回答	2.0 %	9.0 %	0.0 %	9.5 %	3.0 %	4.2 %	-	40.0 %

4 ボランティア活動支援と職員

(1) 研修・研究・交流の事業への職員・ボランティアの派遣

　研修・研究・交流の事業への職員・ボランティアの派遣に関して，都道府県・政令市が職員を派遣しているのは，「文部省主催全国ボランティア活動推進連絡協議会」に 56.9 %，「ボランティアに関する国・国立施設が主催する事業」に 51.0 %，「ボランティアに関する他自治体や他部局が主催する事業」に 43.1 %，「ボランティアに関する都道府県・都道府県立施設が主催する事業」に 41.2 %，「文部省委嘱ボランティアコーディネーター養成講座」に 27.5 %，「ボランティアに関する民間団体が主催する事業」に 25.5 %であった。国の事業には半数以上が職員を派遣しており，全体としても，低くはない派遣率であるといえよう。職員に比べれば，ボランティアを派遣しているところもあるものの，多くはない。

　一般市については，職員の派遣率は低く，最も高い回答でも，「ボランティアに関する都道府県・都道府県立施設が主催する事業」が 27.9 %で，「ボランティアに関する他自治体や他部局が主催する事業」に 13.6 %，が続いている。都道府県・政令市で高かった「文部省主催全国ボランティア活動推進連絡協議会」は 4.1 %，「ボランティアに関する国・国立施設が主催する事業」が 4.9 %，「文部省委嘱ボランティアコーディネーター養成講座」に 2.9 %，「ボランティアに関する民間団体が主催する事業」は 9.2 %であった。ボランティアの派遣に関しては，「ボランティアに関する都道府県・都道府県立施設が主催する事業」(15.4 %)や，「ボランティアに関する他自治体や他部局が主催する事業」(7.8 %)では，むしろ都道府県・政令市より高くなっている。なお，一般市の場合は，無回答が各項目ほぼ2割弱みられた。都道府県・政令市の場合は，派遣していない時は「なし」と答えてきていたが，状況がわからないということが一般市ではままみられるということであろう。この点も注目に値する。

　これを支援の中心的職員の有無で比較してみると，都道府県・政令市では，「中心的職員が存在する」場合は，職員の派遣に関して，「文部省主催全国ボランティア活動推進連絡協議会」75.8 %，「ボランティアに関する国・国立施設が主催する事業」66.7 %，「文部省委嘱ボランティアコーディネーター養成講

表6-25 研修・研究・交流の事業への職員・ボランティアの派遣

(M.A)

		なし		職員を派遣		ボランティアを派遣		無回答	
		県(N=51)	市(N=487)	県(N=51)	市(N=487)	県(N=51)	市(N=487)	県-	市(N=487)
1	文部省主催全国ボランティア活動推進連絡協議会	41.2%	77.2%	56.9%	4.1%	3.9%	0.8%	−	18.5%
2	文部省委嘱ボランティアコーディネーター養成講座	70.6%	77.2%	27.5%	2.9%	3.9%	0.4%	−	19.7%
3	ボランティアに関する国・国立施設が主催する事業	49.0%	75.2%	51.0%	4.9%	7.8%	2.3%	−	18.7%
4	ボランティアに関する都道府県・都道府県立施設が主催する事業	54.9%	53.0%	41.2%	27.9%	3.9%	15.4%	−	14.2%
5	ボランティアに関する他自治体や他部局が主催する事業	52.9%	64.3%	43.1%	13.6%	5.9%	7.8%	−	18.9%
6	ボランティアに関する民間団体が主催する事業	74.5%	68.4%	25.5%	9.2%	2.0%	5.3%	−	20.1%

表6-26 職員を派遣

(M.A)

		全体		中心的職員がいない		中心的職員がいる		無回答	
		県(N=51)	市(N=487)	県(N=18)	市(N=410)	県(N=33)	市(N=72)	県-	市(N=5)
1	文部省主催全国ボランティア活動推進連絡協議会	56.9%	4.1%	22.2%	2.7%	75.8%	11.1%	−	20.0%
2	文部省委嘱ボランティアコーディネーター養成講座	27.5%	2.9%	0.0%	2.0%	42.4%	8.3%	−	0.0%
3	ボランティアに関する国・国立施設が主催する事業	51.0%	4.9%	22.2%	3.7%	66.7%	12.5%	−	0.0%
4	ボランティアに関する都道府県・都道府県立施設が主催する事業	41.2%	27.9%	33.3%	24.4%	45.5%	48.6%	−	20.0%
5	ボランティアに関する他自治体や他部局が主催する事業	43.1%	13.6%	27.8%	10.7%	51.5%	27.8%	−	40.0%
6	ボランティアに関する民間団体が主催する事業	25.5%	9.2%	16.7%	5.9%	30.3%	27.8%	−	20.0%

表6-27 ボランティアを派遣

(M.A)

		全体		中心的職員がいない		中心的職員がいる		無回答	
		県(N=51)	市(N=487)	県(N=18)	市(N=410)	県(N=33)	市(N=72)	県 -	市(N=5)
1	文部省主催全国ボランティア活動推進連絡協議会	3.9 %	0.8 %	5.6 %	0.2 %	3.0 %	2.8 %	-	20.0 %
2	文部省委嘱ボランティアコーディネーター養成講座	3.9 %	0.4 %	0.0 %	0.0 %	6.1 %	2.8 %	-	0.0 %
3	ボランティアに関する国・国立施設が主催する事業	7.8 %	2.3 %	5.6 %	1.2 %	9.1 %	6.9 %	-	20.0 %
4	ボランティアに関する都道府県・都道府県立施設が主催する事業	3.9 %	15.4 %	0.0 %	12.7 %	6.1 %	29.2 %	-	40.0 %
5	ボランティアに関する他自治体や他部局が主催する事業	5.9 %	7.8 %	0.0 %	6.1 %	9.1 %	15.3 %	-	40.0 %
6	ボランティアに関する民間団体が主催する事業	2.0 %	5.3 %	0.0 %	2.9 %	3.0 %	16.7 %	-	40.0 %

座」42.4 %など,「存在しない」場合に比較して明らかに,選択率が高く,その関連性をみいだすことができると考えられる。一般市の場合でも,「中心的職員が存在する」場合の方が派遣率が高い傾向は同じである(表6-25, 26, 27)。

(2) 研修・研究・交流の事業への派遣について期待すること

研修・研究・交流の事業への派遣について期待することに関して,都道府県・政令市では,「さまざまな事例に接し,事業の参考とすること」86.6 %が最も高く,「生涯学習とボランティアに関する考え方を理解すること」68.9 %,「人脈が広がり,事業の実施に役立つこと」66.7 %が続き,「知識・技術が身に付くこと」「文部省・都道府県等の事業についての理解をすること」がともに48.8 %であった。各項目,ほぼ半数以上の選択率であった。一般市では,「生涯学習とボランティアに関する考え方を理解すること」81.2 %が一番高く,「さまざまな事例に接し,事業の参考とすること」62.9 %,「知識・技術が身に付くこと」51.2 %,「人脈が広がり,事業の実施に役立つこと」44.1 %と続き,「文部省・都道府県等の事業についての理解をすること」は12.2 %であった。都道府県・政令市では,一般市よりも,事業への反映をめざしていると考える

ことができるであろう。

これを支援の中心的職員の有無で比較してみると、都道府県・政令市では、全体として「中心的職員が存在する」場合の選択率が高く、「中心的職員が存在する」場合には、「人脈が広がり、事業の実施に役立つこと」(75.8％)、「知識・技術が身に付くこと」(57.6％)、の選択率が、「存在しない」場合に比較して目立つ。一般市の場合では、「中心的職員が存在する」ことによる違いは、都道府県・政令市に比べて、さほど明瞭ではなく、「生涯学習とボランティアに関する考え方を理解すること」では、むしろ選択率が逆転している。なお、都道府県・政令市の場合、回答者が「中心的職員である」かどうかで比較した場合にも、ほぼ同様のことがいえる（「中心的職員の存在」と「回答者が中心的職員」はほぼ一致しているため）。一般市の場合でも、同様である（表6-28）。

表6-28 研修・研究・交流の事業への派遣について期待すること

(M.A)

		全体		中心的職員がいない		中心的職員がいる		無回答	
		県(N=45)	市(N=213)	県(N=12)	市(N=157)	県(N=33)	市(N=53)	県 −	市(N=3)
1	人脈が広がり、事業の実施に役立つこと	66.7％	44.1％	41.7％	38.9％	75.8％	58.5％	−	66.7％
2	知識・技術が身に付くこと	48.9％	51.2％	25.0％	45.9％	57.6％	66.0％	−	66.7％
3	生涯学習とボランティアに関する考え方を理解すること	68.9％	81.2％	66.7％	82.2％	69.7％	77.4％	−	100.0％
4	文部省・都道府県等の事業についての理解をすること	48.9％	12.2％	33.3％	10.8％	54.5％	17.0％	−	0.0％
5	さまざまな事例に接し、事業の参考とすること	86.6％	62.9％	79.5％	61.8％	90.9％	66.0％	−	66.7％
	無回答	0.0％	1.4％	0.0％	1.9％	0.0％	0.0％	−	0.0％

※少なくとも一つの事業に職員またはボランティアを派遣していると回答した場合を対象とした

(3) 教育委員会事務局内のボランティア活動支援の中心的な職員

教育委員会事務局内にボランティア活動支援の中心的な職員が「存在する」のは、都道府県・政令市で64.7％、一般市14.8％であった。また、その役割分担が「明示的である」とするものは、都道府県・政令市では78.8％、一般市では51.4％であった。都道府県・政令市では一般市に比べ、役割が明示された、ボランティア活動支援の中心的な職員が、存在している割合が多いとい

うことである（表6-29, 30）。

その支援の中心的な職員が「社会教育主事である」のは，都道府県・政令市では63.6％，一般市では48.6％であった。さらに，都道府県・政令市の場合，その職員は「教員だった」者が75.8％を占めているが，一般市の場合は，「教員だった」が29.2％，「ボランティア活動・団体活動経験者だった」が23.6％，「首長部局でボランティア関係の担当だった」も5.6％存在した。都道府県・政令市の場合は，教員出身の社会教育主事が多いことによる結果とみればよいのであろう（表6-31, 32）。

支援の中心的な職員で，前述の研修・研究・交流の事業に「参加した」のは，

表6-29 教育委員会事務局内のボランティア活動支援の中心的な職員

	県（N = 51）	市（N = 487）
1 存在しない	35.3 %	84.2 %
2 存在する	64.7 %	14.8 %
無回答	0.0 %	1.0 %
計	100.0 %	100.0 %

表6-30 支援の中心的な職員の役割分担

	県（N = 33）	市（N = 72）
① 明示的である	78.8 %	51.4 %
② 明示的でない	18.2 %	45.8 %
無回答	3.0 %	2.8 %
計	100.0 %	100.0 %

※中心的な職員が「存在する」場合を対象とした

表6-31 支援の中心的な職員の位置

	県（N = 33）	市（N = 72）
① 社会教育主事である	63.6 %	48.6 %
② 社会教育主事ではない	36.4 %	51.4 %
無回答	0.0 %	0.0 %
計	100.0 %	100.0 %

※中心的な職員が「存在する」場合を対象とした

表6-32 支援の中心的な職員の属性

(M.A)

	県（N = 33）	市（N = 72）
① 教員だった	75.8 %	29.2 %
② ボランティア活動・団体活動経験者だった	3.0 %	23.6 %
③ 首長部局でボランティア関係の担当だった	0.0 %	5.6 %
無回答	24.2 %	45.8 %

※中心的な職員が「存在する」場合を対象とした

表6-33　支援の中心的な職員の研修事業への参加

	県（N = 33）	市（N = 72）
① 参加した	90.9 %	59.7 %
② 参加していない	9.1 %	38.9 %
無回答	0.0 %	1.4 %
計	100.0 %	100.0 %

※中心的な職員が「存在する」場合を対象とした

表6-34　回答者は支援の「中心的な職員」か

	県（N = 33）	市（N = 72）
① そうである	90.9 %	72.2 %
② そうではない	9.1 %	26.4 %
無回答	0.0 %	1.4 %
計	100.0 %	100.0 %

※中心的な職員が「存在する」場合を対象とした

都道府県・政令市の場合90.9％であるが，一般市の場合は59.7％にとどまっている。また，この調査の回答者は「中心的職員」であるかという問いに「そうである」と答えたのは，都道府県・政令市で90.9％，一般市では72.2％であった（表6-33, 34）。

(4) 教育委員会のボランティア活動支援施策が影響を受けていると考えられるもの

　教育委員会のボランティア活動支援施策が影響を受けていると考えられるものとして，都道府県・政令市の場合は，「平成3年から始まる文部省の生涯学習ボランティア活動総合推進事業」は72.5％と最も多く，「平成4年の生涯学習審議会答申『今後の社会の動向に対応した生涯学習の振興方策について』」が58.8％と次ぎ，「平成7年の阪神淡路大震災とそれをめぐる社会の動向」は31.4％，「昭和61年に社会教育審議会社会教育施設分科会が出した報告『社会教育施設におけるボランティア活動の促進について』」は17.6％，「昭和40年代の青少年・婦人に対する奉仕活動・ボランティア活動支援事業」は5.9％があげている。

　一般市の場合は，「平成4年の生涯学習審議会答申『今後の社会の動向に対応した生涯学習の振興方策について』」が33.5％で最も多く，「平成7年の阪神淡路大震災とそれをめぐる社会の動向」が19.9％と次ぎ，さらに「平成3年から始まる文部省の生涯学習ボランティア活動総合推進事業」14.0％，「昭

表6-35 教育委員会のボランティア活動支援施策が影響を受けていると考えられるもの
(M.A)

		全体		中心的職員がいない		中心的職員がいる		無回答	
		県(N=51)	市(N=487)	県(N=18)	市(N=410)	県(N=33)	市(N=72)	県 -	市(N=5)
1	昭和40年代の青少年・婦人に対する奉仕活動・ボランティア活動支援事業	5.9 %	7.8 %	5.6 %	7.1 %	6.1 %	12.5 %	－	0.0 %
2	昭和61年に社会教育審議会社会教育施設分科会が出した報告「社会教育施設におけるボランティア活動の促進について」	17.6 %	7.6 %	5.6 %	6.6 %	24.2 %	13.9 %	－	0.0 %
3	平成4年の生涯学習審議会答申「今後の社会の動向に対応した生涯学習の振興方策について」	58.8 %	33.5 %	22.2 %	31.0 %	78.8 %	50.0 %	－	0.0 %
4	平成7年の阪神淡路大震災とそれをめぐる社会の動向	31.4 %	19.9 %	22.2 %	18.8 %	36.4 %	27.8 %	－	0.0 %
5	平成3年から始まる文部省の生涯学習ボランティア活動総合推進事業	72.5 %	14.0 %	50.0 %	11.7 %	84.8 %	26.4 %	－	20.0 %
	無回答	3.9 %	43.9 %	0.0 %	47.3 %	0.0 %	22.2 %	－	80.0 %

和40年代の青少年・婦人に対する奉仕活動・ボランティア活動支援事業」7.8％,「昭和61年に社会教育審議会社会教育施設分科会が出した報告『社会教育施設におけるボランティア活動の促進について』」7.6％,となっている。

都道府県・政令市では文部省の施策に「敏感」であること,一般市では「無回答」が4割程度ありこの点での判断は保留されていることが示されているといえよう(表6-35)。

これを支援の中心的職員の有無で比較してみると,都道府県・政令市では,いずれの項目においても「中心的職員が存在する」場合の選択率が高く,特に,「平成4年の生涯学習審議会答申」や「昭和61年の社会教育審議会社会教育施設分科会報告」「平成3年からの文部省生涯学習ボランティア活動総合推進事業」などが,際だった差を明らかにしている。一般市でも同様の傾向が認められるが,「際だった」差には達していない。なお,都道府県・政令市の場合,

表6-36 教育委員会のボランティア活動支援施策が影響を受けていると考えられるもの
(M.A)

		全体		中心的職員である		それ以外	
		県(N=51)	市(N=487)	県(N=30)	市(N=52)	県(N=21)	市(N=435)
1	昭和40年代の青少年・婦人に対する奉仕活動・ボランティア活動支援事業	5.9 %	7.8 %	6.7 %	13.5 %	4.8 %	7.1 %
2	昭和61年に社会教育審議会社会教育施設分科会が出した報告「社会教育施設におけるボランティア活動の促進について」	17.6 %	7.6 %	26.7 %	13.5 %	4.8 %	6.9 %
3	平成4年の生涯学習審議会答申「今後の社会の動向に対応した生涯学習の振興方策について」	58.8 %	33.5 %	80.0 %	48.1 %	28.6 %	31.7 %
4	平成7年の阪神淡路大震災とそれをめぐる社会の動向	31.4 %	19.9 %	36.7 %	28.8 %	23.8 %	18.9 %
5	平成3年から始まる文部省の生涯学習ボランティア活動総合推進事業	72.5 %	14.0 %	86.7 %	28.8 %	52.4 %	12.2 %
	無回答	3.9 %	43.9 %	0.0 %	25.0 %	9.5 %	46.2 %

回答者が「中心的職員である」かどうかで比較した場合にも，ほぼ同様のことがいえる（「中心的職員の存在」と「回答者が中心的職員」はほぼ一致しているため）。一般市の場合でも，同様である（表6-36）。

5 おわりに

この調査から明らかになった社会教育行政によるボランティア活動の支援施策の現状は，以上の通りである。

ごく概括的なことを付け加えるなら，このかんのボランティア活動支援施策は，都道府県・政令市レベルと，一般市のレベルでは，かなり様相を異にするといえよう。ボランティア活動支援施策は，都道府県レベルにおいて積極的に取り組まれてきたのであって，一般市においては，それほど活発な支援施策はみられる状況にはない。これは，文部省の施策が都道府県への補助事業として存在していたこととも無縁ではないと考えられるが，社会教育行政の場合，ボランティア活動推進に限らず，さまざまな施策が，都道府県レベルにおいてどのように取り組まれるかが，その県内の市町村の活動に大きく影響することを

示唆する事実である。

　さらに，行政の内部にボランティア活動推進の「中心的職員」が存在しているかどうかは，施策が，具体的に展開されるか，積極的に展開されるかに，大きく関わっていることも示唆されているといえるだろう。社会教育行政は，その特質として，担当の職員等の能力・力量・努力によるところが大きい。これは，喜ばしいことであるのか，悲しむべきことであるのかの判断は困難であるが，今回の調査からも明らかになっている事実として，確認しておくべきことであろう。ボランティア活動推進施策は，特定の職員の努力によってさらに積極的に展開されてきたのであろうし，おそらくその背後には，文部省が行ってきた「全国ボランティア活動推進連絡協議会」等を基礎としたネットワークが存在していたのであろう。

第7章　ボランティア活動と社会教育行政
――ボランティアの位置づけ

1　生涯学習ボランティアという用語

　生涯学習・社会教育の領域においてボランティア・ボランティア活動についての言及がなされる時,「生涯学習ボランティア」あるいは「社会教育ボランティア」という表現が用いられることがある。しかし,これらの表現は,あまり自覚的・意識的に用いられているようには考えられない。

　ボランティア活動についてのまとまった議論を展開している初期の論文においては,そのような表現はみられず,「婦人ボランティア活動」・「青少年ボランティア活動」という用語のみが複合語として登場しているのみであった[1]。また,近年では,例えば,山本恒夫は,図書館におけるボランティア活動を論じる際に,ボランティア活動一般の意義から説きおこしているが,そこでは「生涯学習ボランティア」という言葉は章のタイトル（「生涯学習ボランティアと図書館」）としてのみ用い,本文中では「ボランティア」一般で通している[2]。それを受けた浅井経子は,図書館での具体的な活動に言及するにあたって,「図書館ボランティア」・「相談ボランティア」という用語法を採用している[3]。

　このように,生涯学習・社会教育の領域においてボランティア・ボランティア活動に言及する際には,基本的には「ボランティア」・「ボランティア活動」一般についての議論がなされ,その生涯学習支援・社会教育の観点からの言及がなされている,とみることができるであろう。また,ボランティア活動に関する具体的な課題について言及する際には,ボランティア活動の主体・内容・対象・領域等の特徴についての語が,いわば「連辞符」を伴って接合されるのである[4]。

　ところで,国立科学博物館が,ボランティア活動を導入したのは,1986（昭和61）年1月のことであり,このボランティアは,「教育ボランティア」と呼

ばれた。この導入については、当時の館長のそれまでのアメリカでの経験によるところが大きかったようであるが[5]、「何をどのようにするか他にモデルがあるわけでもないので暗中模索の状態であった。活動は必ずしも定期的なものではなく、教育ボランティア各自が自分の都合のよい日時を自由に選んで活動していた。」[6] という。

活動の中心は、新設された参加体験型展示の「たんけん館」における活動であり、「教育ボランティアの活動の始まりはこのたんけん館で児童・生徒に対する見学の指導助言であった。その活動は、子どもの目線に合わせ、子どもの『何故』、つまり科学への興味・関心を引き出すような話しかけをする。質問を受けてもすぐに答えるのではなく、いっしょに考え、考えることの楽しさ・大切さを味わえるように導く。科学的な知識を教えこむのではなく、子どもたちと触れ合う、コミュニケートすることが教育ボランティアの重要な役割である。やさしく親切な大人から楽しい話しをされ、意義深い体験と学習ができる。」とされ、「とにかくこのたんけん館での活動が科博教育ボランティアの原点である。」[7] と位置づけられている。

この例では、ボランティア活動は、子どもの学習への支援活動として位置づいていると考えられる。もちろん、生涯学習という用語がまだ文教政策上でも一般的にはなっていなかった時期でもあり、「教育ボランティア」という用語が採用され、そのまま定着していったものと考えられる。

岡本包治編『社会教育ボランティア』は、1980（昭和55）年に刊行されているが、そこでは、「『社会教育ボランティア』は新しい言葉であるが、その事実はすでに古くから存在していたのである。」と述べられており、「教えるボランティア活動」がその中心的な関心となっていたと考えられる[8]。「ボランティアの発掘と養成」という章では、「社会教育推進指導員（北海道教育委員会）」、「家庭教育相談員（横浜市教育委員会）」の例が示されており、いわゆる行政と関係をもつ、あるいは民間団体の中で活動する「民間有志指導者」が意識されていたことが理解できよう。

社会教育と関連をもつ、あるいは社会教育領域でのボランティアという意味合いで、「社会教育ボランティア」という語が用いられたのであろう。ただ、この書籍は多くの行政職員・社会教育関係職員等によって書かれたものであっ

て，共通の厳密な規定があるわけでもなく，社会教育活動と関連する多様なボランティア活動が視野に含まれており，それらの総称として「社会教育ボランティア」という用語が利用されたと考えることもできよう。

「学習ボランティア」という用語は，稲生勁吾他著『学習ボランティア活動』(1987年)という書籍のタイトルとして用いられている[9]。そこでの理解は，「社会教育ボランティア」は「社会福祉ボランティア」に対置されるが，「社会教育ボランティア」は「無報酬性，自発性，博愛性，自己提供，継続性」という特徴によって性格づけられる精神である「ボランティア精神」を「社会教育の分野で実現する人」であり，「ボランティア精神」が「社会教育の分野で人間性や知識・技能などの向上を目指す学習の指導や助言という活動となって発現すれば社会教育ボランティアである。」というものである[10]。さらに，「学習ボランティアとは，市民の生涯学習を援助するボランティアのことである。生涯学習ボランティアと呼んでもいい。」とし，生涯教育の考え方が社会教育の考え方より広範に及ぶという説明を加えた後，「学習ボランティアとは，市民の人間性や知識・技能などの向上をめざす生涯にわたる学習の指導や助言や援助をするボランティアのことをいう」，としている。そして，「市民の学習を援助する活動が，同時に自分の学習になるという側面を持っている」という点が特に注目されることであるという指摘がなされる。

ここでは，概念規定を厳密に行う努力がみられるが，社会教育より生涯教育（生涯学習支援）という概念を用いて人々の学習活動支援を考えるようになった社会状況を踏まえた上で，「学習ボランティア」ないし「生涯学習ボランティア」という語を用い，加えて，ボランティア活動が自らの学習にもなりうる活動という側面を強調して，「学習ボランティア」ないしは「生涯学習ボランティア」という表現が用いられているとみることができよう。

さらに，上條秀元は，1992（平成4）年の生涯学習審議会答申によるボランティア活動の規定，「個人の自由意志に基づき，その知識・技能や時間等を進んで提供し，社会に貢献すること」を援用して，「学習ボランティア活動」を「個人の自由意志に基づき，その知識・技能や時間等を進んで提供し，生涯学習の促進に貢献すること」とし，これを行う者が「学習ボランティア」であるという規定を行っている[11]。そして，その役割は，①学習の指導，②学習集

団等の運営上のリーダー，③生涯学習のコーディネーター，④学習活動の援助者，であるという指摘がなされる[12]。

　同様な考え方は，岡本包治・結城光夫編『学習ボランティアのすすめ』(1995年)でもみられる。そこでは，「生涯学習活動を行った人が，その成果を社会に表出する際に，その行いを自発性，無償性，公益性の3条件のもとに実行することを，生涯学習ボランティアと呼ぶことにしよう。」という。そして，「いや，生涯学習審議会でも，同じ意味で『生涯学習ボランティア』と名付けているのである」としている[13]。また，「生涯学習ボランティアの種類」として，①団体やグループ・サークルで自己の経験や知識・技術を提供するボランティア，②地域の団体・グループ活動のお世話をするボランティア，③社会教育施設などで利用者の学習活動を援助するボランティア，④住民の学習の相談に応ずるボランティア，があげられている[14]。

　ここで取り上げられている「学習ボランティア」あるいは「生涯学習ボランティア」はやや複雑であって，ボランティア自身の学習の成果などにも留意しており，単に領域として「生涯学習」の支援・促進を行うボランティアを指し示しているわけではないが，用語の積極的意味についての説明が充分ではないといえよう。

　ところで，このかんのボランティア活動に言及した諸審議会答申においては，「社会教育ボランティア」や「生涯学習ボランティア」という用語法は，基本的にみられない。1999(平成11)年の生涯学習審議会答申「学習の成果を幅広く生かす」においては，「学校支援ボランティア」ならびに「住民ボランティア」という複合語が用いられ，2002(平成14)年の中央教育審議会答申においては「教育支援ボランティア」，「ガイドボランティア」，「国際ボランティア」という複合語がみられるという程度である。

　このような状況を考えてみると，「社会教育ボランティア」や「生涯学習ボランティア」という複合語・連辞符ボランティアは，通俗的であり，使いやすそうで，一見よく理解できそうであるが，実は，その指し示す内包と外延を確定できるような厳密な規定ができるような概念ではない，とすることが妥当な考え方であるだろう。確認できることは，「生涯学習ボランティア」や「社会教育ボランティア」という用語における「生涯学習」・「社会教育」といういわ

ば「接頭辞」にあたる部分は，単にボランティア活動の領域を示しているということだけではないということである。

讃岐幸治は，1992(平成4)年の生涯学習審議会答申「今後の社会の動向に対応した生涯学習の振興方策について」における生涯学習とボランティア活動についての3つの「視点」を，①生涯学習としてのボランティア活動，②ボランティア活動のための生涯学習，③生涯学習の成果を生かしたボランティア活動，④生涯学習支援のためのボランティア活動に再分類し，④生涯学習支援のためのボランティア活動について，「最近『学習ボランティア』『社会教育ボランティア』などの呼び名が生まれてきているように，他者の学びを支援するボランティア活動が増えている。」と指摘している[15]。ここでは，讃岐幸治は，「生涯学習ボランティア」という用語法を示していないが，「学習ボランティア」や「社会教育ボランティア」の総称として「生涯学習ボランティア」を位置づけているとも考えられる。

「社会教育ボランティア」は社会教育領域において，指導者論との関連を意識して用いられてきた語であり，「生涯学習ボランティア」は，（社会教育を主にしながらも，より広く）生涯学習支援の領域において，指導者論，学習支援論，学習成果論等を意識しながら用いられるようになってきた語であるというような整理の仕方が妥当なところであろう[16]。「生涯学習ボランティア」という概念は，厳密ではないが，多様な意味を含みこんだ概念なのであろう。

2　社会教育行政におけるボランティア活動支援

諸審議会答申での言及や具体的な施策の展開をみれば明らかな通り，社会教育行政はボランティア活動におおいに関心を示してきた。「民主的」を標榜する社会教育研究者・関係者から批判される，住民の意識を一定の方向へと導くための体制的な動員の一環として存在するという側面は説得力に欠けると考えられるのでここでの検討の対象とはしないが，その関心は，経費削減・合理化の一環としての位置づけからくるものなのか，自発的な学習活動に対する支援施策としての位置づけからくるものなのだろうか。

ボランティア活動の支援には，合理化方策という側面と自発的な活動の支援

の側面との，二面性が存在するといわれる。評価が分かれるのは，そのどちらか一面のみをみての判断がなされるからなのであるが，そもそも，そのような二面性があること自体がボランティア活動の特質だと考えることが必要なのであろう。これは，教育についても同様のことが考えられるわけで，社会化の機能と，個性の伸長の支援を同時に行うものとして把握できるのであり，また社会教育についての，「社会教育行政（活動）と国民の自己教育運動」（小川利夫）という二面性の理解も同様であろうが，それら一面のみを強調しすぎることは，トータルな理解とそれがもつさまざまな可能性の活用に結びつかない。

　ボランティア活動の二面性についての考え方は，社会教育行政の具体的な場面でさまざまな形で発現する。

　たとえば，一方で，図書館のボランティアに関して，「図書館がボランティアを受け入れる本音のところは，人手不足，予算不足という問題に困っているということだ。」[17]という地元の図書館2事例をもとにして断定的なことが述べられることがある。他方，同じ『月刊社会教育』では，ある町の図書館の例が取り上げられ，「現在の日本では往々にして図書館職員の不足を補うために図書館業務へボランティアを導入するということが行なわれているのだが，那賀川町の場合は，設立の目的と活動の内容を見ればお分かりのようにそのような要素は全然ない。」「図書館ボランティアの会は図書館の専門性の尊重の立場にたって活動しているのであり，図書館の専門性と対立する要素はないということができる。」という報告もみられる[18]。もとより，たとえば，神奈川県博物館協会が2002（平成14）年に行った簡易な調査でも，ボランティア導入の理由として「経費節減」をあげた博物館が2割程度は存在することが示されてはいる[19]が，逆に「ボランティア設置要綱」において「ボランティア活動は，ボランティア各人がその生涯学習を通じて各自の自己研鑽をはかるために行うものであり，館は活動の場と機会を提供するものである。」[20]という規定がなされているような博物館も存在しているのである。

　さらに，「人手不足・予算不足」を補うとか「経費節減」のためという考え方でボランティア活動を導入しようとする施設等も存在することも事実であるが，博物館にボランティアを導入する際に，「館側の人手不足を補うような業務に関する活動は避けるべきではないかなどがワーキンググループで話し合わ

れた。」というような報告も存在している[21]。

　ボランティアの位置づけについては，それぞれの場面によって異なることは，たとえば，社会教育施設のボランティアに関する調査をみても理解できるところである[22]。青少年教育施設においては，ボランティアは，施設の活動に必須の人的資源として存在しているし[23]，女性教育施設や生涯学習センターなどでは，ボランティアを学習者として位置づけているとみることもできる状況も存在している[24]。

　たとえば，県立生涯学習センターにおいてボランティアを導入するにあたってその要領が作成されたが，その際「学習ボランティア取扱要領」という表現が用いられたり，活動についても，「センターボランティアの自主的活動」として「ボランティア自らの資質を高める学習会等の実施」が示されているものの，「センター生涯学習部が依頼する活動」として5項目と「その他必要とする活動とが」列挙されているという事実も存在していることなどからは[25]，行政・職員の側のボランティアに対するいわば「遅れた」姿勢を垣間見ることもできる。しかし，このようなことは，ボランティアが導入されることが一般的になってきた状況では，むしろ少数派に属するものである。

　神奈川県教育委員会が委嘱した神奈川県生涯学習ボランティア活動推進委員会による『社会教育施設における生涯学習ボランティア受け入れの手引き』において，受け入れ体制づくりのために，①ボランティアを含めた組織機構の明確化，②担当世話係（人）を設けること，③ボランティア自身の組織を編成すること，④ボランティアのための設備，⑤連絡会議，⑥受け入れ心得とボランティア（活動）手引きの作成，が必要であることを示され，さらに施設職員研修の必要性を説き，①研修は全職員を対象に，②研修は継続的に，③講義ばかりでなく，研究協議の場を設けること，④国や県，市町村（県，市町村のボランティアバンクを含む）の実施する研修にも積極的に参加する，等の点が指摘されている[26]ことに見られるとおり，社会教育施設などへのボランティア制度の導入は，結果的には施設の側に新たな仕事を加えることになり，職員には負担増になるという結果を招来することにもなることなのである。長期的に考えれば別ではあろうが，安上がり政策と位置づけるのは困難である。

　今日でも，戦前のように，社会教育行政が人々の教化を目的に施策展開して

いる，あるいは新自由主義の考え方による国民・住民の生活に敵対するような施策が展開されているとするような議論が展開されることもあるが，社会状況や行政の実態等を考えれば，現実的な議論とはいえない[27]。仮に，「経費節減」を目的にしてボランティアを導入しても，逆に経費増加・職員負担増加という結果を導くことは想像に難くはない。むしろ，ボランティアの導入は，職員のボランティア理解の変革を迫り，職員の職務のあり方の見直しにもつながることがあるという事実は興味深い[28]。

職員のあり方は，ボランティア活動と社会教育行政の接合という点で，きわめて重要な要素となる。ボランティア活動支援に関する調査の中で，「ボランティア活動支援に中心的な役割を担う職員」が存在する場合にその支援が活発に展開されていることが示されている[29]。また，それらの職員のネットワークも重要であり，情報の交換が頻繁におこなわれることが期待されてもいる。このような職員の養成・発掘が重要な課題となろうが，生涯学習・社会教育領域一般の議論でもあることもまた事実であろう。

社会教育行政によるボランティア活動の支援は，合理化方策という側面と自発的な活動の支援の側面との，二面性が存在すると考えるのではなく，ボランティア活動自体が両者の性格をもった複合的存在なのであると考える必要があろう。どちらかの一面のみを取り出すということは困難であり，常時両方の性格が併存しているというように考える必要があろう。そして，ボランティア活動が社会の基本的な枠組みの中に定着しているわけではないと考えられる日本の風土にあっては，むしろ，経費節減には直接つながらないことも理解しなくてはなるまい。社会教育行政のボランティア活動支援の成果は，長期的なスパンでの発現を期待するものであるということであろう。

3　ボランティアの養成とコーディネーターの養成

社会教育行政がボランティア活動と具体的に関わる代表的な例として，ボランティアの養成講座を実施することや社会教育施設や事業実施の際に何らかの形でボランティアを受け入れることがあげられる。

ボランティアの養成講座は古くから実施されてきた。文部省婦人教育課でボ

ランティア活動推進を施策として展開してきた大野曜は，「婦人ボランティア活動促進事業のなかでは，学習に含むものとして，ボランティア養成講座と，その後の実践活動の両方を指します。」「つまりボランティア活動することが学習の成果を活かすことであり，実践することが学習になっていくんだと捉えた」としている[30]。この発言は，「婦人教育は婦人自身の自発的学習意欲に基づき，その資質や能力を向上させるために行う各種の学習を教育的に高める活動であると考えられている。婦人が市民としての資質を向上するための学習目標は，社会連帯意識を高め，社会参加に寄与することにあるとすれば，婦人の奉仕活動の考え方はまさにこの学習目標に合致するものといえよう。こうした奉仕活動を真に意義あるものにするためにはなによりも学習活動が重視されなくてはならない。この際，奉仕活動を実践するにあたって修得しておかなくてはならない専門的な知識や技術の学習だけにとどまらず，奉仕活動に関する基本的な問題などの学習を落してはならない。そのうえで実際の活動を展開し，その体験にたってさらに学習を重ねるといった学習と実践の反復があってこそ，その奉仕活動が有意義なものとなる。」[31]という，1970年代の婦人教育におけるボランティア活動推進の際の考え方に基づくものであることは明瞭であり，このような考え方のもと，それ以降のさまざまな事業が展開されたのである。

たとえば，1979（昭和54）年に国立婦人教育会館主催によって実施された「婦人ボランティア活動学習計画講座」は参加者名簿によると110名（うち，教育委員会関係者29名）の参加で，全体プログラムとして講演「現代社会とボランティア活動」と講義「ボランティア活動と学習計画」が行われた後，事例発表・グループ研究・実技研修が，6分科会（幼児：託児，青少年：子供会，老人：老人世帯への訪問，視聴覚障害者：点訳，外国人：留学生，図書館：図書館整備）で行われている。これは，地域において学習機会を計画・提供する立場にある人々向けの講座であり，このプログラム構成自体がボランティア活動に関する講座のモデルという位置づけができるものである。前述のボランティア養成のプログラムの考え方に沿っていることが理解できよう。

1976（昭和51）年度の蕨市婦人ボランティア活動促進事業「婦人ボランティア育成講座」は，「単なる技能の奉仕だけが目的ではなく，奉仕活動を通して社会に対する視野を広め，あわせて自己自身を高めていくという，社会教育的

なものの見かた，考えかたを身につけていく姿勢が大切」であるという考え方が背景にあるというが，実技・講義・話し合いによって構成された「保育入門コース」「レクリエーションコース」「孔版技術コース」が毎週1回2時間開講されたのち，「基礎講座」として「現代における婦人の生活と課題」「私たちのやれるボランティア」「ボランティアの意義と役割」という講義が各2時間設定されている[32]。

　1979（昭和54）年の能代市の婦人ボランティア活動促進事業は，「ボランティア育成講座」42時間と，託児・図書の修理・保育所や老人ホーム等での活動を行う「ボランティア派遣事業」から構成されていた。「ボランティア育成講座」は，生涯教育とボランティア・カウンセリングの理論と実際・グループ運営の理論と技術・ボランティア活動の実際から構成される，講義・実技・実習を組み合わせた形態で実施されたものである[33]。

　宇部市では，継続的に「婦人ボランティア・セミナー」を開設してきたが，第9回にあたる1985（昭和60）年度は，18回にわたるボランティア・社会教育・社会福祉に関する講義とともに，実技講座として，手話（2回），朗読（4回），点字（2回），実習（2回：施設訪問・車椅子体験等）を設定し，さらに，「派遣事業」として，婦人センターで開催されている「若いお母さんの教室」での託児，児童施設での読みきかせ等のボランティア活動をグループ別に行っている[34]。

　ここに示した3事例は，それぞれ，原理的な課題に関する講義と，技術の取得に関する実習等を組み合わせたプログラム構成になっている。実施機関のあるいは担当者の姿勢にもよるが，中には，講義により重心がかかっている事例[35]もあるが，基本的な枠組みは同じである。このことは，1987年に国立教育会館社会教育研修所によってまとめられた事例集によっても確認できる。そこでは，451件のプログラムを整理し，①ボランティア活動の意義・目的・現状の理解に関するもの，②ボランティア活動の実践の仕方の理解に関するもの（理論的なもの），③特定領域のボランティア活動において必要とされる特別な知識・技能の修得に関するもの（実技的なもの），④ボランティア活動の実習の評価・反省に関するもの（養成講座全体のものも含む），⑤特定領域のボランティア活動で使用する作品・教材の作成，⑥ボランティア活動の実習，⑦その他，

に分類しているが，示されている事例からは，それらが適宜組み合わされていることが理解できる[36]。また，埼玉県内のボランティア活動支援事業の事例集においても，ボランティア養成の基本的枠組みは同様であることが分かる[37]。

　これらの養成講座は，ボランティア活動を個人的に進めるための基礎的な認識とそのための基礎的な技術の修得を支援するものであるということができ，定着した長い歴史をもつプログラムであることが理解できよう[38]。

　青少年教育施設においては，ボランティアの養成が他の施設に比べてより意識的に事業として組み入れられていると考えられる。1994（平成6）年に行われた調査によると，国立29施設のうち21施設，都道府県立248施設のうち115施設がボランティア養成事業を実施しているという結果であった。プログラム展開は，養成事業273のうち，実技実習を取り入れている事業が76.9％，講演・講義を取り入れている事業が73.6％であり，プログラムの構成の仕方は他のボランティア養成講座と同様であるとすることができよう[39]。

　ところで，近年，ボランティアの養成や研修ではなく，ボランティア・コーディネーターの養成や研修に，関係者の関心は移ってきている。

　ボランティア・コーディネーターとは，「ボランティア活動を希望する者やボランティアを必要とする者のニーズに対応して総合的に調整していく人を意味する。」[40]という。生涯学習審議会答申「地域における生涯学習機会の充実方策について」（1996年）においては，さまざまな場面へのボランティアの受け入れを提言し，まとめの部分で，「行政においても，ボランティアグループや団体への支援，ボランティアコーディネーターの養成，情報の提供など，ボランティア活動を促進するための諸施策の推進が望まれる。」としており，中央教育審議会答申「21世紀を展望した我が国の教育の在り方について」（第一次答申）（1996年）においても，「ボランティア活動全般が広く展開される環境を作るため，ボランティア活動を求める側のニーズとボランティアの活動意欲を効果的に結びつけることができるよう，情報提供やコーディネーターの養成などボランティア活動に取り組みやすく，かつ，続けていきやすい条件整備を図っていくことが急がれる。」という指摘がなされる。

　白石克己は，「阪神・淡路大震災はわが国のボランティア問題についてさま

ざまな教訓を残した。その一つはボランティア・コーディネーターの問題であった。」「ボランティア活動が活発に進展するにつれて，このボランティア（個人や団体）活動と被災者のニーズとを調整する機能が働いてきた。ボランティア・コーディネーター役を引き受ける人が現れたのである」というが，きわめて一般的な認識であるといえる。そして，「生涯学習を支援するボランティア事業でも同じことが言えよう。この事業が始まったばかりの自治体では，まだボランティア・コーディネーターの問題は事業に組み入れられていないかもしれない。しかし，そういう地域でもコーディネート機能を考えた事業を展開していくことが望ましい」として，「早くから生涯学習を支援するボランティア事業に取り組んでいたある市ではこんな問題が起こった。それは，ボランティアとして市として認定したものの，ボランティア活動の場がないという問題である」として，「行政が関与してボランティア事業を展開したのに活動の場がないというのは，ボランティア活動を志願した市民の善意と期待を裏切るものだろう」という。それゆえ，「生涯学習と関係が深いボランティア活動にかかわる需要と供給を点検し調和させるべく，ボランティアとさまざまな機関・人物との橋渡しをする役割」をもつボランティア・コーディネーターが必要であるというのである[41]。

　ボランティア・コーディネーターの役割には，①受けとめる（ニーズ，活動希望者の受付など），②求める（ボランティアの募集，活動の場の調整），③結ぶ（調整・紹介），④高める（訓練・学びの場づくり），⑤作る（ネットワーキング，アクション），⑥まとめる（記録・統計），⑦知らせる（広報），⑧集める（情報収集）があり，それは，「ボランティアや他のスタッフも交えての分担の体制を考えていかねばならない。」，「『分担』の発想（すすんで分かち担う）で行われなければならない。」という議論もあり[42]，それを基礎にしたボランティア・コーディネーターの養成プログラム試案が検討されている。

　それは，①基礎的事項（生涯学習とボランティア活動）（ねらい：生涯学習，社会教育及びボランティア活動に関する基礎的事項を理解する），②ニーズの把握とボランティア事業の企画・立案（ねらい：地域の人のニーズを把握し，ボランティア活動を活性化させるための事業の企画・立案のための知識・技術を習得する），③情報提供・相談活動（ねらい：ボランティア活動推進のための情報の収集・提供や啓発活動，

希望者を活動に結びつけるマッチング，活動者のためのアフターケアなどを行うための必要なコミュニケーション能力を育成する），④ボランティアグループへの支援（ねらい：ボランティアグループを組織化し，グループリーダーへ指導・助言できる能力を育成する），⑤関係機関との連絡調整（ねらい：ボランティア活動を推進する他の関係部局，学校，団体，企業等との連絡調整を図り，協力して事業を実施するための知識・技術を習得する）という合計63時間から成るものであるが，これを主催者が適宜アレンジして実施することが望まれるという位置づけ方がなされる[43]。

　このような，行政等による，ボランティアの養成からボランティア・コーディネーターの養成へという関心の変化は，どのように考えればよいのであろうか。ボランティア・コーディネーターの必要性については，一般論としてよく理解できるところであろう。ボランティア個人個人の自由で無秩序ともいえる活動は，震災時・緊急時等にあっては大きな無駄を生じたり，さまざまな救援活動の阻害要因ともなりかねない。その際に，コーディネーターが存在し，効率よく資源・エネルギーを配分できるようになることは，救援という大きな目標を達成するために有効なことになろう。

　生涯学習・社会教育の領域においてはどうであろうか。救援のためのボランティア活動と同様にコーディネーターの意義を考えてよいのであろうか。コーディネーターという特別の役割をもった人の存在を考えるのではなく，ボランティアそれぞれがコーディネーター的役割を意識しながら活動することの方が，重要なことではなかろうか。「効率」ということを，生涯学習・社会教育の領域でどのように考えるかということにつながることがらでもある。コーディネーターの養成を特立させて考えるより，ボランティア養成講座の中に，コーディネートという発想について考える時間を設けるという方向が検討されてよいのであろう。ボランティア個人個人が，大きなシステムの一構成要素と考えるのではなく，1つの統合体であると考えることが生涯学習・社会教育の領域からの考え方になるのではなかろうか。

　また，すでに言及した，行政が関与したボランティア事業の修了者でボランティア活動を行う意志のある人の善意と期待を裏切るものであるから，需要と供給を点検し調和させるべきであり，ボランティア・コーディネーターが必要である，という議論は，過剰な対応である思われる。行政は，ボランティア活

動に必要な知識・技術等を修得するための学習機会を提供する必要はあっても，その活動の場面まで設定しコーディネートする必要まであろうか。そもそも，ボランティア活動は，自律的な活動であるはずで，自らの活動場面は自らで発見することに意味があるのだろう。行政による「お膳立てとアフター・ケア」という発想は，ボランティア活動推進施策が，国民の意識統合・教化施策の一環なのだという批判の格好の対象になるような発想であるといえるが，そのような系からの発想ではなく，生涯学習支援施策・社会教育施策の存在意義の主張の文脈として理解することの方が適切であろう。

注

1) 伊藤俊夫「社会教育におけるボランティア論」辻功・岸本幸次郎編『社会教育の方法』(社会教育講座5) 第一法規出版, 1979, p. 37-60.
2) 山本恒夫「生涯学習社会のボランティアと図書館」北嶋武彦他編著『図書館特論』(新現代図書館学講座17) 東京書籍, 1998, p. 139-146.
3) 浅井経子「図書館ボランティアの可能性——個人学習への支援」北嶋武彦他編著, *op. cit.*, p. 146-154.
4) 例えば，日本社会教育学会編『ボランティア・ネットワーキング』(日本の社会教育第41集) 東洋館出版社, 1997. においては掲載されている諸論文に下記のような「連辞符ボランティア」が示されている。国際医療ボランティア (森山沾一) 演劇ボランティア (大瀬秀樹) 生涯学習ボランティア・福祉ボランティア (加藤千佐子) ボランティア住民・専門家ボランティア (岩橋恵子) 有償ボランティア・施設ボランティア (阿久澤麻理子) 保育ボランティア・社会教育施設ボランティア (井上恵美子) 福祉ボランティア・有償ボランティア (斎藤真哉) 解説ボランティア (久保内加菜) 震災救援ボランティア・災害緊急ボランティア・元地ボラ/新地ボラ/外様ボラ・専門職ボランティア・若者ボランティア (朴木佳緒留・松岡廣絽) 情報ボランティア (新井茂光) 福祉ボランティア・生涯学習ボランティア・無償ボランティア・有償ボランティア (興梠寛)。このような表現は，ボランティア活動の世界では無自覚に日常的によく用いられるものであろうが，この中で,「生涯学習ボランティア」という語については，やや議論が必要であろう。
5) このかんの事情は,「教育ボランティア制度の導入は, 一つには1984 (昭和58) 年の諸澤正道館長 (前職は文部事務次官) の北米の博物館におけるボランティア活動の視察が契機となり, もう一つは参加体験型展示の構想と併行してその運営をどうするかを検討する過程で, 館長により提案されたものである」と記録されている。国立科学博物館『教育ボランティア活動10年のあゆみ』1998, p. 4.
6) *Ibid.*, p. 4-5.
7) *Ibid.*, p. 6.
8) 岡本包治「はしがき」岡本包治編『社会教育ボランティア』(講座現代の社会教育6) ぎょうせい, 1980, p. 3.

9）稲生勁吾他『学習ボランティア活動』（生涯学習テキスト⑤）実務教育出版，1987．
10）稲生勁吾「現代社会とボランティアの意義」稲生勁吾他，*op. cit.*, p. 10.
11）上條秀元「学習ボランティアの役割と養成」日本生涯教育学会編『生涯学習社会とボランティア』（日本生涯教育学会年報第14号）1993, p. 13.
12）*Ibid.*, p. 14.
13）岡本包治「生涯学習の推進とボランティア」岡本包治・結城光夫編『学習ボランティアのすすめ』ぎょうせい，1995, p. 18. ただし，岡本のいう生涯学習審議会答申「今後の社会の変化に対応した生涯学習の振興方策について」（1992年）では，「生涯学習ボランティア」という語は，単独では用いられておらず，「生涯学習ボランティアセンター」，「生涯学習ボランティア活動推進会議」という複合語として用いられているのみである。また，岡本は，「生涯学習ボランティア」を，自発性，無償性，公益性という条件を伴う行為としての「ボランティア」の活動を，「自己の学習成果・体験などを活用して実施する行為のすべて」を指すものであるともしている。岡本包治「生涯学習と指導者・ボランティア」岡本包治編著『これからの指導者・ボランティア』（現代生涯学習全集5）ぎょうせい，1992, p. 10.
14）結城光夫「生涯学習ボランティアの種類と役割」岡本包治・結城光夫編，*op. cit.*, p. 26-27.
15）讃岐幸治「生涯学習とボランティア活動との関係は」JYVA（日本青年奉仕協会）『ボランティア・ラーニング』1996, p. 27-32.
16）厳密な表現を使えば「生涯学習支援ボランティア」になるともいえるが，それでは学習成果論についての注目が欠落してしまう恐れがある。「生涯学習ボランティア」の下位に「社会教育ボランティア」を，さらにその下位に「社会教育施設ボランティア」をというような層化が可能である。また，いくつもの例示した連辞符ボランティアについて言及するなら，演劇ボランティア（大瀬秀樹），解説ボランティア（久保内加菜）等は，これらの下位に位置づけることができよう。さらに，「学校支援ボランティア」「教育支援ボランティア」も，「生涯学習ボランティア」の下位概念として位置づけることができよう。なお，柳父立一も「生涯学習ボランティア」について興味深い議論を行っているが，結局，社会的な通念の域を出ない結論になっていると思われる。柳父立一「生涯学習ボランティア――施策と現状」『生涯学習の成果をボランティア活動に生かすための方策に関する研究』（平成12・13年度科学研究費補助金研究成果報告書）2002, p. 1-21.
17）石原照盛「［特集］生涯学習審議会答申をどう読むか：ボランティア活動について――図書館を見て」『月刊社会教育』1997年1月号，p. 38.
18）棚橋満雄「図書館ボランティアがいる町――那賀川町立図書館」『月刊社会教育』1995年9月号，p. 33-39.
19）神奈川県博物館協会『神奈川県博物館協会会報』第74号，2003, p. 79.
20）神奈川県立生命の星・地球博物館の例。
21）田中孝子「神奈川県立歴史博物館のボランティア活動」神奈川県博物館協会, *op. cit.*, p. 12-13.
22）この点については社会教育施設ボランティア研究会『社会教育施設におけるボランティア活動の現状――調査報告1998』1998. を参照されたい。なお，この報告のまとめの

部分は，本書第5章にも再録されている。
23) もちろん，これは，たとえば国立青年の家については，文部省社会教育局長通知（各国立青年の家所長あて）「国立青年の家の管理運営について」(1983年10月19日)において，「運営の方針」として，「民間有志指導者（ボランティア）の協力を得るように努めること。」と規定されていることにもよる。なお，国立少年自然の家についても同様である。また，公立少年自然の家については，社会教育局長通知（各都道府県教育委員会教育長あて）「公立少年自然の家について」(1973年11月22日）に，「少年自然の家の組織の一部として，民間有志指導者（ボランティア）の協力体制をとり入れること。」という規定がある。
24) たとえば，国立婦人教育会館のボランティア活動について，実費弁償をしていることに関して，「単なる暇つぶしや行政のお手伝い，下請けのつもりならきてほしくない。本当にボランティアとして活動したい意志のある人，そんな人たちが活動を継続できるよう，会館側に受け入れる意志，体制があるならば交通費の実費だけは出してまさに婦人教育活動として捉えたいということで実費を出しています。」という座談会での大野曜（文部省婦人教育課）の発言には，ボランティアを学習者とみなす立場が表れている。社会教育施設ボランティア交流会実行委員会『生涯学習ボランティアの現在そして未来』1992, p. 27.

また，このあたりについては，四半世紀前に，北九州市立美術館が開館以前からボランティア養成講座を実施してきたことにふれ，「ボランティア（志願者も含めて）への教育あるいはボランティア自身の学習・自己形成という視角からも把握する必要があろう。ボランティアの教育効果あるいは，'学習経験としての参加'という視角である」という指摘を行ったことがある。鈴木眞理「コミュニティと社会教育のあいだ」『社会教育学・図書館学研究』第4号，1980, p. 11. また，「社会教育の領域でボランティア活動を考える場合，ボランティア自身の変化により注目すべきなのであり，合理的な思考をその過程に含んでいるかどうかが重視されなければならないであろう。自律的な個人を前提とし，かつ自律的な個人を生み出すような事業が期待されるのである。」という議論も行った。鈴木眞理「公民館とボランティア」岡山県教育委員会『生涯教育と公民館――ボランティア活動』(公民館活動資料昭59) 1985, p. 4.
25)「栃木県総合教育センター学習ボランティア取扱要綱」1996（平成8）年8月よりの適用。
26) 神奈川県生涯学習ボランティア活動推進委員会『社会教育施設における生涯学習ボランティア受け入れの手引き』1996, p. 5-10.
27) かつて，そのような立場をとっていた研究者が，時流に便乗し，「体制」に近づこうとしている姿も散見される。彼らは，「行政が変わった」のだと強弁するのであろうが，それならそれで，一途に行政批判を展開する同様の立場をとっていた「仲間」の論理を否定するものになる。
28)「生涯学習まちづくり出前講座」として，市役所職員等が住民の要請に応じて担当部門の説明・講義を行う事業が展開されているが，職員の意識変革を目指した施策の一環とも位置づけられるものである。この「生涯学習まちづくり出前講座」においても事前の職員研修が重視されている。職員とボランティアとの関わりの検討に際して参考になる例である。鈴木眞理「地域振興と生涯学習」鈴木眞理・小川誠子編『生涯学習をとり

まく社会環境』(シリーズ生涯学習社会における社会教育第3巻) 学文社, 2003, p. 201-212.
29) 社会教育施設ボランティア研究会『社会教育行政におけるボランティア活動支援施策の現状——調査報告1999』2000, p. 30. 本書第6章に再録されている。
30) 社会教育施設ボランティア交流会実行委員会, *op. cit.*, p. 24-25.
31) 文部省社会教育局『奉仕活動に関する婦人教育資料——婦人教育研究委嘱事業報告書』1976, p. 2-3.
32) この事例は, 蕨市教育委員会『婦人とボランティア——婦人ボランティア活動促進事業報告書』1977. による。
33) この事例は, 能代市教育委員会『能代の婦人ボランティア活動促進事業のまとめ』1980. による。
34) この事例は, 宇部市教育委員会『昭和60年度宇部市婦人ボランティア・セミナー・集録』9集, 1986. による。なお, 宇部市の事例は『月刊社会教育』において紹介されており, 「次の点で参加した婦人は, 変容したと思う。①時間が余ったから参加するのではなく, 意志があれば, 参加するために時間を生み出す工夫をする。②家族のために生きる生活から, 公共性のある生き方をする。③自発性の芽生え＝自ら参加を求め, 自分の考えで選択または解決することができる。④社会参加のなかで, 自己の再発見をし, 自分自身が高められている。」という, 担当者の感想が記されている。西崎恒子「婦人ボランティア育成講座にとりくんで」『月刊社会教育』1979年6月号, p. 20-25.
35) 宇部市では, 自覚的に「民主的」を標榜する立場の社会教育研究者の講義を配置している。この事例では文部省等による推進施策を行政によるボランティア活動推進として, 警戒的・否定的にとらえる立場はどうなっているのか, 不思議である。また, 次年度への希望意見の中に「実技・実習は, この後のボランティア活動にすぐに役立てることが出来るようにもう少し回数がほしいと思いました。」,「基礎講座で福祉のあり方や, 何故生涯学習が必要かを学びましたが, もっと実習・実技など実際に体験することの時間を持ちたかったと思います。」,「実技実習があったら……と思いました。」等の意見が寄せられている。宇部市教育委員会, *op. cit.*, p. 90.
36) 国立教育会館社会教育研修所『社会教育におけるボランティア養成講座の種類と学習内容例』1987. 1995 (平成7) 年度におけるボランティア養成・研修事業事例をまとめた資料集においても, 同様なことが確認できる。国立教育会館社会教育研修所『ボランティア養成・研修事業事例集』1999.
37) 埼玉県立南教育センター『埼玉県内における生涯学習ボランティア活動支援事業事例集』1998.
38) これらは, 「政策としてのボランティア育成が『奉仕活動』の枠の中に婦人の社会意識を閉じこめよう」とするものと位置づける議論も存在する。そこでは, 「ボランティア政策の推進の論調は, ボランティア活動に参加する主体の『自主性』はうたっても, 『主体性』を言わない」,「意識的にか無意識的にか, ボランティア活動における主体の成長を問題にしない」という批判がなされる。しかし, さまざまな例や議論を検討してみれば, そのような批判は一面的であり, かつ先入観にとらわれ過ぎ, 客観的な判断が困難になっている議論であるといえるだろう。さらに, そのような「教化・動員」的な性格を持つと位置づけられる事業の中でも, 取り上げられる名古屋市の事例は好ましい

事例として位置づけられるのはなぜであろうか。それは，政策の性格規定に問題があるのではなかろうか。姉崎洋一「社会教育ボランティアの現状と課題——名古屋市の事例を手がかりに」『月刊社会教育』1980年9月号，p. 10-19. なお，社会教育施設ボランティア交流会実行委員会『生涯学習ボランティアの現在そして未来』1992, p. 41. での当事者のボランティアの発言，野村文枝「ヌエックが女性のための母船的存在に……」ヌエックボランティア「嵐山に夢をつなぐ女たち」実行委員会『嵐山発 '97未来をひらく生涯学習ボランティア』1998, p. 142-143. も参照されたい。

39) 国立オリンピック記念青少年総合センター『青少年教育施設におけるボランティアの養成と活動について——調査報告書』1995. なお，この調査では，①「ボランティアを活用している」施設は53.0％，うち，登録制である施設49.7％，②活動内容は，「指導・指導補助」や「運営補助」が中心だが，「事業の企画・立案への参画」もみられること，③研修を定期的または必要に応じ行っている施設は46.2％，④交通費・食事代等の補助や報酬の支払いをしている施設は86.1％，⑤傷害保険は60.4％が加入，内施設負担が53.5％，等の結果も示されている。

40) 白石克己「はじめに——なぜボランティア・コーディネーターか」国立教育会館社会教育研修所『ボランティア・コーディネーターの養成・研修の在り方とプログラム試案』1997, p. 3.

41) *Ibid.*, p. 3-4.

42) 筒井のり子「ボランティア・コーディネーターの役割」国立教育会館社会教育研修所『ボランティア・コーディネーターの養成・研修の在り方とプログラム試案』*op. cit.*, p. 18-22.

43) 国立教育会館社会教育研修所『ボランティア・コーディネーターの養成・研修の在り方とプログラム試案』*op. cit.*, p. 38-45.

第8章　ボランティア活動支援の課題

1　ボランティアの交流の拡大とボランティアの自律

　ボランティアの交流の機会が拡大してきたことは，ボランティアをめぐるこのかんの動向の1つということができるであろう[1]。

　文部省（文部科学省）認可の社団法人である日本青年奉仕協会による，「第1回全国奉仕活動研究大会」（のち「全国ボランティア研究集会」と名称変更）は1970年に開催されて以降，2003年2月の第34回大会（最終回）に至るまで，分科会における事例発表をめぐっての議論がなされるなど，毎年各地のボランティア・関係者による交流の機会を作ってきた。この集会においては，生涯学習・社会教育関連の分科会がもたれ，関係者の間では，格好の交流の機会であるとみなされていた。

　その第27回集会は1996（平成8）年に秋田市において開催されたが，終了後，特に生涯学習・社会教育関連の分科会の運営に当たっていたボランティアの人々が，ハンドブック『しなやかに　こころまるく　したたかに　こころつよく』（1996年，Ａ6判・26頁）を刊行している。分科会での発言を集録した，いわばボランティア活動の格言集風の冊子である。秋田県・秋田県婦人会館の支援のもと作成されたものであるが，集会終了後から継続的な作業が積み重ねられた成果であるという。編集後記には「複数の施設やグループの枠を越えて，自主的・個人的にできたボランティアネットワークによって完成しました。この秋田集会の意味を，報告書・ハンドブックの作成にかかわることで，それぞれが確認できたのではないでしょうか」と記録されている。ごく些細な例であるが，このような形で，イベントとしての集会の意味だけでなく，地域のボランティアの連帯・交流の機会ができあがったり，全国的な連絡のネットワーク形成の機会を提供するというような意味ももっていた集会であったと考えることができよう。

「社会教育施設ボランティア交流会」という組織も存在している。組織であるというにはインフォーマルな性格の方が強いが，国立婦人教育会館のボランティアを中心に作られた組織である。ボランティアの実行委員会により，1987（昭和62）年11月，国立婦人教育会館開館10周年記念行事の一環として，「社会教育施設のボランティアについて考える交流会」が開催された。参加者は国立婦人教育会館ボランティア47人，行政職員12人，国立婦人教育会館職員12人，図書館・公民館関係22人，美術館・博物館関係8人，婦人会館・生涯学習センター関係15人，その他5人，合計121人。第2回以降，約100名が全国から参加している。その後，交流会は「社会教育施設ボランティア交流会」として，毎年開催され，その記録集も刊行しているが，第3回からは，国立婦人教育会館の正式な協賛も得，国立婦人教育会館ボランティア以外の参加者を協力委員として加えた実行委員会によって運営されるようになった。機関紙として『ボランタリアン通信』を1989年から発行（当初年2回，1998年以降年4回）し，各地の社会教育施設ボランティアの活動の状況の紹介・諸集会の報告・施策の動向・出版物の紹介等が行われている。交流会の第5回終了時には，石橋財団の助成を得て，活動のまとめである，『生涯学習ボランティアの現在そして未来』（1992年，237頁）を刊行している。交流会は，愛称をV-net（ボラン・ネット）とし，1994（平成6）年2月には「第1回V-netセミナー」として2泊3日の集会が79人（博物館・美術館関係5人，図書館・生涯学習関連施設10人，女性関連施設46人，行政関係6人，その他12人。ボランティア44人，職員23人）の参加で開催された。また，同年の世界ボランティア会議（IAVE）の開催に協力し，紹介ビデオ『生涯学習ボランティアの現在そして未来』も作成している。1997（平成9）年には，国立婦人教育会館開館20周年事業の一環として文部省から「女性の社会参加支援特別事業」委嘱を受け「ヌエック・ボランティアフェスティバル」を開催し，そのまとめ（ヌエックボランティア「嵐山に夢をつなぐ女たち」実行委員会『嵐山発'97未来をひらく生涯学習ボランティア』1998年，174頁）を刊行している。その後，「セミナー」は，文部省委嘱事業「ボランティア・コーディネーター養成・研修プログラム開発事業」を受け，その一環として開催されることもあり，1998（平成10）年には事務局も国立婦人教育会館内からメンバーの自宅へと移し，より自律した形の運営を行っている[2]。

この「第3回 V-net セミナー」は，文部省委嘱事業「ボランティア・コーディネーター養成・研修プログラム開発事業」の一環として，1998（平成10）年2月11-15日にかけて，国立婦人教育会館で開催された[3]。この企画は，この種の講座としては，きわめてユニークなものであった。参加者は37名とボランティアスタッフが10名。午前9時から午後9時までの日程であったが，研修内容を「役所様式」に準拠した表現のプログラムと，「V-netバージョン」のプログラムを併用・使い分けをして，たとえば「講義：生涯学習振興行政とボランティア活動の推進：文部省生涯学習局婦人教育課」は「解説：『ねえねえ聞いてよ』お役所的ボランティア活動のすすめ：文部省の奥田暎二」，「講義：社会教育施設ボランティアの役割と可能性：国立婦人教育会館」は「お話：施設ボランティアの魅力と可能性について考えてみませんか：ヌエックのマドンナ」，「講義：社会教育施設の特質とボランティア」は，「師弟問答：『先生，なぜ博物館にボランティアがいるんですか？』」，「講義：情報活動・相談活動の意義」は，「現場からのレポート：コーディネーターのお手並み拝見」，「演習：ボランティア活動と人間関係学」は，「ワイワイおしゃべりトーク：ボランティアほろ酔い人間関係学」のような，意識的な組み替えが行われている。このことに象徴的に表れているように，委嘱された事業を全くそのまま実施するということではなく，その趣旨を尊重しながらも，自らの活動理念に沿った形に加工しての実施という方法が採用されていることは注目してよいことであろう[4]。

　前述したとおり，この「V-net 社会教育施設ボランティア交流会」は，国立婦人教育会館のボランティアを基礎・中心にした活動であるが，その中心部分には一人あるいは数人のリーダーが存在している。50・60歳代の彼女らは，文部省・文部科学省の事業にさまざまな形でかかわり，国レベル・都道府県レベル等の職員やボランティアの養成・研修の機会・社会教育主事講習等にも講師等として招聘されつつ，さまざまなネットワークを広げる活動を行っている。そのネットワークには，施設ボランティアはもちろん，施設職員・行政職員・研究者・関連マスコミ関係者等も含まれ，彼らの立場やボランティア活動ならびにその推進に対する見解もさまざまである。民間の，NPO法人化を必ずしも志向しないで，社会的に信頼を得ているこの活動の意義は，ボランティア活

動の精神を体現したものという評価は，過ぎるであろうか。

　文部省が1995（平成7）年度から1999（平成11）年度まで開催してきた「全国ボランティア活動推進連絡協議会」については，本書第4章においてふれ，その意義もきわめて大きいものであったことを示したが，文部省の所管機関であり，2001（平成13）年から独立行政法人化された，国立科学博物館の「全国博物館ボランティア研究協議会」も博物館の領域において，重要な役割を果たしていると考えられる。

　国立科学博物館は「教育ボランティア」制度を1986（昭和61）年1月（それ以前に募集を行っていたが，30日に「館長を囲む懇談会」が開催され，この日が制度導入の日とされている。）から導入し，1989（平成元）年には「教育ボランティア専門官」を配置するなど，積極的なボランティア活動支援策を展開している。10周年記念の一環として，1996（平成8）年1月29日に第1回協議会が開催されたが，主催者挨拶で坂元弘直館長は，「本日の研究協議会では皆様方の館のボランティア活動の事例をご紹介いただきながら，ボランティアの皆様方あるいは館の皆様方が博物館で日頃ご苦労されている，あるいは悩んでおられることなどについての意見交換をしていただきたいと考えております。同時に，これを機会に全国の博物館におけるボランティア活動の充実のためにネットワークづくりができれば，私ども主催者として，これほどうれしいことはないわけでございます。」と述べている。

　実施要項によると，趣旨は，「全国の博物館ボランティア及びボランティア活動担当者が集まり，ボランティア活動に関する諸問題について研究協議を行うものです。」となっており，ボランティア151名，職員等128名，合計279名（うち主催館関係者80名）の参加者で，午前10時から懇親会を含めて午後6時まで，昼食をはさんだ3時間の分科会討議（職員5部会，ボランティア5部会）と，全体での研究協議とまとめの講義（大堀哲国立科学博物館教育部長）というプログラム構成であった。参加者の所属館の種別は，人文系博物館31館，自然系博物館12館，美術館21館，動物園6館，その他（教委・準備室）9合計79館であった[5]。その後，この研究協議会は隔年で開催され，第2回が1997（平成9）年6月30日－7月1日に，第3回が1999（平成11）年12月6日－7日，第4回が2001（平成13）年12月10日－11日に開催されている。

第2回は，ボランティア122名，職員等124名，合計246名，総合博物館10館，人文系博物館40館，自然史系博物館21館，美術館22館，動物園・水族館5館，合計98館（教委・準備室の6名を除く）の参加で，第1日は午後から講演（「博物館ボランティアの現状と課題」：静岡大学情報学部教授・大堀哲），分科会協議（①博物館のボランティアの存在は？，②博物館ボランティアの要件は？，③博物館ボランティアの活動の内容，範囲，責任は？，④博物館ボランティアのまとまりは？，⑤博物館ボランティアの受入は？），懇親会，第2日は午前全体会，午後国立科学博物館・上野動物園の見学が行われた[6]。

第3回は，ボランティア111名，職員等111名，合計222名，総合博物館12館，郷土博物館5館，美術館26館，歴史博物館24館，自然史博物館12館，理工博物館3館，動物園4館，水族館2館，合計89館（教委・準備室等の12名を除く）の参加で，第1日は10時から基調講演（「博物館ボランティアの可能性と課題」：茨城県自然博物館長・中川志郎），報告（「米国の博物館ボランティア事情」：三菱総合研究所主任研究員・松永久），午後は3時間25分の分科会協議（①展示解説・案内，②教育普及活動，③来館者サービス，④調査研究活動，⑤研修・学習活動）と交流会，第2日は午前3時間の意見・情報交換会（①ボランティア制度の導入について，②ボランティアと職員［及び館］との関係について，③ボランティア相互の関係について——組織やコミュニケーションのあり方，④ボランティアの主体的な活動について——活動・研修をどうつくるか），午後は国立科学博物館におけるボランティア活動の紹介・現場案内，というプログラムであった[7]。

第4回は，ボランティア82名，職員等129名，合計211名，総合博物館11館，人文系博物館35館，科学系博物館17館，美術館24館，動物園・植物園・水族館8館，合計95館（教委・準備室等の15名を除く）の参加で，第1日は13時から基調講演（「博物館ボランティア活動の課題と展望」：東京大学教育学部助教授・鈴木眞理），2時間45分の分科会協議（テーマ別：①展示解説・案内——さまざまな展示解説・案内の方法と留意点，②ガイドツアー——どのようにして何をどう伝えるか，③体験学習——青少年の体験学習への援助，④友の会——ボランティアと友の会の効果的な関係，⑤ボランティアのレベルアップ——さまざまな方法を考える，⑥NPO法人化——ボランティア団体のNPO法人化，⑦ボランティア導入の方法——ボランティア導入のための分科会）と情報交換会，第2日目は午前2時間30分の分科

会協議（館種別：①総合・郷土博物館，②歴史博物館，③美術館，④自然史・理工・科学館，⑤動物園・水族館・植物園）というプログラムであった[8]。

　この研究協議会は，第2・3回は，日本博物館協会・全国科学博物館協議会・日本ミュージアム・マネージメント学会の，第4回は文部科学省・日本博物館協会・全国科学博物館協議会の後援を得，運営については，国立科学博物館のボランティアが協力して開催されているものである。プログラムを見て理解できる通り，講義を中心にした研修の機会ではなく，さまざまな事例の紹介に基づいて，参加者の館の状況に即した課題について，その解決方策を検討したり，意見を交換する機会として位置づけられているものであろう。研究協議会では，申し込み時に参加館におけるボランティア活動の事例について，内容，活動者，活動形態，運営方法，募集，登録，保険，研修等の項目についての情報を収集し，当日，事例集として配布している。分科会での協議と同様，他館の状況を知る資料としての意味は大きい。また，『研究協議会概要』として，毎回の記録を編集して刊行・配布していることも，重要な作業である。早い時期にボランティア制度を導入し，担当セクションを設置し，研修制度等を確立してきた国立科学博物館でこそ可能な事業であり，これまでの実績の蓄積を活用して，（自然科学系に限らない）博物館ボランティアに関するナショナル・センター的な機能が今後さらに充実されることが期待されよう。

　ここで示したのは，ボランティアの交流が，まったく組織的ではなく，まさに自主的・自発的・主体的に行われてきた例，継続的に，やや組織的にさまざまな事業を展開しつつネットワークを形成してきた例，施設・行政機関による交流拡大の機会の提供の例，等である。それぞれが，それぞれの立場で「事業」を展開しているのであるが，制度化された機会と，そうでない機会とが併存している状況は，ボランティア活動の多様性という観点からすると，好ましいことであると考えられるのであろう。ここでは，行政機関による交流拡大に機会提供が，統制を目指しているものであるというような議論が，荒唐無稽な議論であることを再度確認しておこう。ボランティア自身が自律的に，行政機関による機会も含めて，さまざまな機会を利用したり，自ら作り上げながら交流することもみられることであり，そのような動きを積極的に評価していくべきなのであろう。ボランティアの活動がより広がる状況を，行政がこれまで以

上に支援していくことが，むしろ必要であるのだといえよう。

2 ボランティアと社会教育施設
——学習者としてのボランティアという考え方

ボランティア活動が生涯学習との関連において考えられるようになった時期に実施された調査に，内閣総理大臣官房広報室「生涯学習とボランティア活動に関する世論調査」[1993（平成5）年11月実施］がある[9]。

この調査では，ボランティア活動への参加経験は，「現在している」9.9％，「過去にしたことがある」20.2％であった。その，合計の「参加経験がある」30.1％のうち，活動内容として「公共施設での活動（公民館における託児，博物館の展示説明員など）」は，7.1％，「人々の学習活動に関する指導，助言，運営協力などの活動（料理，英語，書道など）」は，6.8％の回答率であった。これは，「自然・環境保護」（35.6％），「募金・チャリティーバザー」（29.3％），「体育・スポーツ・文化活動」（28.3％），「社会福祉」（27.7％），「青少年健全育成」（27.6％）「交通安全」（20.4％）等と比較すると，一段低い値ではある。

ボランティア活動に参加して良かったと思うことについては，「ものの見方や考え方が深まった」（37.3％），「多くの人たちとの交流の場を得ることができた」（36.2％），「友人を得ることができた」（35.1％），「人間性が豊かになった」（26.5％），「満足感や充実感を得ることができた」（26.3％）の回答率（3項目選択）で，調査の意図とも関連するが，ボランティア個人にとっても意味のある活動であることが判読できる結果である。

ボランティア活動への参加意向は，全体として，「ぜひ参加してみたい」（7.6％），「機会があれば参加してみたい」（49.9％），「参加してみたいとは思わない」（35.2％），「わからない」（7.3％）であった。参加意向のある人（7.6＋49.9＝57.5％）の中で，「公共施設での活動」へは，「積極的に参加したい」6.6％，「どちらかというと参加したい」29.3％，合計35.8％（男性28.9％，女性41.1％）であった。「人々の学習活動に関する指導，助言，運営協力などの活動」では，「積極的に参加したい」8.4％，「どちらかというと参加したい」26.8％，合計35.2％（男性24.6％，女性43.3％）であった。これらは，「自然・環境保護」（73.6％），「社会福祉」（58.8％）等に比較すれば，低い値である。

表8-1 「社会教育調査」における社会教育施設のボランティア活動の状況

	1987(昭和62)年	1990(平成2)年	1993(平成5)年	1996(平成8)年	1999(平成11)年
公民館（類似施設を含む）					
導入施設数	1 928	2 255	2 408	2 605	2 848
施設数に対する割合	-	-	-	-	14.9 %
登録人数	249 385	234 511	216 826	231 003	-
活動延べ人数	1 479 082	1 450 334	1 516 222	1 463 757	1 000 180
図書館					
導入施設数	533	680	828	1 042	1 223
施設数に対する割合	-	-	-	-	47.2 %
登録人数	19 026	22 443	27 313	35 926	-
活動延べ人数	160 487	219 510	212 120	261 848	246 559
博物館					
導入施設数	69	105	105	161	231
施設数に対する割合	-	-	-	-	22.1 %
登録人数	6 805	10 215	8 432	15 953	-
活動延べ人数	45 108	63 681	69 135	110 729	128 324
青少年教育施設					
導入施設数	161	186	190	243	301
施設数に対する割合	-	-	-	-	23.8 %
登録人数	33 000	65 045	30 127	39 635	-
活動延べ人数	212 863	287 438	128 907	140 746	85 021
婦人教育施設					
導入施設数	100	76	70	68	80
施設数に対する割合	-	-	-	-	38.6 %
登録人数	11 984	8 798	10 582	12 876	-
活動延べ人数	114 386	75 333	52 059	56 042	55 569

（出典：各年度『社会教育調査報告書』より作成）

　社会教育施設でのボランティア活動は，他のボランティア活動と比較すればそれほど一般的な活動ではないということもできるが，その実数をみれば，少なからぬ人々が社会教育施設でボランティア活動をしていることは明らかである。

　指定統計である「社会教育調査」において，社会教育施設におけるボランティアの状況が把握されたのは，1987（昭和62）年度調査からである。このかんの量的推移は，表8-1のように整理される[10]。

　「ボランティア活動」の定義の問題や，調査の技術的な問題もあるので，細部にわたる検討は，それほど意味をもたないであろうが，そう少なくはない施設においてボランティアの受け入れが行われていること，大局的に見れば，受け入れ施設・ボランティアの数は，増加こそすれ，決して減少しているとはいえない状況にある，ということは確認できよう。

　社会教育施設の種別の状況はどの程度把握されているであろうか[11]。

公民館の状況については，1995（平成7）年4月現在の状況をとらえた，全国公民館連合会の調査が参考になる[12]。中央公民館に相当する360館からの回答中，「人材バンクや学習ボランティアの登録等に関する制度」が「ある」館は24.7％，その内「当該公民館独自で」設置しているものが36.0％，「教育委員会」が設置しているものが49.4％であった。また，登録したボランティアの活動（複数回答）としては，「事業の講師」82.0％，「グループ・サークル育成」33.7％，「情報提供・学習相談」31.5％，「事業の企画」「事業の運営」各13.5％等となっている。「事業の講師」という，社会教育施設におけるボランティアとしては，やや性格が異なる「ボランティア」の存在についての把握を行った調査ではあるが，状況把握の一資料と位置づけることができよう。この調査は，「公民館の運営に関する調査」であったが，ボランティア活動はさしたる関心事ではなかったと考えられる。

　図書館については，全国図書館協議会の調査（1998年度）が参考になる[13]。そこでは，全国2245館（都道府県立63，市区立1254，町村立928）の回答（回収率88％）をもとにした実態の紹介がなされている。ボランティア活動は，「貴図書館と雇用関係にない人が，有償・無償にかかわらず行う図書館サービス」であるとしているが，「貴館ではボランティア活動をしていますか。」という問に対して，「している」と答えたのは，都道府県立58.7％，市区立68.9％，町村立70.6％であった。「ボランティア活動のきっかけは何ですか。」という問（複数回答あり）には，全体として，「ボランティアからの申し出によって」が60.0％で最も多く，「地域活動の手段として」25.4％，「専門の知識・技能を必要とするから」25.0％，「職員の人手不足を補うため」20.2％，「図書館の事業を知ってほしかったから」20.1％，「予算上の理由から」2.1％であった。活動内容については，「読みきかせ」76.2％，「紙芝居」57.5％，「ストーリーテリング」36.0％，「人形劇」31.9％等の児童サービス関連の活動が多く，「録音テープ作成」23.2％，「対面朗読」20.8％，「書架整理」12.0％，「点字図書作成」9.6％，「絵本づくり」8.2％となっている。

　そのほか，ボランティアは主婦が6－7割程度占めていること，何らかの費用負担をしている館が55.1％，その内訳（複数回答あり）は，「報償費（謝礼）」を名目としてが70.2％，「材料費・用具代」34.4％，「食事代」8.9％，「交通

費」6.7％となっている。「人材確保の方法」としては，「養成講座を実施」が27.1％，「有資格者を登録」6.4％で，多様な方法が採用されている実態があることが示されている。さらに，「ボランティアを組織化したもの（例　友の会）」があるのは31.6％であった等の点が明らかになっている。

　この調査と，10年前の調査とを比較しながら，市区立では変化ないものの，県立図書館・町村立図書館でボランティアの存在する率が増えていること，児童サービスに関連する活動にボランティアの活動が集中していること，30代から50代の主婦の活動が多いこと，10年前と同様に，報償費（謝礼）を支出している図書館が相当の割合であること，等の特徴が指摘されている[14]。調査の方法にやや安易な点がみうけられるが，図書館には特有の課題があることが理解でき，また，ボランティアの性格やその活動内容についての情報を確認できる調査であろう[15]。

　博物館の状況については，1987（昭和62）年に行われた日本博物館協会の調査が参考になる[16]。そこでは，ボランティアを「個人」と「団体」に区分しての設問がなされるが，「導入している」館は，「個人」8.2％，「団体」8.9％であった。「導入していない」館は82.1％，「検討中である」3.0％，「以前導入していた」0.9％であり，「個人」と「団体」両方で「導入している」館も数％存在している計算にはなる。いずれにしても，ボランティア導入館は1割に満たない状況であるということが示されていると考えられる。この調査は，ボランティア活動の内容，導入の目的，受け入れ基準，待遇，養成・研修，「取扱い（勤務）に関する諸規定」，評価，募集の方法，ボランティアの属性，活動形態等，かなり的確だと考えられる調査項目を用意したものであるといえるが，調査方法や集計・分析方法に難点があることが惜しまれる。また，ボランティア導入率も低い時期の調査でもあり，多くの知見を得ることは困難である。ただ，大雑把にいえば，①活動内容は「学芸業務補助」が多いが，「来館者接遇」「博物館付帯活動補助」「環境整備」にまで幅広い，②導入の目的は，「在野の知識，経験の活用と吸収」，「地域との結びつきの強化」，「導入による館の活性化」が多いが，「職員の人員不足の補填」も，特に私立館では相当数存在する，③待遇は，私立館での配慮が多い，④養成・研修ともそれほど多くの館で行われてはいない，⑤「取扱い（勤務）に関する諸規定」がある館は1割に

満たない，⑥募集は，「推薦・紹介による」が相対的に多い，等のことが示されているといえる。データとして活用できることは多くはないが，ボランティア活動の導入が活発になり始めた時期に，前述の調査項目に見られるような問題関心が存在していたことは注目していいことであろう。

　日本博物館協会による1993（平成5）年度の調査も，興味深い[17]。これは，同協会が把握している，ボランティア導入館を対象にした調査[18]であるが，導入館139館についてのデータとしてみることはできる。前述の1987（昭和62）年の調査項目を基礎にしたものであり，以下のようないくつかの点で注目できるものもある。①導入目的としては，「館の活性化のため」，「生涯学習の一環」が2割程度で，「職員の手不足のため」は1割，②活動内容は，前回調査と大きな変化はない，③ボランティア受け入れ基準がある館が4割，④「管理担当者」が存在する館は1割以下，⑤採用前養成は4割弱，採用後研修は25％の館で実施されている，⑥ボランティアの男女比は約2：1，⑦交通費支給は2割，食費支給は3割，ボランティア保険は4割，館側負担はその7割で，⑧ほぼ半数の館でボランティア用の何らかの部屋が存在する，⑨評価についてはごく少数の館で意識されている，等の点である。この調査は，翌年の「導入の手引き」の作成の基礎資料として用いられたという[19]。

　都道府県教育長協議会第二部会が実施した調査（1994年）によっても，社会教育施設ボランティアの状況を垣間見ることができる[20]。報告書では，教育委員会におけるボランティア活動推進行政について「県では，推進組織の設置や情報提供・相談体制の整備など，ボランティア活動振興のための基本的な諸方策について取り組まれているものの，市町村においては，方策の実施等の面でバラツキが見られるなど，必ずしも十分な取組とはなっていないことがうかがえる。」[21]としている。社会教育施設については，①「全体としてみた場合，ボランティアを受け入れている施設は半数に満たない」，②ボランティア受け入れのきっかけは，「『地域の人材活用のため』，『研修会等の修了者の活用のため』を主な理由として挙げているが，施設によっては『経費節減』のためとする回答もみられた。」③ボランティアを「『事業の企画段階から活用している』とするところは少なく，『事業実施面で活用している』とするところが圧倒的に多い。」④実費・謝礼の支給については，施設の種類によって異なるが，「支

給の内訳は，交通費や弁当代等の実費に係るものや，実費相当と思われる謝礼がほとんど」，⑤ボランティア活動の支援方策として，「会合場所等，施設の提供」が多く取り上げられている，⑥ボランティアの養成・研修は，県立施設においてみられる程度で，全体的に低調である，等が指摘されている[22]。この調査の調査項目には，社会教育施設におけるボランティア活動の推進にかかわる緒論点が，ある程度網羅的に含まれていると考えられる。

　いささか紙幅を費やしすぎた感もあるが，共通に確認できるデータとして，ある程度全国的な規模のいくつかの調査を検討してきた。本書第5章で示した，社会教育施設ボランティア研究会『社会教育施設におけるボランティア活動の現状——調査報告1998』（1998年）における諸データと比較しながら，全体としてみてみれば，このかん，社会教育施設におけるボランティア活動の導入あるいはボランティアの受け入れは，急速に進んできていると考えることができるであろう。それは，調査項目にも反映されていることでもある。ボランティア活動の導入理由，受け入れ方法・要件，養成と研修，コーディネーターの存在と役割，ボランティアの組織，ボランティアへの支援，職員との関係，職員の研修，活動期間制限，活動の成果等の項目は，社会教育施設でのボランティア活動が拡大してきたことに伴って登場してきた論点でもある。社会教育施設関係者のあいだに，ボランティアについての関心が高まってきたということでもある。またそれは，安上がり施策のために関心をもってきたということではないことは，調査項目にも反映していると考えてもよいだろう。

　これは，ボランティア活動が，施設・専門職員の補助・補完的な存在にあるべきだという認識が少なくなり，ボランティアの生涯学習に資するという観点が重視されるようになった，あるいは，「施設の利用者としてのボランティア」「学習者としてのボランティア」という位置づけがなされるようになった，というような方向への変化として受け止めることができるのであろう[23]。実態は別として，少なくともそのような位置づけ方がある程度の関係者間で共通の認識になってきたと考えてよいだろう。

　ところで，日本科学未来館のボランティア導入，ならびに養成・研修システムの創設についての事例は，いくつかの点で示唆深い。

　これには前史があり，1996（平成8）年度から3年間にわたる財団法人日本科

学振興財団・科学技術館における「科学館におけるボランティア活動の推進に関する調査とプログラム開発」のプロジェクトまでさかのぼることができる。このプロジェクトは学識経験者等から成る委員会を設置し，企画・研究活動が遂行されたが，実質的には，科学技術館の担当職員によって研究活動が進められていったものである。日本における，全国科学博物館協議会加盟の博物館227館についてのボランティア活動に関する調査，財団関係会社・機関の社員・所員のボランティア活動に関する意識調査，日本ならびに米国における科学系博物館のボランティア活動に関するヒアリングによる事例調査，ボランティア・プログラム（ボランティア受け入れ態勢の整備に関するプログラム）の作成（ケーススタディとしての科学技術館），等が3年間に行われた内容である[24]。

これに併行する形で，日本科学未来館の設置構想が進み，科学技術振興事業団の委託調査として財団法人科学技術広報財団が，教員・科学館職員・ボランティア等を対象とした研修プログラムの作成事業を実施した[25]。このプログラムでは，ボランティアについての考え方として，「ボランティア参加者は，未来館の中で人と出会い，ふれあう中で，心からの共鳴を分かち合うことができ，自分自身の成長をもたらすことができます。自分でやりたいことを考え，責任をもって行動し，共に科学技術の文化を創造することを目指します。未来館の中で，英知の交差，合流を体験することができ，日本におけるボランティアの新しい姿を生み出します。」と述べ，「自己実現を目指すボランティア」への方向づけがなされている。

ボランティア研修プログラムについては，委員会が構成され，前述の科学技術館の研究開発の担当職員も加わった。この担当職員はのち，開館と時期をあわせて，科学未来館のボランティア担当セクションの職員となり，ボランティア・プログラムの創設に関わることになる。2001（平成13）年7月開館の日本科学未来館は，館長毛利衛（NASA宇宙飛行士）の考え方もあって，運営理念の一つとして，ボランティアの積極的参加を掲げており，ボランティア担当部門が設置され，ボランティアマネジメントが行われている。報告書に沿った形で，募集・選考・研修プログラムが展開されているが，加除式の『ボランティアハンドブック』の作成・配布等，細部までさまざまな配慮がなされているといえる。

外国の事例も含めた先行する多くの事例等を参考にしながら，当該施設の理念に基づいて，ボランティア活動を施設の活動・運営全体の中に位置づけることが目指されている事例であるということができよう。その推進に関与する職員の存在の重要性，理念の重要性，施設の運営責任者（館長）の考え方の重要性などが示唆される事例であり，何より，「自己実現を目指すボランティア」という方向づけが新しく設置される施設において示されていることに注目してよいであろう[26]。

3　いくつかの問題——ボランティア活動の本質との関連で

　ボランティア活動支援に関連して，社会教育施設のボランティア活動を中心にみてみると，ボランティア活動に対する交通費や食事代の補助・実費弁償，ボランティアの責任や守秘義務，ボランティアの活動期間制限（「定年制」），ボランティア活動の評価，等の問題が議論のテーマとなることがある。
　これらは，ボランティア活動が盛んになってきたこと，行政の支援が広くみられるようになってきたこと等を背景にした議論であると考えることもできるが，古くから存在している議論でもある。
　たとえば，実費弁償に関しては，1979（昭和54）年の論文の中でも触れられ，「ケースバイ・ケースの問題であり，画一的に解釈するのは，必ずしも妥当ではないだろう」[27]と述べられていたり，1991年のボランティアの集会の中でもシンポジウム・座談会の話題として取り上げられ，否定的に考えられる必要がないことが語られている[28]。また，活動期間制限（「定年制」）についてや[29]，ボランティアの評価[30]等についても，同じ集会で問題提起がなされている。
　これらの問題は，それぞれ個別の問題であるというより，ボランティア活動の本質に関わる諸問題が，さまざまな側面で顕在化してきているということができるのであろう。それらは，全体として考えられなければならないであろうし，「解決策」もボランティア活動の原理に立ち戻って考えることが必要になるのであろう。いくつかの点を検討してみよう。
　第1は，ボランティア活動支援と，その制度化との矛盾についてである。
　ボランティア活動は自発的な活動であるとするのであるなら，その支援が制

度化されることは，本来の意味を損なうものとなると考えることができる。自発的な活動で，それぞれの創意工夫があって，はじめて意味があるものなのであり，その結果について責任を負い，それゆえ満足感・達成感を得ることができ，また，その際のさまざまな問題についてのリスクは本人が負うべきものであるというのが，本来の姿なのであろう。それは，金子郁容がいうところの，「自分ですすんでとった行動の結果として自分自身が苦しい立場に立たされる」「自発性パラドックス」[31]に陥ることもあるということでもある。さらに，金子は，「バルネラブル」という用語で，「ボランティアはボランティアとして相手や事態にかかわることで自らをバルネラブルにする」[32]という。

　ところが，行政によるボランティア活動支援の動きは，制度化・定型化の方向が目指されているというようにみえる。行政による支援もそうだが，ボランティアの側もその方向を目指しているようにもみえる。これは，原理的に考えれば大きな矛盾である。すでに示したさまざまな行政の支援方策は，すべてを囲い込むということではないにせよ，かなりの部分を，ボランティア自身の手ではなく，行政の手によって支援しようとするもののように位置づけられる。たとえば，支援自体が，自発的に行われ，そのネットワーク化によって広域的・総合的な支援が行われるという方向があっても良いのだろう。文部省の「全国ボランティア活動推進連絡協議会」の事業は，ネットワークの契機を提供するものと位置づけられ，その集会でさまざまな自発的なネットワークが形成されることを目指して，その「連絡協議会」の存在が不用になるという過程が想定されてよかったのである。「社会教育施設ボランティア交流会」が事務局を国立施設のボランティア・ルームから独立させたということも，一つの自律的な動きの例である。生涯学習・社会教育の領域では，「行政の傘・施設の傘」の中でのみ続けられるボランティア活動，「行政の庇護」によるボランティア活動が多くみられるが，より自律的な活動ができるような方向への模索が，行政にも，ボランティア自身にも求められるのであろう。

　制度が必要だとしても，それは一律な制度ではなく，多様な形が可能な「制度」，更新が容易な，更新が可能な「制度」が考えられるべきであろう。

　第2は，ボランティア活動支援における定型化の問題である。

　さまざまなボランティア活動支援の事例が紹介され，その経験が共有化され

ることは，好ましいことであろう。しかし，それが，「正解」を探すために行われるのならば問題である。その事例の背景や関わった人や環境，そこでの工夫などが総合的に関連して，その事例は構成されるのであり，条件が同じであれば，同じようなことが可能であるということにはならない。また，同じことを行うことが，生涯学習・社会教育の領域では，必ずしも求められることではないのである。まさに，「ケースバイ・ケース」[33] に，さまざまなことが試行錯誤されていくこと自体に意義をみいだすことができるのである。その制度や支援の方法が定型化・精緻化していくことが目的ではない。活動の過程において，個人個人の自己形成がなされることが，より重要なのである。生涯学習・社会教育の領域は，「正解」やモデルのない領域なのだ，そこでのボランティア活動も同じであるのだということを認識する必要があると思われる。

　また，この領域のボランティアは，すでに述べたように，震災救援ボランティア等とは異なり，「非効率の世界」に属してよいのだということを考えておく必要があろう。もちろん，全くの非効率が好ましいということではなく，効率的に物事が展開されることのみに気を取られるべきではないのだ，ということである。ボランティアの養成や研修が，マニュアル化されて展開されることもあるが，そのマニュアルは，常に更新され続ける必要があることを理解すべきなのである。

　そもそも，ボランティア活動の領域で，自発的に制度化・定型化を求めることがあるとすれば，大きな矛盾であるということであろう。

　第3は，進歩・完成という観念についてである。

　生涯学習・社会教育の領域でのボランティア活動支援では，制度化・定型化を求めすぎないということは，進歩や完成という観念にとらわれすぎない，ということでもある。ボランティア活動の過程自体に意味をみいだすのであるなら，同じことが，同じように繰り返されても構わないのであろう。「進歩がない」といけない，というような発想は，むしろ障害にもなる。一つ一つのプロセスが，活動の相手・対象にとっても，ボランティアにとっても意味をもつと考えれば，「積み重ね」あるいは「更新」という「進歩」があるのだとも考えられる。そもそも，進歩や完成ということを考える必要はないともいえるのかもしれない。かつて教育学者春山作樹が，社会教育を「組織化の道程にあるも

の」と規定したという。生涯学習・社会教育の領域からボランティア活動を考える際にも，この「道程にある」ことの意味を充分に生かしていくことがあってもよいのであろう。

同じことを同じ人が行うにしても，他の人と一緒に行うようなことの連鎖があれば，あるいは，さまざまな先例の存在を認識しつつ，交流の機会が存在すれば，それでも充分に意味あることなのである。

第4は，一面的な見方の限界についてである。

たとえば，生涯学習・社会教育の領域においては，ボランティア活動は，自発性・主体性の発現か，安上がりの労働力か，というような二者択一的な理解がなされることがある。あるいは，特定の事例を取り上げ，その特徴・性格をあたかも，ボランティア活動全体の特徴・性格であるかのような規定がなされる場合や，二面性や多面的な特徴・性格があるというような議論がなされる場合が多い。そこでは，自らの議論に即した特徴・性格のみが強調され，その面からの推進のみが求められるというような，議論が展開される。

ボランティア活動は，たとえば，自発性を体現した活動でもあるし，安上がりの労働力でもあって，それらは，分かち難く存在していると考えるべきなのであろう。どちらか一方だけの特徴・性格を伸長させる，ということはできないのであろう。ボランティア活動は多様な特徴・性格が備わった複合体であるという理解が必要であろう。

意味はとらえる者の側で変化するものでもある。安上がりの労働力と考えられた施策を，自らの考え方に基づいて加工・意味変換させていくことが可能なものとしてボランティア活動をとらえるということも，その本質からの思考法ということができるのであろう。一面的な見方や理解や批判は，ボランティア活動のさまざまな可能性を見落とすことにつながりかねないのであろう。発想を転換させることが求められる領域であろう。

生涯学習・社会教育の領域におけるボランティア活動の支援は，一律的ではなく，効率を求めず，継続的になされることが必要なことなのであろう。そもそも，支援を行うということと，ボランティア活動の原理との関係も検討され続けられなくてはならないのだろう。

注

1）この点については，鈴木眞理「生涯学習社会とボランティア活動の動向」日本青年奉仕協会『ボランティア白書 '96-'97』1997, p. 42-46. も参照されたい。
2）この間の事情については，社会教育施設ボランティア交流会実行委員会『生涯学習ボランティアの現在そして未来』1992. V-net 社会教育施設ボランティア交流会『第1回 V-net セミナー：生涯学習ボランティア＆〈社会教育施設〉』1995. 等による。
3）これは，国立教育会館社会教育研修所によるコーディネーター養成のプログラム開発を受けた試行事業であるが，この V-net の他，国立教育会館社会教育研修所，大阪ボランティア協会にも事業が委嘱された。
4）V-net の活動には，「ボランティア政策の推進の論調は，ボランティア活動に参加する主体の『自主性』はうたっても，『主体性』を言わない」，「意識的にか無意識的にか，ボランティア活動における主体の成長を問題にしない」という批判の中で，好ましいとしてあげられている事例の施設ボランティアも加わっていることは，どう判断すればよいのであろうか。姉崎洋一「社会教育ボランティアの現状と課題——名古屋市の事例を手がかりに」『月刊社会教育』1980年9月号, p. 10-19. なお，この事業の報告書は，社会教育施設ボランティア交流会『第3回 V-net セミナー［本当のボランティア・コーディネーターになるために］——実践的・先駆的学習体験のあなたとわたしの5日間』1998. として刊行されている。また，その書評は，『社会教育』1998年11月号, p. 88-89 に掲載されている。
5）国立科学博物館教育部企画課教育ボランティア活動推進室『第1回全国ボランティア研究協議会概要』1996.
6）国立科学博物館教育部企画課教育ボランティア活動推進室『第2回全国ボランティア研究協議会概要』1998.
7）国立科学博物館教育部企画課教育ボランティア活動推進室『第3回全国ボランティア研究協議会概要』2000.
8）国立科学博物館教育部企画課教育ボランティア活動推進室『第4回全国ボランティア研究協議会概要』2002.
9）この調査は，①生涯学習についての関心，②生涯学習の成果の活用方法，③ボランティア活動のイメージ，④ボランティア活動についての関心，⑤ボランティア活動の経験（時期・活動内容・頻度・きっかけ・成果・しない理由），⑥ボランティア活動への参加関心（その内容），⑦ボランティア活動に対する実費償還，⑧ボランティア活動の評価，⑨国等への要望，について全国15歳以上の2144人（回収率71.5％）の回答を得たものであった。
10）「社会教育調査」では，ボランティア活動は，たとえば公民館の場合「学級・講座等における指導・助言，社会教育関係団体が行う諸活動に対する協力などで無償（交通費など参加に要する経費の実費程度を支給する場合は無償として取り扱う）の奉仕活動をいう。」（昭和62年度）のように，各施設の典型的な活動内容を示す方法で定義されている。1987（昭和62）年調査以来，団体・個人ごとの登録数・延べ活動者数を把捉していたが，1999（平成11）年度調査では，登録制度の有無と延べ活動者数を把捉する方法へと変更されている。したがって，ここで，「導入施設数」というのは，平成8年度までは活動者数が記載されていた施設数であり，1999（平成11）年度は登録制度がある施設

数のことである。なお，表中の数値は報告書にあるものをそのまま掲載したものであって，加工はしていない。
11）青少年教育施設については，本書第7章において，国立オリンピック記念青少年総合センター『青少年教育施設におけるボランティアの養成と活動について——調査報告書』1995. を紹介した。
12）社団法人全国公民館連合会『公民館の運営に関する調査報告書——その2』1996.
13）全国図書館協議会『1999年度公立図書館におけるボランティアの活動に関する実態調査報告書』2000.
14）糸賀雅児・大谷康晴・奥村さやか「公立図書館におけるボランティアの活動に関する実態調査結果の分析と指針となる提言」全国公共図書館協議会『2000年度公立図書館におけるボランティアの活動に関する報告書』2001, p. 15-18.
15）なお，「図書館ボランティア」について，「業務請負型のボランティア」，「住民運動型のボランティア」，「生涯学習型のボランティア」の3分類を提起する議論もある。図書館の固有の問題との関連での分類であろう。森茜「図書館ボランティア」図書館ボランティア研究会『図書館ボランティア』丸善, 2000, p. 103-109.
16）財団法人日本博物館協会『博物館のボランティア実態調査に関する報告書』1983. この調査は，あまり手際が良いものではない。全国2600館の博物館（登録博物館・博物館相当施設の他，いわゆる博物館類似施設も含まれていると考えられるが，対象館一覧はあるものの，その選定基準は示されていない。）を対象とし，1172（45.1%）館からの回答を得たものであるという。
17）財団法人日本博物館協会『博物館ボランティア活性化のための調査研究報告書』1994.
18）しかし，265館に調査票を発送したところ，導入館139館，非導入館52館，無回答74館であったという。Ibid., p. 1. 残念ながらこの調査自体も報告書も，調査の全体が把握しにくい等の惜しまれる点が多く，要領が悪いといわざるをえない。
19）財団法人日本博物館協会『博物館ボランティア導入の手引き－新規導入または拡大充実を企画している博物館のために』1995.
20）都道府県教育長協議会第二部会『ボランティア活動の現状と今後の振興方策について——施設ボランティアを中心として』1994. この調査は，都道府県教育長協議会第二部会に属する11都道県について，その都道県教育委員会と各都道県6市町村を抽出しての，教育委員会事務局におけるボランティア活動推進行政と，社会教育施設におけるボランティア活動の現状を把握しようとしたものであるが，サンプル抽出が恣意的であり，厳密な意味での現状が反映されているわけではないことに注意が必要であろう。
21）Ibid., p. 13.
22）Ibid., p. 7-11.
23）たとえばすでに取り上げた，財団法人日本博物館協会『博物館ボランティア導入の手引き——新規導入または拡大充実を企画している博物館のために』1995. や，神奈川県生涯学習ボランティア活動推進委員会『社会教育施設における生涯学習ボランティア受け入れの手引き』1996. を参照されたい。また，開館・ボランティアの導入が近年に属する横浜市歴史博物館の「遺跡公園ガイドボランティア」の事例は，育成講座の実施・任期制の導入等，導入以前のさまざまな工夫がみられる事例であろう。社会教育施設に

おけるボランティア活動の広がりが，いわば後発の施設での用意周到な準備を可能にしてきていると考えられる。廣瀬有紀雄「横浜市歴史博物館における遺跡公園ガイドボランティアの活動」神奈川県博物館協会『神奈川県博物館協会会報』第 74 号，2003，p. 19-26。また，「学ぶネタがなくなったら，ボランティアは美術館からいなくなると思いますね」という美術館職員の発言も興味深い。「座談会：美術館利用者としてのボランティア像」水戸芸術館現代美術センター『美術館とボランティア』（水戸芸術館現代美術センター資料 33 号）1997, p. 23.

24) これについては，財団法人日本科学技術振興財団『平成 8 年度科学館におけるボランティア活動の推進に関する調査とプログラムの開発』1997。財団法人日本科学技術振興財団『平成 9 年度科学館におけるボランティア活動の推進に関する調査とプログラムの開発』1998。財団法人日本科学技術振興財団『平成 10 年度科学館におけるボランティア活動の推進に関する調査とプログラムの開発』1999。を参照。この研究開発ならびに報告書の作成は，実質的に，展示部（のちカルチャーエンジニアリング事業部）の一担当職員によってなされたものである。

25) 財団法人科学技術広報財団『人材育成プログラム開発成果報告書（第 5 編日本科学未来館ボランティア研修プログラム編）』2001.

26) このような，ボランティアの自己形成に関しては，社会教育施設ボランティア研究会『社会教育施設におけるボランティアの自己形成 I ——郵送による 49 名の事例研究』1998。社会教育施設ボランティア研究会『社会教育施設におけるボランティアの自己形成 II ——面接による 22 名の事例研究』1999。も参照されたい。これらは，社会教育施設で活動しているボランティアの「自己形成」の過程を明らかにしようとしたもので，ボランティア自身だけでなく家族等の周辺の人々への影響もうかがい知ることができる。

27) 伊藤俊夫「社会教育におけるボランティア論」辻功・岸本幸次郎編『社会教育の方法』（社会教育講座 5）第一法規出版，1979, p. 49.

28) 社会教育施設ボランティア交流会実行委員会『生涯学習ボランティアの現在そして未来』1992, p. 26-27, p. 97-98.

29) *Ibid.*, p. 50, p. 99.

30) *Ibid.*, p. 57-64.

31) 金子郁容『ボランティア　もう一つの情報社会』岩波新書，1992, p. 105.

32) *Ibid.*, p. 112.

33) 伊藤俊夫，*op. cit.*

第9章 社会教育研究と集団

1 集団をとらえる視角

　社会教育研究においては、集団についての関心はむしろ高いと考えることができる。しかし、その関心には一定の傾向があると考えられる。

　居村栄が行ってきた「講」についての研究は、集団と個人の関係を社会教育研究からの関心によって追究しようとするものであったといえよう[1]。また、近世には、「ある種の共通な関心のもとに人々が集まり、相互の交遊のうちに切磋琢磨し、互いに視野を広め、文化的欲求を充たしていくような、社中と呼ばれる結社組織」が存在しており、「学問・芸術・文芸などの諸分野において社中を中心にした文化活動が幅広く展開されていた。」といわれる[2]。明治期の自由民権運動における結社での学習活動への注目もある[3]。

　しかし、これらの研究は、居村の研究が学会で注目されたわけではないし、他の2点は日本教育史や教育社会学が専門領域である研究者の研究であって、社会教育の研究において主流になるものではなく、社会教育の周辺的研究としての位置づけであったように考えられる、いや、そのような研究の存在すら社会教育研究を専門と称する多くの研究者は認識していないのであろう。社会教育が学校教育との比較の上で語られることが主流になってきたことの影響でもあるといえよう。また、たとえば、思想の科学研究会の『共同研究　集団』[4]は、さまざまなサークルの総合的な研究であって、当然社会教育研究の一環として注目されるべき研究であるが、そう意識的に取り上げられたという経緯はない。さらに、アメリカ成人教育史における Benjamin Franklin の Junto Club については、教科書レベルでの言及はなされるものの、大きく取り上げられることはほとんどないという状況である。ただ、自由大学運動における長野県上田の農村青年集団の活動などは、注目を集めるものであったといえる。

　これは、集団をとらえる視角によるものであるとみることができるであろう。

倉内史郎の「社会教育の理論」による，統制理論・適応理論・自発性理論という区分[5]は，このことを理解するために有効である。社会教育の機能として統制的機能を重視する立場，個人を社会に適応させる機能を重視する立場，自発性に基づく自由な学習を社会教育の本質ととらえる立場，の3つが存在するということである。統制的機能は，明治以降の国家による教化政策にみられるものであるが，社会教育研究の中では，それはむしろ批判の対象として取り上げられてきた。集団が注目されることはあっても，体制に組み込まれた団体・半官半民の教化団体が注目されていたと考えられる。それへの対抗的な存在として位置付いたときのみ，たとえば自由大学運動における農村青年集団のような集団が注目されたのであろう。

碓井正久によって「日本の民衆教育の特質」の一つとしてあげられる，「非施設・団体中心性」は，戦前の日本の民衆教育が官府的であり，「その官府的教化は，日本経済の底の浅さのゆえに，物質的条件をじゅうぶんにともなわず，徒手空拳であたるに容易である民衆の団体の育成・利用というかたち」[6]をとったとする特質である。これは，半官半民の団体を育成・利用・統制するという形で，集団の力が利用されたとみる立場である。集団は，統制機能発揮の手段として位置づくのである。ただ，戦前の「官府的民衆教化」の一環として位置づけられる「文部省主催成人教育講座」においても，たとえば小樽市の事例のように，修了者の組織が作られ，自主的に運営されていったというような例もあるが，それについての注目は，ほとんどないといえる状況である[7]。

一方で，いわば，自発性・解放の拠点としての集団という観点からの「小集団」への注目は，第二次大戦敗戦後の社会教育領域の特徴でもある。戦後早い時期に刊行された日本社会教育学会の年報に『小集団学習』がある[8]。その巻頭論文に，宮原誠一「国民教育と小集団学習」[9]という論文がある。宮原は，戦後10年ほどした時点でのいわゆるサークルについて論じているが，それは，戦前のプロレタリア文化運動におけるサークルとは異なり，戦後初期の青年労働者の活動とも異なるとされる。農村で「1947年ごろから50年ごろにかけて，占領軍の指導のもとに，文部省・各府県社会教育課の線で青少年団体のグループ活動がさかんにおこなわれた。一時はアメリカのグループ・ワークやグループ・ダイナミックス方式の一連の用語が関係者たちの日常用語のようにさえな

ったほどだが，しかし，それは形式的なまねごとに終わって」いったという。そのあと，この時期のサークル活動が展開されたが，「みんなで，ほんねを出しあい，それをみんなのものにして話しあい，考えあうことをとおして，人間性が解放されていく」ということが「サークル性」というものであるという。日本青年団協議会による共同学習運動なども視野に含まれた議論であるが，倉内のいう「自発性理論」に属する議論で，解放の拠点として集団が位置づいている議論であると考えられる。

　このかんの社会教育研究においては，統制機能の批判という観点から集団をとらえる立場に立つか，その系として，自発性・人間性の解放という観点から集団をとらえる立場に立つか，というような，どちらかの立場での研究が主流を占め，明確にどちらかに与するのではない研究からの集団への注目は，大きな流れにはならなかったと考えることができよう。

　小川利夫は，「国民の自己教育」は「文化政策，社会教育政策と働く『国民の自己教育』運動との対立抗争として歴史的に発展してきている。」とし，その現象形態を，①職場的形態，②市民的形態，③地域的形態，に区分している[10]。ここで，「市民的形態」に属するものとして，「たとえば労働者教育協会，国民文化会議，部落解放同盟，母親大会，日本子どもを守る会，高校全入全国協議会，労音，労演，緑の会などの全国組織に結集されているような，それ自身が『オッポジショナルな教育活動を意味するような文化運動』との関連の深いもの」と，「たとえば，ボーイ・スカウト，YMCA，YWCA，ユース・ホステル運動などに代表されるような，戦後の日本においてようやく本格化した市民運動，とくにいわゆるブルジョア青年運動」とが存在するという。また，地域青年団や地域婦人会は，「その歴史的性格からみて一般的には，必ずしも『国民の自己教育』運動とはいいがたい」として，「地域的形態」の範疇外であることを述べている。さらに，「『国民の自己教育』要求の発達形態として，①インディヴィデュアルな形態，②アソシエーショナルな形態，③コミュナルな形態」が提示されている。ここで，「アソシエーショナルな形態」とは，「『自由な』個々人がそれぞれの関心にしたがって，まさにこの個別的な関心にかかわるかぎりでむすびあうという近代的・資本主義的な集団形成の原理」に従うものであるが，これにも限界があり，「コミュナルな形態」へと向かわなけれ

ばならないとされている。この議論が厳密で有効であるのかはここでの関心外であるが，「自己教育運動・権利としての社会教育」を唱道する立場からは，このような形で集団がとらえられていたことは，興味深い。

　社会教育研究における集団への関心は，基本的には，手段として位置づいていたと考えることができるのであろう。批判される体制的教化のための集団，称揚される人間性解放の拠点としての集団，それらは，社会教育自体がいわば社会変革の手段として位置づけられてきたことを示している。これは，そのような志向をもった研究が，研究の主流を占めてきたということと決して無縁ではないのであり，このような経緯を今日の議論を検討する際に，念頭に置く必要があろう。

2　制度論的関心と学習論的関心

　社会教育研究における集団への関心は，具体的には，制度論的な関心と学習論的な関心とに大別することができよう。

　制度論的な関心は，社会教育法における社会教育関係団体に関する議論として表れている。末本誠は，社会教育関係団体論には，「社会教育を発展させる契機とそれを妨げる契機の双方が含まれている」と述べる[11]。

　社会教育法における社会教育関係団体に関する規定は，戦前の教化政策との関連や，法成立までのさまざまな経緯があるが[12]，「法人であると否とを問わず，公の支配に属しない団体で社会教育に関する事業を行うことを主たる目的とするもの」（第10条）に対しては，当初は，行政が補助金を支出してはならない（第13条）存在であった。1959（昭和34）年の改正により，補助金支出が可能になったのは周知のことである。

　末本は，社会教育法の制定により「旧来の規模の大きな団体が中心となった社会教育関係団体の認定と援助が開始されていったこと」に注目し[13]，1959年の改正によって，「団体の自律性を現実にいかに確保していくか（サポート・バット・ノーコントロール）が社会教育関係団体論の課題となるような，新たな段階に入った」と考え，1971（昭和46）年の社会教育審議会答申の頃には，「基本的には戦後の社会教育を支えてきた地域的な基盤の崩壊」があり，

「大型の団体への援助を中心とした，従来の社会教育関係団体行政の行き詰まりをも意味し」，「それと平行して，権利意識に基づいた国民の学習権思想の深化・普及が進行していた」という[14]。

さらに，1970年代には「権力の手による上からの地域づくり政策であるコミュニティ政策が開始され」，「地縁に基づくコミューン型の団体ではない，目的を共通とすることを集団の成立用件とするような結社（アソシエーション）型の団体が増加した。」「地縁や血縁によらない新しい団体は集団としての合理性や自由を特徴としており，地域の人間関係に囚われず日常の必要の中で求められる現実の問題の解決を，運動的に探求する学習団体が多数出現したのである」という。そのような状況の中で，「国家に対する市民社会での学習活動が発展してきた」とし，「今日の団体の学習は科学ないし真実を探求し創造する営みと見なしうる」という[15]。末本は，そのような団体が，「社会教育関係団体と認定されることを自らの活動の条件を整える要件として捉える意識が芽生えてきていることが見逃せない。」とも述べる[16]。

末本は，社会教育関係団体が権力的な包摂の危険性をもつ可能性があると共に，社会権的な発想で活動の支援を期待でき自由な活動が展開できる可能性がある，という二面性を指摘しているのである。しかし，この指摘は，集団をめぐる多様な現実を単純に図式化しすぎると感じられるものであり，また基本的に「権利としての社会教育」観に基づくものであると考えられ，集団はいずれにせよ手段という位置づけに陥ってしまっていると思われる。集団のもつ，多様な可能性についての目配りが必要なのであろう。これはしかし，あるいは，1990年代初頭の議論という，時代的限界なのかもしれない。

ところで，宮坂廣作の，学習団体への公費助成に関する問題提起も，制度論的関心としてユニークで興味深い[17]。宮坂は，社会教育関係団体と補助金支出の問題の歴史的経緯と，その理論的問題を検討した後，「こんにち自治体に対して公金支出を求めている社会教育団体は，なにも伝統的な地域団体や，官製団体や，地域有力者をパトロンとするサロン的団体のみではない。」とする。そして，「その性格において，自立した市民の自発的結社であり，まさに自主的な学習活動を展開しつつある学習・文化団体が，組織的・系統的な学習機会の保障を求めて，講師謝金などへの公費援助をつよく要請するといううごきが

近ごろでは活発になってきているのである。」[18]と，いわゆる「学習グループへの公費補助」の問題について，それを可能にする条件の検討を行っている。そこでは，「憲法の理想とする平和的・文化的な国家・社会の形成のためのもっとも根底的な方法としての教育・学習活動であり，教育基本法に規定されているような人間像の形成をめざす教育・学習活動であるばあいは，まさに公共性を備えた社会教育活動であり，こうした活動に対しては，国家・公共団体が深甚な関心を持ち，公的な援助を与えるべきことは当然である。そして，公的な関心と援助とによって，学習団体の学習活動の内容はより質が高くなり，公共性がより強化されることが期待される。」[19]という。そして，そのための技術的留意点が指摘されるが，基本的には，「公の支配」に属している団体としての「公的性格」の確保の問題，団体間・住民間での合意の形成のプロセスの問題についての指摘であるといえる[20]。

宮坂のこの議論は，それまでの制度論としての社会教育関係団体論の枠を越えた議論として，今日改めて注目してよいであろう。そこには，むしろ「公の支配」に属することの意味を積極的にとらえることによって，「公共性」の概念についての新しい問題提起がなされているとみることができる。ただし，きわめて楽観的な議論であるという印象も免れないといえよう。この宮坂の議論は，前掲の末本の議論に先行するものであり，末本は，直接宮坂論文には言及してはいないが，小規模の「学習グループ」への注目とその役割についての認識は，宮坂論文の基調と同じであるといえよう。ただ，末本の場合，「権利としての社会教育」観に基づく現実認識に依拠するところが多い立論であると考えられる。宮坂の場合は，「公」の再構成という視角が存在していたという点で，今日の「新しい公共」の議論や，いわゆるNPOの役割についての検討につながる，先駆的な議論であったということができるであろう。

さて，集団への学習論的関心をもつものとして，碓井正久の「社会教育の方法をめぐる一，二の問題」での議論がある[21]。碓井は，日本的特徴としての「集団形態の社会教育」特に「共同学習」について考察を加えている。碓井は欧米人からみると，共同学習の方式は理解しがたい・批判の対象となる存在であるようであるが，それは，集団と個人のかかわりあいの問題に帰するという。「共同学習の広範なひろがりは，個人が集団の力のまえには裸にされてしまう

ような，日本のいわば運命共同体的な農村社会を背景にしていた。共同学習は，その社会のなかで，個人の主体性を啓培し，個人の尊厳を確立するすることを，集団の支えによって達成し，そのことによって集団の力を富ませていく仕事であったはずである。いいかえればそこには，個人主義の確立という，近代的・西欧的発想がひそんでいた。それをつらぬくなら，個人主義の育成を徹底的にはかるべきであった。」という。しかし，共同学習は，中途半端に「安易に集団によりかかってしまった。集団とは何かということについての，そして集団と個人との関係についての，つきつめた吟味を，かならずしも経ることなしに，集団によりかかってしまったということは，個人の確立をめざしているが，結局は個人を集団に依存させるということになってしまった。」[22]という説明がなされる。碓井は，「共同学習」以後の都市状況の中で，「宗教的・政治的教化活動」が展開されていることにふれ，「公共的（非宗派・非党派的）社会教育の組織は，都市が大都市化するのに比例して，公機関はもとより，ボランタリな集団にあっても，その人的・物的（とりわけ人的）な整備が，きわめて不十分である。」[23]とし，「官公庁以外の社会教育組織の担い手」として，住民運動が「さしあたって期待される。」という[24]。

　碓井の議論は，集団の性格や集団過程に関する議論であって，社会教育研究においては制度論的な関心が支配的な状況にあって，学習論的関心からなされた数少ない議論であるといえる。西欧的集団ではない，「日本人が形成する集団とは何か」[25]が追究されなければならないとする指摘は，充分傾聴に値する。集団の性格についての検討や集団過程の検討が伴ってはじめて，集団に関する制度論的検討が意味をもってくるものであると考えられるであろう。ただし，このような関心からの研究は，その後も充分展開されているというわけではない。碓井の指摘にあるような，個人と集団をめぐる問題は，社会教育あるいはそれを中心とする生涯学習支援の領域での原理的問題でもある[26]。このような原理的検討抜きに，制度による「保障」が意味をもつとは考えられにくいし，現に，1970年代頃からの「権利としての社会教育論」は，昨今の状況の中で，現実的な有効性を示し得ないでいるということができよう。

　ところで，1958（昭和33）年の吉田昇の議論は，集団に関する原理的検討として，参考になる[27]。吉田は，当時社会教育の有力な担い手として存在して

いた「地域組織」に関して検討を加えているが，当時の「日本の社会教育の遅れは，国家－市町村－部落－家といった旧来の一元的な組織があるためであって，このような組織を打破するところに，新らしい社会教育の課題があるという見方がいっそう強められる。社会教育における機能分化説といわれるものもこの線に沿うものであって，目的をもった集団こそ近代的なものであって，地域集団組織は前近代的なものだとするのである。」という議論について，「欧米のように機能分化した組織が中心となっている場合にも，多くの問題点が存在する」として，「組織されたグループやサークルだけに限って，社会教育の組織を考える時には」，次のような欠陥が生ずるという[28]。それは，①目的的な集団に参加していないものは社会教育への通路を失ってしまう，②目的的な集団は，部分的なこま切れ的なものとなり，参加者のもつ生活的な問題に答えることができない，③目的的な集団はややもすると綜合的な協力を欠き，そのための綜合的な構造をもつ支配権力に対しては，全く抵抗する力をもたない，という欠陥であるという。そのため，地域組織も必要であるが，地域組織の変革も重要な課題であるという。

　吉田は青年団・婦人会を念頭に置いて検討しているようであるが，「地域の綜合的な組織も，参加団体が上部の全国的な連合体につながることを否定することなく，共通の判断の上に立って効果のある実践をひき出す融通性をもった連合体の形式をとらなければならないのである。社会教育のなかでの小集団という試みが成長するためには，考え方を変えるだけではなく，このような綜合的な組織連合に至るまでの組織全体の性格の変更を必然的なものにしている。」[29]という組織論も展開している。

　この吉田の議論は，碓井のいう「日本人が形成する集団」の性格そのものではなく，一般論としての集団の性格，それも，「目的集団」の性格についての議論であるが，今日の議論の際にも参考になる議論として位置づけられるであろう。社会教育領域における「地域組織」と「目的集団」が相補的な関係にあるということの指摘である[30]。

　吉田は，「社会教育法制を問題とする場合，それを単に法理論の問題として切り離して論議するのでなく，それを支える市民組織ないし住民の市民意識の状態と関連させて検討しなければならない。そうした分析を欠く場合，社会教

育法制の研究は現実の土台を抜きにした仮空の観念的論議に終わりかねないのである。」[31] としているが，1971（昭和46）年当時の吉田の認識は「社会教育を支える組織はわが国においては現在においてもまだ十分に成熟していないということができる。人類，平和，文化といった普遍的価値を追究する組織は，結論的にいえば個人の自由を認める市民的連帯から生じてくるといってよいであろう。」，「このような市民組織は，ムラ的共同体を一度否定し，普遍的価値を契機として新たに地域的連帯を回復しようとするところに成立する。」[32] というものであり，前述の碓井と同様に，その「市民組織」の萌芽を当時隆盛であった市民運動に求め，「そうした運動が単に問題の直接的解決を目指すだけでなく，そのなかから学習の形態を組織化することに成功するならば，そこに社会教育法制を発展させていく展望が生まれてくることも期待される。」[33] としている。

　碓井や吉田が，いわば学習論的な関心から，市民運動・住民運動という集団的な活動に注目したことは，当時の状況からして理解できるところである。これは，組織構成原理からいって，労働運動への注目とは一線を画すものであるといえようが，碓井や吉田の考え方に内在する，組織的活動の活性化ということより個人の自律を優先させることへの着目からくるものであるといえよう。

3　NPO の議論をめぐって

　近年，生涯学習・社会教育の領域でも，NPO への注目は，凄まじいものがあるといって過言ではなかろう[34]。しかし，何も NPO が近年になってから存在してきたというわけではない。NPO への注目一般についてはさまざまなことが指摘されるが，ここでは，生涯学習・社会教育の領域に限定して，その意味を検討してみよう。

　すでに検討してきたように，集団は，社会教育研究においては，古くから関心をもたれてきたテーマであった。社会教育関係団体論として制度論的な注目が多かったといえるが，そこでの集団過程に注目する議論も存在していた。それが，なぜ，突然 NPO なのであろうか。もちろん，社会一般の関心動向の中で，それに沿うような形での注目ということもある。社会教育は，その実践も

研究も，教育の論理の中で展開するのではなく，社会的な動きを敏感に反映して，関心が推移することは日常的なことである。そのようなことに批判的な人々においても社会教育が手段として位置づいていることの反映，とするのはシニカルであろうか。

社会教育研究でのNPOの議論が，独自の研究背景をもたず，一般的なNPOに関する議論をそのまま移入していることは，この領域のさまざまな論文の引用文献をみれば明らかである。NPO的な存在は，古くから明らかになっていたのであるし，すでに示したような今日でも意味のある議論は，この領域でも展開されてきたことでもある。社会教育関係団体論との接合という関心を除いて[35]，それらをほとんど意識しないで，他の領域から議論を移入することは，注目する人々の関心によるものと考えられる。

NPOに注目する人の中には，かつて，「権利としての社会教育」を標榜し，住民の学習権保障のありようを追究してきた研究者・行政関係者が存在する。労働組合運動・住民運動等によって，「国民の自己教育運動」を推進することに貢献する論理構築を追究してきたといえるが，今日の状況では，その方向での展望をみいだすことは困難である。かつて予測したように，現実の社会は動いてきていないのである。旧来の運動に代わる新しい担い手として，NPOは彼らから期待されていると考えることは妥当であろう。NPO一般の議論についても，同様なことが指摘できる。また一方で，社会教育研究・実践に「新規参入」してきた人々の中にもNPOに関心を示す人々が存在する。社会教育の歴史・原理や研究の流れ等には深い理解があるとは思えず，現実に動く事象に敏感に反応し，「新奇性」を求め，その実態について「調査」を行い，巧みなワーディング等の手法で，「新たな」位置づけを行うような人々である。国レベルをはじめとする行政の担当者も，その人事上の仕組みからいっても，深い社会教育認識はもちあわせず，社会一般の流れの中で反応していくことも稀ではない。「キャッチコピー」としての「新しい公共」等のコトバに陶酔しているかのようでもあり，どのような期待がどのような立場からなされているのか等には敏感ではないといってもよいだろう。NPOへの注目には，このような構図があると考えられる。したがって，この三者のNPOに関する期待・意義づけは，本質的には異なる，ということにもなるのであるが，当面，呉越同舟

という形がとられているが同床異夢の状態であると考えることができよう[36]。

　たとえば，NPOには，「体制順応型NPO」と「社会運動型NPO」とがあるとする議論が存在する[37]。この議論は，「NPOにおける『市民性』をめぐる学習は，人々の潜在的な可能性を飼い慣らすものでもありえるし，また現状をのりこえようとする人々のエネルギーをひきだすものでもありえるという両価性をもっているのである」[38]という認識が前提になるが，「社会運動型NPO」は，「制度的枠組みに拘束されないばかりか，体制への批判をも包含しているために社会的な承認さえも受けにくい」という。この議論では，「プログラム化された『参加型学習』」によって，制度化される危険を回避しているという。この議論は明らかに，いうところの「社会運動型NPO」をNPOのモデル，あるいは価値ある存在とみなしているといえる。

　しかし，たとえば，「ログハウスを『学舎』と見立てて年間1000円の『学費』を払う『学生』を全国に擁し，主催者の頻繁な講演活動のほか，地元の伝統的な生活・文化を体験的に学ぶための各種のイベントを開催する」[39]組織などが「学習機会の提供を目的とするNPO」として位置づけられるとき，そこでのNPO概念は，明らかに前述の価値ある存在としてのNPOとは異なるものである。

　「ユニークな学習方法」・「学習をとおした社会変革」・「コア・メンバーの自己成長」がNPOの「特長」とされたり，社会教育行政の支援の意義がそこに存在するという指摘がなされ，NPOには，「学習指向」と「運動（目標）指向」が存在するとか，「従来イメージされていた社会教育の範囲が広がる，あるいは他の領域とボーダーレス化するという議論が出始めている。」[40]としているが，大胆に割り切った位置づけ方である。

　生涯学習支援・社会教育という観点から，これらのNPOへの注目が，見落としているものはないであろうか。あるいは，社会教育領域においてNPOに注目する時，より重要な論点があるのではなかろうか。何点かについて検討してみよう。

　まず，第1点目は，社会教育の領域で，なぜ，non-profitかということである。NPOへの注目が何か新しいことであるかのような議論がなされるが，社会教育の領域での集団への注目は，古くから存在していることはすでに指摘し

た通りである。社会教育関係団体論との接合の議論が課題であることを指摘する論述[41]はあるが，それは，特定非営利活動促進法と社会教育法との関連の問題の指摘である。

　それらの法律が存在しなくても集団的な活動は存在するのであり，集団そのものの活動が法によってどう影響されるのかを検討するのならともかく，法律があるいは法律相互の関連がどうかという問題は，人々の学習活動を支援する役割をもつ社会教育の領域にとっては，二義的な問題ではないのであろうか。

　さらに，なぜ，non-profit に固執するのかという点も，この法律優先の考え方から来るものと理解してよいのであろう。そもそも non-profit の概念は，アメリカにおける税制度との関係での集団の位置づけの問題であろう。その概念は，社会教育領域ではない領域で日本へ移入されたのであるが，社会教育領域で NPO という概念を用いることの利点は検討されているといえるのであろうか。法概念としての NPO ではなく，法人格をもたない「NPO」への注目が生涯学習・社会教育領域では重要なはずである。むしろ NPO というコトバの濫用は弊害をもたらすともいえよう。voluntary association，自発的結社，自発的団体，等の概念では，なぜいけないのか等は検討されることなく，「時流に乗る」議論の展開がなされているのであろうが，non-profit が重要なのか，voluntary が重要なのかの検討こそが，社会教育領域での集団の位置づけの基礎になるものと考えられる[42]。

　第2点目は，これまで，社会教育領域では，専門的職員の役割が重視されてきており，それは，課題の解決を専門処理システムにおいて行おうとするものであったが，NPO の重視は相互扶助システムへの移行を意味するものであるという，原理的な転換を展望する議論になっているかどうかということである[43]。行政に代わる事業の主体として NPO が広範に登場するということは，生涯学習支援・社会教育が，専門処理原則で行われず，相互扶助原則によるということであるが，そうなれば，これまでの法制論・行政論，あるいはそれとの関連での専門職論・専門職制論，その運動論は抜本的な変革が求められるはずである。もっとも，相互扶助システムの中では，専門性が必要ないということに直結するわけではないが，これまでの社会教育主事等の専門的職員と考えられる職員の位置づけをどう考えていくのかが必要になるのは自明である。他

の領域ではすでに位置づいてきている民間の職員をも含めた生涯学習支援・社会教育における専門職論を拡充していく必要に迫られるということでもある。あるいは，参加という概念を援用して，論理を構成していく方向へ行き着くのか。民間営利機関の位置づけ等も総合的に検討され直されなければなるまい。そこまで，抜本的に検討することを意識している議論になっているのであろうか。

　第3点目は，自律が制度で保障されるのかという問題である。そもそも，生涯学習・社会教育領域での関心事は，個人の自律性（autonomy）がいかに確保されるかということであろう。NPOへの過度の注目や期待は，制度論，新しい社会教育の担い手への注目なのであって，個人への注目は必ずしも充分ではないといえそうである。たとえそのような関心からの研究があったとしても，パターン化した解釈がなされたり，NPO特に，そのnon-profitという性格に関連した研究なのではなく，集団での活動一般の研究になっているのである。自律が制度で保障されるということは，大きな矛盾であろう。voluntaryな活動は，制度化されること，制度に組み入れられることによって，その意義を失うことがあるということを，より注意深く検討する必要があろう。「ボランティア活動など社会奉仕体験活動」を制度的に展開して自発性を「活動の成果」としてとらえること（中央教育審議会答申「青少年の奉仕活動・体験活動の推進方策等について」2002（平成14）年）を「権利としての社会教育」の立場から批判すること[44]とはどのように異なるのであろうか。社会教育領域でのNPOへの支援を求める議論は，極めて錯綜した論理構成になっていると考えられる。すでに紹介した古い時期の吉田昇の議論などは，より総合的に集団の問題を検討しようとしているものであったが，それらも意識しつつ，制度論と学習論の接合あるいはその関連についてが検討対象にならなければなるまい。

　第4点目は，集団には集団なりのライフサイクルが存在し，成立があるのであるから消滅があるのだということを意識しなければならないということである。voluntary associationの研究あるいは，集団研究においては，集団の目的が達成（あるいは消滅）した時には，集団自体も消滅するか目的が変更されるということが示されている[45]。社会教育領域におけるNPOの議論は，この点に無頓着である。集団は，制度的な存在として，永続的に存在し続けること

が前提になるような議論が多いと考えられる．いや，そのようなこと自体を認識していない議論が多いのである．そもそも，voluntary association は，制度化・固定化には親和的であると考えることはできないであろう．法人格をもつ NPO というのは，その意味できわめて奇妙な存在であることも，社会教育領域からの関心としては意識しておく必要があろう．法人格を取得することが目的でもなく，社会的に認知されることが目的でもないであろう．それらは手段であって，社会教育領域における集団は，人々の学習活動にどのように・どれだけ意味を付与するのかが，実践的にも研究的にも重要であることが確認されてもいいだろう．集団が消滅しても，学習活動が展開され，その成果が期待できるのなら，大きな問題ではないのである．

総体的にいうならば，社会教育研究の領域において，NPO といわれる集団に注目するのであれば，その voluntary association としての性格に注目し，制度との関係が考えられるべきなのであろう．官僚制に対抗する存在として，旧来の組織の原理から自由になることを可能にする母胎としてこの種の集団は位置づけられるのであるから，その特性が最大限生かされることが望まれよう．

注

1) 居村栄「講について（1）――講の教育的意義」『岡山大学教育学部研究集録』第27号，1968, p. 1-9. 居村の研究はその後，居村栄「講について（29）――士・農・工・商（3）」『岡山大学教育学部研究集録』第60号，1982, p. 187-196. まで続く．ただし，居村は，このような関心を明確に表現していたわけではないし，一連の論文も居村の個人的関心に即した論述になっており，その点がたいへん惜しまれる．
2) 山中芳和『近世の国学と教育』多賀出版，1998, p. 98. 山中は，蘭学，国学（和学），俳諧の3つの社中に基本的な性格の違いがあることも示している．
3) たとえば，今津孝次郎「日本の Voluntary Association と明治前期民権結社――Voluntary Association と教育」『京都大学教育学部紀要』No. 20, 1974, p. 57-74.
4) 思想の科学研究会『共同研究　集団』平凡社，1976.
5) 倉内史郎『社会教育の理論』（教育学大全集7）第一法規出版，1983.
6) 碓井正久「社会教育の概念」長田新監修『社会教育』（教育学テキスト講座第14巻）1961, p. 37.
7) 鈴木眞理「昭和初期文部省主催成人教育講座に関する考察」『社会教育学・図書館学研究』第12号，1998, p. 25-67. そこでは，小樽公民会という組織が作られ，小樽高商の教員の支援を受けながら，会員宅・市役所・図書館等を会場にした学習会がもたれて

いた.
8) 日本社会教育学会編『小集団学習』(日本の社会教育第3集)国土社, 1958.
9) 宮原誠一「国民教育と小集団学習」日本社会教育学会編, *op. cit.*, p. 3-26.
10) 小川利夫「社会教育の組織と体制」小川利夫・倉内史郎編『社会教育講義』明治図書, 1964, p. 74-79.
11) 末本誠「社会教育関係団体論」小川利夫・新海英行編『新社会教育講義』大空社, 1991, p. 122. なお, 末本の関心が制度論だけにとどまるというわけではなく, ここでは, 制度論的なまとまった検討であるという位置づけである.
12) このあたりに関しては, 横山宏・小林文人『社会教育法成立過程資料集成』昭和出版, 1981. や, 上野景三「社会教育法制定過程における CI&E の指導——社会教育関係団体の位置づけを中心に」小川利夫・新海英行『GHQ の社会教育政策——成立と展開(日本占領と社会教育Ⅱ)』大空社, 1990, p. 150-186. 等が参考になる.
13) 末本誠, *op. cit.*, p. 126.
14) *Ibid.*, p. 126-128.
15) *Ibid.*, p. 130-131.
16) *Ibid.*, p. 131.
17) 宮坂廣作「学習団体に対する公費助成の問題」『東京大学教育学部紀要』第18巻, 1978, p. 83-100.
18) *Ibid.*, p. 91-92.
19) *Ibid.*, p. 97.
20) *Ibid.*, p. 98.
21) 碓井正久「社会教育の方法をめぐる一, 二の問題」碓井正久編『社会教育の方法』(日本の社会教育第17集)東洋館出版社, 1973, p. 3-18.
22) *Ibid.*, p. 13.
23) *Ibid.*, p. 15.
24) *Ibid.*, p. 16.
25) *Ibid.*, p. 13.
26) この点に関しては, 末本誠「生涯学習における個人と集団をめぐる問題」鈴木眞理・梨本雄太郎編『生涯学習の原理的諸問題』(シリーズ生涯学習社会における社会教育第7巻)学文社, 2003, p. 101-113. も参照されたい.
27) 吉田昇「地域組織と小集団」日本社会教育学会編, *op. cit.*, p. 48-66.
28) *Ibid.*, p. 55-58.
29) *Ibid.*, p. 64-65.
30) この点に関して, 鈴木眞理「生涯学習における変革と安定をめぐる問題」鈴木眞理・梨本雄太郎編, *op. cit.*, p. 178-179. も参照されたい.
31) 吉田昇「社会教育法制の基本問題」吉田昇編『社会教育法の成立と展開』(日本の社会教育第15集)東洋館出版社, 1971, p. 15-16.
32) *Ibid.*, p. 15.
33) *Ibid.*
34) これについては, 鈴木眞理「生涯学習における変革と安定をめぐる問題」*op. cit.*, p. 179-180. で言及した.

35) たとえば，佐藤一子「NPO 法の制定と社会教育法制度——社会教育関係団体の現代的検討」『季刊教育法』118 号，1998, p. 15-19. では，「地域社会における公的な社会教育事業の推進に際して主体の複数化，多元化が促進され，社会教育行政とのパートナーシップが形成される方向が予測される」こと，「非営利団体の学習的側面を分野にとらわれず支援することが社会教育行政の新たな課題になってくる」ことなどが指摘されている。また，そこでは，「むしろ社会教育という領域にとらわれずに多様な社会問題への関心にもとづく学習と社会参加の促進が広義の自己教育・相互教育を発展させていくという実態に注目する必要がある」という。
36) ちなみに，経済企画庁編『国民生活白書』(平成 12 年版) は，「ボランティアが深める好縁」というサブタイトルが付けられているが，内容的にはあれこれ取り入れた「コンサルタント会社・シンクタンク」系のレポートという印象を免れ得ない。
37) 津田英二「NPO における参加型学習の可能性」佐藤一子編『NPO と参加型社会の学び——21 世紀の社会教育』エイデル研究所，2001, p. 139-147.
38) *Ibid.*, p. 141.
39) 田中雅文「NPO に対する社会教育行政の支援」佐藤一子編, *op. cit.*, p. 92. これは，生涯学習 NPO 研究会『社会教育の推進と NPO——支援の方向性を探る』1998. における調査をもとにした記述であると考えられる。この「研究会」のメンバーは，決して社会教育に「明るい」とはいえないだろう。なお，この「樽石大学」は，それ以前に，第百生命フレンドシップ財団からの助成を受けているものでもある。
40) 田中雅文「展望——NPO がもたらす教育の構造変動と社会変革」生涯学習 NPO 研究会『社会教育の推進と NPO Ⅱ』1999, p. 103-104.
41) たとえば，廣瀬隆人「NPO がつくる学習支援のネットワーキング」白石克己・田中雅文・廣瀬隆人編『『民』が広げる学習世界』(生涯学習の新しいステージを拓く 5) ぎょうせい，2001, p. 30-33. や朝岡幸彦「NPO と社会教育法制度」佐藤一子編, *op. cit.*, p. 157-167.
42) アメリカにおける NPO を支援する NPO の存在が興味深く紹介されることもあるが，たとえば日本において，財団が「地域の"草の根"の学習団体が実施する生涯学習活動に対して助成」(第百生命フレンドシップ財団・平成元年度から 9 年度まで) した例や，昭和の初期にロータリークラブが地域の学習活動を行っている団体に支援をした小樽市における例なども存在しており，なんら目新しいことではない。鈴木眞理「昭和初期文部省成人教育講座に関する考察」*op. cit.*, p. 49. なお，第百生命フレンドシップ財団の助成した団体を対象とした調査が実施されているが，そのような研究が展開され，データが蓄積される必要があるといえよう。生涯学習態度形成研究会 (代表・稲生勁吾)『生涯学習態度形成に関する調査研究報告書——地域における生涯学習団体活動を行っている人々を中心にして』1997.
43) この点については，倉沢進「都市的生活様式論序説」鈴木広・倉沢進・秋元律郎『都市化の社会学理論』ミネルヴァ書房，1987, p. 304-307. 鈴木眞理「生涯学習社会の社会教育」鈴木眞理・松岡廣路編『生涯学習と社会教育』(シリーズ生涯学習社会における社会教育第 1 巻) 学文社，2003, p. 154. を参照されたい。
44) たとえば，長澤成次「中教審『青少年の奉仕活動・体験活動の推進方策等について (答申)』を批判する」『季刊教育法』No. 134, p. 12-17.

45) このあたりについては，古典的な議論として，Mills, T. M. Group *Transformation : An Analysis of a Learning Group*, Prentice-Hall, 1964, p. 65-80. や青井和夫『小集団の社会学——深層理論への展開』東京大学出版会，1980, p. 185-197. 佐藤慶幸『アソシエーションの社会学』早稲田大学出版会，1982, p. 121-156. などを参照されたい。

第10章　生涯学習を支える団体活動

1　日本の社会教育における団体の位置

(1) 団体中心の社会教育

　日本における社会教育の歴史をみると，団体が重要な役割を演じていたことがわかる。明治以降，第二次世界大戦敗戦までは，さまざまな団体が，育成・利用・統制される対象として存在していた。日本の社会教育の特質は，官府的民衆教化性を基礎にして，対象・手段などに関して，農村地域性，非施設・団体中心性，青年中心性というように規定されており，これがほぼ定説となっていると考えられる[1]。日本の社会教育は，青年団を典型とする団体を主要な担い手として展開してきたのである。

　この青年団は，年齢を基礎にする集団であるが，若者組と一般的に呼ばれる集団が，地域社会において重要な役割を担ってきたのであった。

　若者組は中世末に発生したといわれるが，それは，当時の社会情勢のなかでのいわば自警のための集団であったと考えられており，江戸時代中期以降にかなり普遍的に存在するようになってきている。若者組へ所属する年齢層は，ほぼ15歳から25歳ぐらいにわたっていた。肉体的に男性としての成熟がみられる時期から，地域社会の中堅としての活躍を期待される時期に至るまでの青年がその成員であったわけである。活動の内容は，地域社会における警察，消防，神事・葬式等の儀式，祭り等をはじめとする娯楽行事，それに共同体内の各種の生産活動に関する役割など，その地域社会の存立に必要不可欠の役割を担っていた。若者組は，地域の文化を維持・継承していくという意味で，社会的に重要な存在であったのみならず，青年自身にとっても，教育的機能をもった集団として重要であった。すなわち，若者宿と呼ばれる青年の共同宿泊の場所があり，夜集まって共同体の諸作業を行ったりするなかで，年長者からその共同体の慣行などを教えられたり，性的教育を受けたりしたのである。若者宿は，

いわば半ば公的な教育機関として機能していたのであるが，さらに若者組のサブ・グループが，ごく年齢の近い層でつくられ，親睦を深めるなどの，より遊びの要素をもった娯楽・社交の場としての意味ももっていた。

若者組は，必ずしも自由な集団ではなかった。その自由と自律性は，共同体の諸制約の枠内のものであって，許された範囲内でのみ可能であり，本質的には共同体的規制を維持・強化していくための集団であったといえる。したがって，若者組が担ってきた諸々の役割が公的機関にとってかわられてくる明治以降，一部に自主的な青年の運動があったものの，政府が若者組を再編し，体制維持のための青年団として育成・利用していったという事実も，理解できるところであろう。

青年団のほかにも，婦人団体その他の教化団体が，全国的な組織網を次第に整備し，自発的に結成されたにせよ，結果的には体制維持のために利用されるようになっていったのである。

第二次大戦敗戦後，サークルと呼ばれる小集団が各地で作られ，娯楽的なあるいは文化的な活動が展開された。日本の民主化，封建遺制からの脱却を目標に掲げるサークルも多く，また，政治的運動と結びついた活動も展開された。サークル活動が充実したのは，1950年代前半であるといわれる。量的にも敗戦直後にも増して多数のサークルが誕生し，朝鮮戦争などを契機とするいわゆる政治の逆コースの中で，人間性の回復を目指す活動が展開されていった。生活記録運動，うたごえ運動，共同学習運動，原水爆禁止運動のきっかけとなった東京都杉並区の主婦の読書会活動などがそれである。1960年の日米安全保障条約反対運動においても，その末端には多数の多様なサークルが存在した。その後，1960年代から70年代にかけては，反戦・反権力の活動を行うサークル，コミューンを志向するサークル，自然保護を訴えるサークルなど，さらに多様なサークルが登場してきている。

青年団と関係の深い共同学習運動にふれておくなら，1953年の青年学級振興法の制定に対抗し，日本青年団協議会が打ち出した学習運動があげられる。学習活動への参加者が，それぞれの生活上の問題を提起し，話し合い・生活記録というような活動を通して共通の生活課題を確認しあい，問題解決の方向を検討し，社会的実践活動へ至るという道筋が考えられており，個別の問題につ

いて集団の中で相互に検討を行う（話し合い学習）という点が強調されていたのである。

　ここでとりあげたことは，すべてが直接社会教育に結びつくものではないのであるが，人々の学習活動が集団の中で行われることが多く，その集団のあり方が第二次大戦敗戦前後で違ってきたということが示される。社会教育の前提は，自由や自発性であるので，集団のあり方はたいへん重要なポイントなのである。

(2) 団体中心の意味の変化

　現在の日本の社会教育は，教育基本法・社会教育法によって基礎づけられており，そこでは社会教育施設が重視されているとみることができる。これは，戦前の団体の育成・利用・統制ということへの反省からきていると解釈される。しかし依然として，団体は，日本の社会教育において重要な位置を占めていると考えられる。団体中心ということの意味が変化していると考えること，あるいは，意味を変化させて考えてみることが必要だと思われる。

　ところで，人間の一生は，さまざまな集団とのたえざる交渉の過程であると考えることができる。人間は，家族のなかに生まれ，親族集団・近隣集団・地域社会のなかで成長し，職業集団に加わるなどして生計をたて，新たな家族を創出するというように，いく種類もの集団のなかで生活を営んでいくのである。

　現在の日本の子どもの生活，とくに遊びの場面を考えてみると，集団の占める比重が従来に比べて低下しているということがいえそうである。学歴競争・受験準備のための勉強・塾通いによる自由時間の減少などや，都市化現象による遊び場の減少などの影響を受けて，生活が個別化してきているという傾向がみられるからである。地域社会が崩壊し，その新しい形での再生が容易になされないでいるといわれる。従来，子どもは家族のなかだけで生活していた時期を終えると，人間の社会生活の第一歩として，近隣の集団でさまざまな遊びをしていた。そのなかで，自分の家族とは異なる文化を知り，それぞれの行動様式をつくり上げていったのである。子どもにとって，近隣の集団は，きわめて重要な意味をもっているだけに，多くの人びとが今日の状態を憂い，その復活を願っている。

集団は，子どもの場合だけではなく，おとなにとっても重要な意味をもっている。たとえば，17,8世紀のイギリスにおいて，コーヒー・ハウスの存在と，そこに集まる人々で形成された集団は，社会的にも重要な意味をもっていた。コーヒー・ハウスは，17世紀の中葉から広まり，単にコーヒーを飲む場所としてだけではなく，社交の場，情報交換の場としての機能ももっていたのである。そこには，さまざまな階層の人びとが自由に集まってきて，もちろん職業関連の集団も形成されはしたが，たとえば文筆家の集団（文壇の形成）や社交・娯楽のための集団（クラブ組織）など，イギリスの特徴ある文化をつくり出すことになる集団が形成されていったのである。

　子どもの場合には，仲間集団の活動はほとんどが遊びによって占められているが，おとなの場合には，主として生活の手段を得るための職業活動に関連した形での集団活動が展開されている。しかし，おとなの活動の場合にも，自由時間に集団的形態をもった活動がなされるのであり，その自由時間における集団活動の意味が，今日問われてきているといえる。自由時間の活動・遊びこそが，人間を人間たらしめる活動であるという考え方も存在する。

　このように考えてみると，自由時間における集団の活動というのは，個人の自由や自発性を前提にしたもので，外部から育成・利用・統制されるような性格をもつのではなく，現在では，このような活動が制度的にも保障されているということになる。また，このような集団の活動が人びとの生活にとって意味のあるものだということもできるのである。

　団体中心という考え方が，人々の活動を規制する団体という考え方から，人々の自由な活動を援助・促進・保障する団体・集団という考え方に変化してきたといえそうである。いわばマイナスのイメージをもっていた「団体中心」のプラスイメージへの転化という状況が出てきたのである。しかし，もともと団体・集団には，これまで述べてきたような，いわば個人の統制と解放という2つの機能が同時に存在しているということは充分に理解しておく必要がある。状況によって，そのどちらか一方が顕在化するということなのである。

(3) 団体と行政の関係

　現在の日本の社会教育行政においては，団体・集団のもつ個人の解放の機能

を発揮させるために，個人の統制という機能を最小限に押さえようとする配慮が見られる。ここで，個人の解放ということは，団体・集団の自治・自律性を確保しながらの解放であり，個人の統制の押さえ込みとは，団体・集団自体が行政からの統制を受けないということを前提にしての，団体・集団が個人を統制することの押さえ込みということである。したがって，表面的には，団体と行政の関係のありようということになる。

社会教育法第10条では，「社会教育関係団体」というものを定義して，「法人であると否とを問わず，公の支配に属しない団体で社会教育に関する事業を行うことを主たる目的とするもの」としている。具体的には，地域の子ども会，青年団，ボーイスカウト，スポーツ少年団，PTA，婦人会などを念頭に置くとよい。

行政と社会教育関係団体との関係は，「文部科学大臣及び教育委員会は，社会教育関係団体の求めに応じ，これに対し，専門的技術的指導又は助言を与えることができる。2 文部科学大臣及び教育委員会は，社会教育関係団体の求めに応じ，これに対し，社会教育に関する事業に必要な物資の確保につき援助を行う」(第11条)「国及び地方公共団体は，社会教育関係団体に対し，いかなる方法によっても，不当に統制的支配を及ぼし，又はその事業に干渉を加えてはならない」(第12条)と規定されている。

すなわち，行政は，社会教育関係団体——前述のように，公の支配に属しない，社会教育に関する事業を主たる目的とする団体——の「求めに応じ」る限りにおいて，「専門的技術的指導又は助言」を与えるという限定的な関係をもつのである。団体側の希望・申し出がないのに指示をしたり，団体の事業や学習の内容にまで関与するというようなことや人事や会計への関与などは禁止されているのである。

社会教育法13条では「国又は地方公共団体が社会教育関係団体に対し補助金を交付しようとする場合には，あらかじめ，国にあっては文部科学大臣が審議会等で政令で定めるものの，地方公共団体にあっては教育委員会が，社会教育委員の会議の意見を聴いて行わなければならない」と規定されており，補助金の交付とひきかえに団体の自律性が損なわれないような配慮が見うけられる。この13条は，社会教育法制定(1949年)当初には，「国及び地方公共団体は，

社会教育関係団体に対し補助金を与えてはならない」というものであり，憲法89条「公金その他の公の財産は，宗教上の組織若しくは団体の使用，便益若しくは維持のため，又は公の支配に属しない慈善，教育若しくは博愛の事業に対し，これを支出し，又はその利用に供してはならない」との関係もあって，より厳格に団体と行政との関係の断絶——ノーサポート・ノーコントロール——が表明されていたのである。しかしこの規定は，1959年に，さまざまな議論のすえ，現行規定に変更された。その際の推進側の理由の一つは，大規模な大会開催や国際的な大会への参加などを可能にしたいというものであり，団体の側の自律性も，第二次大戦敗戦前の状況とは違って確保されてきているとの説明がなされた。

　もとより，補助金の交付が団体の自律性を直接に危うくするというわけではないが，特定の方向への陰湿な形での誘導ということなどは，推測できないことではない。問題は，団体側に自律性が存在しているかどうかということなのであろう。たとえば，講演などの事業を企画したとしよう。とりあげる内容についてその必要性をきちんと理解していることは当然のことなのであるが，いつも行っている事業であるからという理由だけで企画して，内容は二の次であったりということもみられることである。したがって，講師の選定にもとまどうことになる。社会教育主事に助言を求めることができるし，この「求めに応じる」ことが行政の役割であるが，「求める」側にもある程度の知識・理解がなければ，助言の正当性・妥当性を確認するすべがない。

　団体の成員が，自らの目的をきちんともち，団体の活動や運営に積極的に参加するという，きわめて当然と思われることがなされていれば，問題はないのである。そうではない団体が，自ら自律性を放棄し，「不当な支配」を受けるようになる危険性が高いのであろう。行政が自らの責務を限定的に把握することと共に，団体側が，自らの存在を確かなものにすることが重要なのである。

　ところで，社会教育行政が団体と関係をもつ方式には，具体的にはどのようなものがあるか，いくつか例示しておこう。実際には，さまざまな方式が試みられており，これらは特殊な例であるともいえる。まず，社会教育関係団体と認定した比較的大規模な団体（たとえば体育協会や文化協会といわれる団体）に対して，包括的な形で補助金を交付するということ。さらに，比較的規模の

小さい社会教育関係団体（たとえば5人以上，半数が市内在住在勤，代表者が市内在住在勤，営利を目的としない，特定の政党の活動や宗教活動をしない，などの条件を付して）を登録・認定して，施設の使用料の減額措置を講じたり優先申し込みを受け付けるなどの便宜をはかったり，それらの団体のリーダー研修を行ったりする形。また，これも小規模の団体（特に，行政の主催した事業から生まれた，いわゆる自主グループなど）に対して学習会の講師謝礼の援助・講師派遣や，単位PTAへの家庭教育学級の委託，PTA連合会への諸研修の委託などの形もよく見うけられるものである。

ほかにも全国各地でさまざまな援助方策がみられるが，これらが団体の成員の自由な学習を促進し，統制的なものにつながらないためには，前述したような行政・団体双方の努力が必要になるのである。

なお，団体がすべて社会教育関係団体であるわけではないし，そのような団体の方がむしろ量的には多いであろうことは，注意しておくべきことである。学習活動・文化活動をしていても行政と関係をもたない団体は多い。これらの団体が，社会教育関係団体としての認知を求めなくても一向にかまわないことである。自前の思想をもち，自前の資源をもって活動を展開している団体で，行政の援助が不要ということであれば，かつての，ノーサポート・ノーコントロールの原理に基づいているものであって，肯定されてよい状況である。もちろん行政側には，「求め」があった場合にはすぐに対応できる態勢を整えておく必要がある。

いずれにしても，行政がすべての団体・集団を網羅的に把握するということは不可能なことでもあるし，けっして行ってはならないことでもある。

2　集団の成立基盤と生涯学習

(1)　集団とその成立基盤

集団の中には，血縁や地縁に基礎をおく集団と，いわば契約に基づく原理で形成される集団とが存在する。19世紀中葉，イギリスの法学者メイン（H.S. Maine）が，政治的結合の原理として血縁的原理と地縁的原理とをあげ，人類の歴史を，血縁から地縁へという発展の方向で把握していたことはよく知られ

ている。20世紀のはじめに、ドイツの民族学者シュルツ（H. Schurtz）は、血縁関係に基礎をおかない年齢階梯制（子どもの時期から老年に至るまで、一定の幅で階梯に区分し、それぞれに特定の役割を担わせるもの）、秘密結社などに言及し、集団構成原理が血縁・地縁のみではないことを示している。契約に基づく集団構成原理を人類学者の表現を用いて約縁と呼ぶならば、人間集団の構成原理には、血縁、地縁、約縁の3種が存在するといえる。

　このうち現在の社会状況のなかで、生涯学習という視角から考えてみた場合、特に注目したいのは約縁に基づく集団の意味である。血縁に基づく集団は人類史上最も古くから存在しているわけであるし、現在でも家族集団・親族集団など、人間形成上の基本的役割を、幼少期に担っている。地縁に基づく集団は、近隣・地域社会として、やはり幼少期における人間形成上の役割を担っており、その力の減退が大きな問題になっているということは言及した通りである。約縁に基づく集団が人間形成に与える影響については、これまであまり検討が加えられてこなかったのであるが、「知縁」「社縁」などの造語がみられるように、最近、注目されてきているのである。

　すでに、団体中心という意味の変化ということをのべたが、そのなかには、団体・集団の構成原理が違ってきたということも、実は含まれていたのである。農村においては、家族労働を中心とする固定的で流動性に乏しい地域社会ということで、地縁や地縁に基づく集団が支配的になっていた。それが、第二次大戦敗戦後の急激な都市化のなかで、むしろ血縁や地縁に基づく集団より約縁に基づく集団の方が社会的に重要な役割を演ずるようになってきたのである。ここでは、地縁に基づく集団の変化と、約縁に基づく集団の特徴についてみていくことにしよう。

(2) 地縁に基づく集団の変化と生涯学習

　地縁集団とは、同一地域に居住することによって形成された集団である。普通、地域社会のことを指すが、日本においては、第二次大戦敗戦後、特に1960年代後半頃にこの地域社会は大きく変化した。

　すでに例示した若者組は、地縁集団としての特徴をもっている。地域社会内の一つの（年齢による）集団であるのだが、それが明治期の変化（体制的包摂）

や第二次大戦後の変化（共同学習運動）を経て，その後，青年の地縁集団としての活動が希薄になってきたといわれる背景には，地域社会自体の都市化に伴う変化があると考えられている。生活の共同ということが，現象的には，確認することがきわめて困難な状況が存在しているのである。

1969年には，国民生活審議会調査部会コミュニティ問題小委員会報告「コミュニティ——生活の場における人間性の回復」が出された。

小委員会報告は，「経済社会の成長発展に伴い変化しつつある諸条件に対応して，健全な国民生活を確保するための方策」のひとつとして，「国民生活優先の原則」をうちたてるために生活の場における集団の形成が必要であるとする。その際，「生活の場に立脚する」「市民としての自主性と責任を自覚した個人および家庭を構成主体として，地域性と各種の共通目標をもった，開放的でしかも構成員相互に信頼感のある集団」をコミュニティと呼んで注目したのである。その背景には，生活圏の拡大，人口の都市集中，生活様式・生活意識の都市化などを要因とする地域共同体の崩壊があり，コミュニティ不在による問題を解決するためにもコミュニティ形成のために必要な条件を整備することが必要であるとされる。

社会教育に関しては，コミュニティリーダーの養成がとりあげられている。そこでは，①指導性を身につけるための理解，②専門分野においてリーダーとなりうるための高い技能，③コミュニティ構成員の市民的意識を醸成し，コミュニティの必要性を自覚し，コミュニティ活動に積極的にとりくむための教育，が求められている。

この報告を契機に，各省庁の政策が動き出すが，自治省では，1971年，事務次官通知「コミュニティ（近隣社会）対策の推進について」を出し，その「対策要綱」をもとに3年間で全国83地区にモデル・コミュニティを設定して，住民活動の計画・展開（組織づくり）と生活環境の整備（施設づくり）とを2本の柱にしたコミュニティ政策が動き出す。のちに自治省のコミュニティ政策は，財団法人自治総合センターを通じて行われるようになるのだが，都道府県・市町村も独自にコミュニティ政策を進めてきている。

さて，社会教育行政の領域においては，1971年の社会教育審議会答申「急激な社会構造の変化に対処する社会教育のあり方について」が，コミュニティ

への注目を示している。「社会教育行政の当面の重点」のひとつとして「公民館の新しい役割とその拡充整備」があげられ、「公民館については、従来ややもすればその性格と活動が明確に理解されていないきらいがあったが、コミュニティ・センターの性格を含む広い意味での社会教育の中心施設として、地域住民の各種の日常的学習要求にこたえながら、とくに新しいコミュニティの形成と人間性の伸長に果たす役割が、改めて重視されなければならない」と指摘されている。また、「結語」で基本的方向のひとつとして「団体活動・ボランティア活動の促進」があげられているが、これもコミュニティへの注目を示すものである。具体的な施策としては、1976年開始の、青少年地域活動促進費補助事業・婦人ボランティア活動促進費補助事業、などをあげることができる。

地縁に基づく集団、特に包括的な集団である地域社会の変化に対応して、社会教育の領域においてもさまざまな施策が講じられたのである。しかし、その施策については、後でふれることになるが、批判もまた存在しているのである。

(3) 約縁に基づく集団の特徴

約縁に基づく集団というのは、その構成原理が契約による集団ということなのであるが、一般的にはボランタリー・アソシエーションといわれる。これは、日本語では「自発的結社」と訳されるのが普通である。また、シュー（F.L.K. Hsu）が「その可能な限りの最も広い意味において、何の目的であろうとそのために意識的に組織された、何らかの種類の自由な結社」をさして、「社交団体、企業連合体、革新主義者団体もしくは改宗勧誘団体およびその他の多種多様な数多くの集まり」までを含んで用いるクラブという概念も存在する[2]。シューのクラブ概念は、家族類型と文化の型（価値志向）を説明変数として用いて、アメリカにおける社会的連帯の原理を「契約の原理」と理解し、社会組織のモデルがクラブ組織であることを示したさいに取り上げられたものである。営利的な集団をもそのなかに含んでおり、仲間集団という概念をはるかにしのぐ範囲で用いられている。

ボランタリー・アソシエーションの基本的特徴は、いうまでもなく、構成原理が約縁に基づくということである。つまり、人々のあいだに共通の、ある特定の関心が存在し、そのために意識的に組織された集団であるという点である。

そして，その集団への加入が個人の自発性に基づいて任意になされるということである。さらに，政治的権力からの独立性，非営利的性格なども付け加えておく必要があろう。このような特徴をもったボランタリー・アソシエーションは，生活のさまざまな領域，たとえば，娯楽・趣味，芸術，社交，スポーツ，宗教，教育，経済，政治，軍事等，ありとあらゆる領域において形成され，重要な機能を発揮しているのである。

　ここで，一，二注意しておく必要があるのは，約縁に基づく構成原理であるといっても，血縁・地縁がまったく影響しないわけではないということである。たとえば，近隣集団のなかでのある共通の趣味をきっかけにした集団など，血縁・地縁を基礎にして，その上での特定の関心の追求がなされることがある。約縁が関係しているかどうかは，集団の成員の自由な活動がどのように確保されるかという点で重要である。血縁・地縁に基づく集団は，個人の意志にかかわらず存在しているわけであり，また，それに所属しているかどうかは，生活が成り立つかどうかに大きな影響を及ぼすからである。また，加入の自発性という点についても，たとえば労働組合や職能集団などの場合で，その集団に加入していない場合には生活そのものが脅かされるようなことになるのであれば，ボランタリー・アソシエーションとしての意味は減じられてしまう。加入のほかに，脱退や日常的活動の程度についてみても，成員の自由が大幅に認められていることが重要であるのは，いうまでもない。自発性，任意的性格が生命なのである。このことは集団の存続期間に影響を及ぼす。成員の共通の関心が拡散・消滅すれば集団が存在する意味はなくなるわけであり，また，成員の共通の関心とともに変化していくということもある。ボランタリー・アソシエーションの存在期間は，むしろ短いことのほうが普通なのであろう。

(4) アメリカのボランタリー・アソシエーション

　さて，約縁に基づく集団が隆盛をきわめるようになったのは人類史上ごく最近に属し，とくに近代以降のことである。ここでは，とくにアメリカ社会を取り上げて，そこに存在した集団の歴史的変遷をスケッチしてみることにする。
　フランスの政治学者トクヴィル（Alexis de Tocquiville）が19世紀中葉にアメリカ社会の特徴をさまざまな種類の団体の存在に求めているのをはじめとし

て，たとえば前述のシューなどもそうであるが，多くの研究者によって，アメリカ社会の特徴の一つに，多数のボランタリー・アソシエーションの存在があげられている。植民地時代の初期には，とくに宗教的共同行動がみられたのであるが，18世紀中葉以降，たとえば，フランクリン（B. Franklin）によって創設されたジャントーのような倫理・政治等にかんする討論と地域に基礎をおく社会活動を目的とした集団があらわれている。そして，相互扶助の機能をもつ集団——フラターニティと呼ばれる——が発生し，独立から南北戦争に至る時期には政治的領域での集団や，専門職の集団などもしだいに多くなり，交通手段・通信手段の発達によって全国組織も結成されるようになってくる。さらに，婦人の団体なども広がり，南北戦争後には，国家意識の高揚ともあいまって愛国的団体も形成され，フラターニティも最盛期を迎える。20世紀に入ると，市民活動団体・奉仕団体・ランチョンクラブ等と呼ばれる，たとえばロータリー・ライオンズ・キワニスなどのクラブ組織や福祉・保健に関連する集団などが形成されてきている。

　以上はアメリカ全体のスケッチであるが，ペンシルベニア州東部のドイツ系移民の多いコミュニティの調査によっても，以下のような集団の変遷が明らかにされている。それによれば，植民地時代の開拓期には教会と学校とが共同の活動の核であったが，独立の時期には，「馬保険組合」や「火災保険組合」という相互扶助的集団が発生し，南北戦争後のコミュニティの文化的安定期には秘密結社と趣味クラブが，1930年ころまでには市民奉仕的クラブが，第二次大戦終了までの時期には愛国クラブと農民クラブが，また，その後は市民奉仕的クラブと趣味クラブが主として結成されているという。

　全国レベルの傾向と一コミュニティの事例とのあいだには当然くい違いが存在するわけであるが，大筋のところは同じであるといってよいであろう。このことは，ボランタリー・アソシエーションにおける成員の共通の関心が，その時代の影響を受けているということを意味しているのである。

　ところで，ボランタリー・アソシエーションの類型法の1つに，「表出的」——「社会影響的」という区分の仕方がある。前者は，その成員に対する機能，すなわち，自己表現活動を助け，目標の達成によって満足を与えるという働きを主としてもつ集団であり，後者は，社会的活動に重点がおかれ，何らかの社

会的影響を生じさせることを第一に考えた集団のことである。この中間的な性格をもつ集団も考えられるわけであるが、「表出的」集団は未開社会や全体主義社会にも存在するが、「社会影響的」集団は近代民主主義社会以外にはほとんど存在しないといわれる。これは政治学者のローズ (A. Rose) によって主張されたことであるが、単純化されすぎているように思えるものの、血縁・地縁に基づく集団、あるいは、それに基盤をすえる社会と、近代民主主義社会との相違が「社会影響的」集団の存在にあるとする見解は、約縁に基づく集団の社会的な機能を強調することになっており（ローズは、アメリカン・デモクラシーにおけるボランタリー・アソシエーションの意義を追究していた）、きわめて重要であるといえよう。

　アメリカは、ボランタリー・アソシエーションの国であるといわれることが多い。その背景には、フロンティア開拓における自助精神の影響や、人種的・民族的多様性の影響などがあると考えられ、民主主義の発展に大きな貢献をしているといわれる。前述のローズは、ボランタリー・アソシエーションの機能として、権力分散機能、方向づけ機能、社会変動機能、社会凝集機能などをあげ、その政治的・文化的・社会的機能を強調している。ボランタリー・アソシエーションの多数の存在が社会を多元化することになり、民主主義社会の実現に貢献するというわけである。また、個人にとっても、集団への帰属によって、さまざまな情報を獲得し、自分の位置を見定めながら理性的な行動が展開できるというのである。

　また、ボランタリー・アソシエーションは階層的秩序との関係でも、社会的に意味のある存在である。たとえばリンド夫妻 (R.S. & H.M. Lynd) のミドルタウンの研究 (1929) によれば、階層が上であるほど加入率も高く、また、社会的昇進のための用具として集団への所属がとらえられている。シンクレア・ルイス (S. Lewis) の小説『バビット』(1922) に描かれている不動産業を営む主人公――平均的アメリカ人――が数種のクラブ組織へ所属するわけは、それが義務的なものであり、また商売上の顧客獲得という利益があり、社会的威信も得られるなどの点にあった。これは、社会的に評価の高いボランタリー・アソシエーションに加入することが社会的昇進にもつながることを示すものであろう。

(5) 約縁に基づく集団と生涯学習

　ボランタリー・アソシエーションは，それぞれの明示された目的をもつものであるから，その目的が追求されるのは当然であるが，以上に概括的に述べたような社会的意味とともに，教育的あるいは人間形成的な意味ももっている。1938年に出版されたヒル（F.E. Hill）の著作によれば，男性のクラブ組織は，会話・討論・演説の聴取・文章の執筆などをとおしての知的諸活動への刺激・訓練という点，人格の形成という点（とくに奉仕クラブにおいて）などに教育的な機能を見出すことができるという。また，綾部恒雄によれば，連帯感の形成・知識の獲得，人格の形成，社会奉仕と社会運動への参加などに教育的な役割が見出されるという[3]。ボランタリー・アソシエーションの教育的機能という場合，情報の獲得という側面と，態度・意識・行動の変容という側面に大別できようが，後者の側面のほうが，ボランタリー・アソシエーション固有の領域と考えることが妥当であろう。青年期に達成すべき発達課題として，市民的能力の訓練がアメリカ人研究者によってあげられる場合があるが，まさに，ボランタリー・アソシエーションが担うべきものなのである。

　約縁に基づく集団の機能については，その適応的性格についても注目しなくてはならない。血縁集団や地縁集団が運命的，固定的であるのに比べて，約縁集団は適応性に富んでおり，さまざまな調査によっても，たとえば都市へ移住した人々のあいだや，新しい作物を導入した社会などにおいて，この種のクラブ的集団が出現していることが明らかである。約縁集団は人びとのあいだの共通の目的によって形成されるのであるから，変化した外部の新しい環境に臨機応変に適応できるというわけである。このように，適応的性格とは，一定の安定状態が崩れ，それまでの組織・集団——それは血縁に基づくものも約縁に基づくものもある——が対応しきれない場合に，新しい環境への個人の適応を可能にする役割をもつという意味に用いられている。

　さらにいくぶん異なる視角から，約縁集団がそれまでに存在した集団の機能を補充し代替するものであるとする解釈も検討されているが，いずれにせよ，約縁集団はその存立の基礎が人間相互の契約ということにあるので，社会の状況ときわめて密接に関係をもっているのである。その関係の一つのあり方として，いわば受身的な適応的性格があると考えられる。

ところで，サークルあるいはサークル活動ということばは日常的によく使われている。このことばは仲間集団ということばに近いが，今日ではとくに大学生の同好会や主婦の余暇活動の集団などをさして使われているようである。しかし，日本においてサークルということばは歴史的な意味が付与されていたと考えられる。すなわち，もともとプロレタリア文学運動のなかで使用され始めたことばだといわれており，第二次大戦後の社会では虚無感と解放感とが錯綜し合う状況で娯楽や文化的活動をする集団が多くみられた。その後の動きについては，すでにふれたが，戦後の動きの中でのサークルという用語には，政治権力に対抗する姿勢が感じられるわけであるが，政府等との対峙・対決ということにまではいかないにしろ，既成の組織からの自由や自己解放・自己変革という意味あいが込められているものと考えられる。

 このように限定した意味でのサークルの機能も，前述の適応的性格という概念で把握することが可能であろう。つまり，戦前からのさまざまな組織・集団が，敗戦という社会の大変動に対応しきれず，約縁集団であるサークルが多数登場し，諸個人の適応を援助し，また，それまでの組織・集団の機能を代替していったと解釈することである。もちろんこの解釈は妥当であると考えられるが，もう一方で，サークルの機能として社会変革ということを強調することも可能であろう。すでにローズの「表出的」―「社会影響的」という類型を示したが，「社会影響的」のなかでもとりわけ，存在している社会を変革し新たなものを創造するという機能をこのサークルに見出すのである。

 これまで，仲間集団，約縁集団，ボランタリー・アソシエーション，クラブ，サークルという用語を，一応は区別しながら使ってきたが，それらの関係は以下のようになるであろう。人間が形成する集団の紐帯を考えた場合に，血縁・地縁とは異なり共通の目的の追求のためにいわば契約を紐帯原理とする集団をさす場合に，その原理にとくに着目して約縁集団という語を用い，ほぼ同義であるが，成員の自発性という点を強調してボランタリー・アソシエーションという語があると考えてよい。むしろ，一般的にはボランタリー・アソシエーションが用いられるが，とくに紐帯原理に着目して約縁集団という語が用いられるといったほうが正確であろう。また，クラブという用語は，前述のようにシューが用いる場合には，紐帯原理は契約であるが広く「ある目的のために意識

的に組織されたあらゆる種類の自由結社」をさし示し，加入の非自発的なものまでも含んでいるのである。一般的にはボランタリー・アソシエーションとほぼ同じに用いられているといってよいであろう。仲間集団の場合は，一般的にいって，集団としての組織性はきわめて低く，「契約」も明確ではなくあいまいなことがごくふつうであり，一方的な場合もありうる。サークルという用語は，すでに示したとおり，日本において歴史的な意味を有してはいるが，現在ではごく一般的に，ボランタリー・アソシエーションや仲間集団と同義的に用いられているといえる。また，団体は，制度論的な文脈で用いられるという性格をもっている。

　約縁に基づく集団の重要な特徴は，生産活動や日常的な生活に直接的な関係をもたないということである。このことは，さまざまな利害が錯綜した，既成の組織・集団から自由になることが可能であるという意味である。生活上の規制から逃れ，自由な交流の場所としての意味をこの集団はもつのである。そこでは自分のごく周辺に日常的に存在するものとは異質の考えや行動様式に接触することが可能になり，自己の考えを集団的場面に映し出して検証することもできる。もちろんこの集団は完全に異質な人間の集まりではなく，一定の同質性をもっていることは事実であるが，日常的場面では出てこない個性を，それぞれが出し合うことが容易な集団なのである。この集団のつながりはたいへん緩やかなものであって，お互いを手段として利用するのではなく，相互に受容的な性格を有し，それぞれが過去にとらわれることなく新しい自己を発見し，また，冒険的な試みも可能になる。個人の自己解放・自己改革の場でもあり，社会的にみた場合には，社会変革の苗床という意味をもってくる。それは，既成の日常的な組織・集団から自由であるという性格を考えれば理解できるところであろう。

　このように，約縁に基づく集団はその成員個々にとっても，また社会にとっても，きわめて重要な役割を演じるのである。とくに，今日の産業化社会・都市化社会においては，単に個人が心の安らぎを得られる場としてだけではない，自由な創造的な活動の拠点として注目される。

　ところで，ネットワーキングという言葉も，各所で用いられている。たとえば，LipnackとStampsの"Networking"というタイトルの本が1982年にア

メリカで出版され，1984年に日本語訳が出ている。この本では，アメリカにおける"another America"すなわち対抗的価値をもった，さまざまな運動体の連帯・連携が紹介されている。

　ちょうど同じ時に，内閣総理大臣の諮問機関である国民生活審議会の総合政策部会報告「自主的社会参加活動の意義と役割——活力と連帯を求めて——」(1983年10月）が出されている。さらに，1983年11月には，経済企画庁国民生活局編『自主的社会参加活動の意義と役割』，1985年8月には，経済企画庁国民生活局国民生活政策課編『社会参加活動の実態と課題』という関連した調査報告書が刊行されている。

　Lipnackらのネットワーキングという考え方が対抗的価値をもっていたのに対し，これらの報告書で用いられる一見同様な考え方である「自主的社会参加活動」には，そのような側面はないといえる。国民生活審議会部会報告によれば，「自主的社会参加活動」とは，「地域，家庭，グループ・サークル・団体等のインフォーマル部分において，同一の目的を有する人々が自主的に参加し，集団で行っている活動の総称」であり，①「参加する個々人の満足度，とりわけ活動要求の充足及び人間関係欲求の充足という二つの面で精神的充実感を高める」，②「個性的，創造的な生き方を一般的に涵養することに役立ち，さらに人と人とが力を合わせることにより，個人では出来なかったことを可能とするなど，社会全体の創造性の増進に寄与する」，③「地域社会において，人々の関心や価値観の多元化に対応しながら，知り合い関係をはじめ，幅広い人と人との連帯を形成し，そのことによって隣人の顔が見える安心で暮らしやすい安定した社会の形成に寄与する」という意義をもつものであるとされる。すなわち，「創造的安定社会」の構築のため，民間の自主的な活動を活用しようとする方策であり，1970年代のコミュニティ政策が地域社会の再編をめざしたものであることに対比すれば，ボランタリー・アソシエーションに注目しての小さな政府を志向した政策であるといえる。

　このように，約縁に基づく集団の意義が重視されるようになっており，生涯学習・社会教育という観点からも，この種の集団の活動は注目されるものがある。

3 集団による学習活動の新しい展開

(1) コミュニティ活動と学習

すでにふれた通り，1970年代はじめから，コミュニティ政策が展開され，社会教育行政においても，コミュニティへの注目がなされた。コミュニティを積極的に評価する立場では，社会教育によってコミュニティ形成が推進されるとし，地域的利害意識を「特殊的」な状態から「普遍的」な状態へと変化させるために，社会教育・社会教育行政の役割が強調される。また，社会教育施設づくりの過程や施設の運営への参加に意味があるとする議論も存在する。住民が，社会教育自体の意味や課題，社会教育施設の機能・役割，地域社会のあるべき姿などを自己学習・相互学習する場としてとらえられるのである。

これに対して，具体的には，コミュニティ計画の策定や活動とコミュニティ組織との関係で，特定の組織・団体が重視されかねない危険性や活動における動員的傾向・ボランティアの組織化の問題性が指摘されるなど，否定的・警戒的にコミュニティ政策をとらえる立場もある。

展開された具体例をみると，住民組織であるコミュニティ協議会，住区協議会などが設置され，コミュニティ施設の管理・運営が行政から委ねられ，さまざまなコミュニティ活動が行われており，その一環として，地域社会に密着した学習活動，親睦・社交的意味をもった文化活動がなされる。そこでは，いわば参加することによっての学習が行われているのであり，また，学習機会を住民自らが整備することが期待され行われているのである。

是非は別にして，学習者自らが自らの学習を企画し運営するという形である。強制を受けるのではなく，自由と自発性を前提とするのならば，大いに推進されてよい形態であろう。ただし，学習展開のために専門的な援助ができる人が存在しなくてもよいのか，学習したいことだけを学習するだけにとどまってしまってよいのか，コミュニティ組織が本当に自主的・自発的な連帯に基づく組織になっているのか，などについては，充分な検討が必要であると思われる。

コミュニティは，古くからの地縁に基づく地域共同体に代わる新しい連帯意識を前提とした集団であり，地域生活に密着した学習活動の場として，今後とも大きな期待をもたれるものである。

(2) ボランティア活動と学習

　ボランティア（volunteer）という言葉は，語源として自由意志という意味のラテン語をもっているといわれる。西欧社会においては，キリスト教文化の影響のもと，自発的な無償の活動としての伝導・布教などの宗教的活動の場面と，軍事的な場面で志願兵・義勇兵を示す言葉として用いられてきた。この後，この宗教的場面・軍事的場面とともに，社会事業・社会福祉の場面において，地域社会における奉仕活動を行う人々を表現する言葉としても用いられてきている。ちなみに辞書によれば，ボランティアは「義勇兵」とならんで，「自ら進んで社会事業などに参加する人」という定義が与えられているのである。

　わが国の社会でボランティアという言葉が用いられる場合には，とくに社会事業・社会福祉の領域においてであって，ボランティア活動は社会奉仕活動という言葉におきかえられることが多かった。ボランティア活動という言葉には，自発性，自律性，利他性，非営利性，継続性，組織性などの意味が含まれていると考えられる。ただし，これらは現実には，それほど厳密には考えられない場合も多く，さまざまな活動がボランティア活動と呼ばれ，プラスの評価が与えられる活動として定着してきている。

　ところで，今日，ボランティア活動が注目される必要があるというのは，どのような理由からなのであろうか。まずひとつには，人間生活は本来，相互扶助的性格をもっているということがあげられる。共同生活を営むには，それぞれが可能な範囲で他者を援助することが当然のことであり，何も，ことさらボランティア活動などといういい方をしなくてもよいのかもしれないが，あまりに個別化した生活が広がっている状況にあっては，特別に強調する必要が存在するのであろう。また，生活の富裕化とも関連して，自分のもつさまざまな能力を，社会の中で生かし，他人に対して役にたつことを望むとともに，自分でも満足を得るというような，いわゆる生きがいの問題としてもボランティア活動が注目されているといえるであろう。さらにもうひとつ，いわば行政の簡素化という観点からもボランティア活動が注目されてきているといってよい。行政機能の肥大化・財政の硬直化が批判される中で，可能な限りの行政の簡素化といわゆる民間活力の導入・利用という方向にあって，「自助」という価値が強調され，いわば行政の肩がわりとしてのボランティア活動の推進もみうけら

れるのである。

　ボランティア活動が注目される背景には，いくつかの理由が存在するわけであり，また，それらが錯綜しながらも，特に行政が積極的に推進しているというところに，今日の我が国における特徴があると考えられる。

　行政におけるボランティア活動推進は，近年きわめて活発になっているが，社会教育の領域では，1971年の社会教育審議会答申「急激な社会構造の変化に対処する社会教育のあり方について」などが，ボランティア活動への注目のはしりであった。そこでは，「民間における有志指導者の拡充」がひとつの課題とされ，「心の豊かさを求め，社会連帯意識を高めるために」団体活動やボランティア活動を重視・促進することが必要だと述べられており，その後，青少年地域活動事業（ふるさと運動・仲間づくり・奉仕活動），婦人ボランティア活動事業，青少年社会参加促進事業などが国の補助事業として定着し，各地に広がっているのである。これらの事業は，ボランティア活動に関する理解の深化，ボランティア活動に必要な知識や技術の習得，さらにボランティアとしての実践などをその内容としている。

　ところで，社会福祉の領域の事業と社会教育の領域での事業とを比べてみた場合，どのようなことがいえるのであろうか。ひとつは，社会教育の領域の事業は，福祉などの領域におけるボランティアを育てていくという役割を担っているということであろう。これは，社会教育が，単に他の領域の踏み台になるということを意味しているのではない。ボランティア活動が，ボランティア自身にとって学習経験として生きてくるはずであると考えるのである。したがって，ボランティア活動に必要な知識や技術の習得といっても，それだけが重要だというわけでなく，習得した知識や技術，ボランティア活動自体が基礎となって，ボランティア自身の認識や行動が変わっていくということが期待されているのである。

　かつて，寺中作雄が敗戦直後に公民館を構想した時，公民館は町村自治振興の機関であるとも位置づけられた。その意味は二つあって，公民館の組織運営自体が自発的に行われるということと，公民館の事業が自治の訓練を目的としているということであった。このことをボランティア活動と重ねあわせてみた場合には，公民館活動・社会教育活動が住民の自発的・自律的な活動によって

基礎づけられ，さらに自発的・自律的な活動が活発になることをめざした事業が展開されることになるのであろう。

　公民館などでボランティア関連の事業を実施する際に注意すべきことは，単に知識や技術の習得にだけ力点を置いてはいけないということである。そしてボランティア活動が，いわば人びとを動員するような形になってはいけないということも重要である。ボランティア活動はよいことなのだから，何も考えず，何も言わずに「奉仕」するべきだなどと考えることは，社会教育・公民館の理念にもとることである。「生涯教育」という考え方を広めたラングランは「懐疑の精神こそ，自律的人間を形成し，民主主義的市民をつくり出すものである」(『生涯教育入門』)と述べているが，なぜボランティア活動が必要なのかというようなことまでを考える内容を含んだ事業を企画し提供していくことが望まれる。

　たとえば，汚染された河川や湖沼などの環境を改善するようなボランティア活動に関する事業の場合には，環境汚染の理由やそのためになぜボランティア活動が必要なのかということをも考えることが重要であり，地域の伝統を継承するための事業では，地域の変化と伝統との関係などを理解していくことも重要である。

　社会教育の領域でボランティア活動を考える場合，ボランティア活動の結果（他者等に対する）に注目するのではなく，ボランティア自身の変化に，より注目すべきなのであり，合理的な思考をその過程に含んでいるかどうかが重視されなければならないであろう。自律的な個人を前提とし，かつ自律的な個人を生み出すような事業が期待されるのである。その中から地域の連帯が生まれるのである。よい価値を広めるというような姿勢からは，真の意味の社会連帯意識は生まれないであろう。

　ボランティア活動を集団という文脈にいれて検討することには，やや疑問の向きもあろうが，ボランティア活動は，個人的にではなく，集団的に活動が行われることも多く，行政による養成や研修ということが行われていることもあって，集団による生涯学習という文脈からも大いに注目に値するものであると思われる。

(3) サラリーマンの勉強会

近年，サラリーマンの勉強会がブームになっているといわれる。勉強会がらみのビジネス書も多数刊行され，週刊誌，月刊誌などでも特徴をもった勉強会が紹介されることも多い。この種の勉強会は，きわめて多様な活動を展開しているが，単に知識や技術を習得して自らの職業に役立てるための活動というわけではなく，"人の輪""ヒト情報""人脈"を得ることによって，自らの職業生活の機会を増やしたり，職業への何らかの貢献を期待してなされる活動であるといえる。

1975（昭和50）年前後，日本がオイルショックの中にあった頃，サラリーマンの間に勉強会ブームが起こったという。時代の先行きの不安感がそのブームの原因のひとつにあげられるのであるが，1985（昭和60）年頃からもまた，第2次勉強会ブームといわれるような状況になったという。ちょうどブームの谷間であるが，1977（昭和52）年には，『実業の日本』誌が"サラリーマンの「資格」"（No.1885，3月15日号）という特別企画を組み，"サラリーマンの勉強"（臨時増刊，11月20号）という増刊号を出している。また，"サラリーマンの勉強会"（No.1929，1979年1月1日号），"サラリーマンの知的武装"（No.1952号，1980年1月1日号）という特別企画も組まれていた。ブームがいつかということはさておき，この勉強会とはどのようなものであるのか，まず『実業の日本』No.1929をもとに検討してみよう。

編集部の"調査"によるいくつかの勉強会の様子をみよう。

〔丸の内朝飯会〕目的：サラリーマンや自営業者が集まって，テーマを設けてメンバーがレポートを発表したり講師の話を聞いたりする。その他：新宿で1965年に始めて，その後場所は変わったが，すでに670回を迎えている。毎週木曜日朝7時30分〜9時。東京ステーションホテル食堂にて。会費は不要で朝食実費のみ。メンバーは45名，年齢は30〜40歳。

〔現代情報研究会〕目的：業種，会社，ポスト，年齢を超えて本音の情報，意見の交換を行なう。広い分野から一流の講師，実務家を招いて，切磋琢磨──，自己啓発を行なう。専門的テーマは分科会的プロジェクトとして推進する一方，他の研究会と横断的交流を図る。その他：テーマは，ビジネスマンの自己啓発，戦力化，活性化に役立つものはすべてとり上げる。

会員数約80名。オープンシステムで紹介者不要。原則として水曜の午後6時30分～9時30分をあてる。月1,000円，その都度実費。1977年発足。会員50名。

〔特許管理研究会〕企業における新製品，新技術の開発手法，発想法および工業所有権法ならびにこれらの関連につき研究し，あわせて会員相互の啓発育成をはかり，もって企業内の特許管理活動の推進を寄与することを目的とする。(会則第1条)。その他：メンバーは主として企業内の特許管理者，研究開発担当者で，毎回20～30名が出席，熱心な研究をくり返している。3年前に発足。年6～7回。その都度2,500円。

　紹介されている勉強会は多様である。同一会社の社員が集まった会や，高校・大学などの同窓会を母体とするものなどもあり，テーマも，語学の研修，趣味や特に設定しないものもみられる。そのような中で，"ベンチャーズ・グループ"という，ベンチャー・ビジネスの企業人と大手企業のサラリーマンからなる会のメンバーの意見が紹介されているが，勉強会に何が期待されているかをうかがうことができる。

〔吉田氏・30歳〕学んだことを要約すると……異業種の人たちと交流することにより，問題解決のヒントが得られることが度々あるということ……，〔久保田氏・41歳〕企業のなかにいると，気づかないうちに思考が固まりがちになる。いろいろな職種や業種の人たちつきあうこと，なかでもいわばハミダシ人間の社会をもっと知りたいというのが一つの動機であった。〔佐々木氏・46歳〕若い技術者の集まりと聞いて興味をひかれ，入会しました。私は仕事がら，いつも最近の技術情報に敏感であらねばならないからです。……本や雑誌ではわからないところが，会のおかげでわかったりすることもあります。〔田中氏・50歳〕私どもの業務であるコンピュータの，そのレベルアップをはかっていくうえで，新しい情報，たとえば機種の問題やソフトの利用の仕方なども含めて，参考にさせていただく話が多いのはありがたい。また先ゆきのことを考えて，人の輪を広げておきたいとする気持ちもかなり満たされている。ただ，会に参加する人にもいろいろなタイプがあり，すぐ商売に結びつけようとされる人にはいささか困る。

この会は1975 (昭和50) 年発足し，週1回午後7時から2時間，講師を招いて講義形式で開かれており，会員数300，1回の出席者は30-40人であるという。会員は次第に変わり，経営などの問題だけでなく，幅広い分野のテーマがとりあげられるようになり，会のモットーも"人を知る，人の数ほどヨコ出世"であるとのことである[4]。

　いくつかの例を示したが，勉強会が，単に知識や技術を習得するための機会であるのみではなく，"人の輪"，"ヒト情報"，"人脈"を得ることによって，自らの職業生活に対して何らかの貢献が期待されているものであることがうかがえるのである。

　1983 (昭和58) 年11月3日，前述の国民生活審議会総合政策部会報告「自主的社会参加活動の意義と役割——活力と連帯を求めて——」が出された直後，日本サークル活動振興会という団体が，(社)社会開発統計研究所 (LipnackとStampsの"Networking"の翻訳や，前述の経済企画庁の報告書を担当している) の協賛，経済企画庁・日本経済新聞社の後援で，"サークル活動全国大会"という集会を東京・ダイヤモンドホテルで開いている。経済企画庁国民生活政策課長も助言者で登場するなど，自主的社会参加活動の提唱を基盤に，サークル間の"ネットワーク"作りを企画する団体のいわば，旗上げ集会であり (設立は前年1月)，その後，翌年第2回大会を毎日新聞社との共催で"サークルネットワーク大会"と題して開催し，情報誌『ＣＣ』(サークル・サークルのちクリエイティブ・コミュニケーション) を発行するなどの活動を行っている。この場合の"サークル活動"にも，サラリーマンの勉強会は含まれているのであるが，勉強会そのものの連絡組織として，「知恵の輪」という組織が，1985 (昭和60) 年発足している。この「知恵の輪」は，毎年"勉強会祭り"と称して合同パーティーを開催しているが，年毎に参加グループが増える傾向にあり，『人脈手帳』というタイトルで刊行している。"勉強会リスト"には，1987年版で，168のグループのプロフィールが紹介されている。また，東京・新橋にある，スナック兼貸集会場の「都市小屋・集」は，1975 (昭和50) 年に開かれたサロンであり，ここを拠点にさまざまな勉強会が生まれているが，一種の勉強会ビジネスであるとも受けとれる。さらに，「ヒューマン・ファミリークラブ (人間舎)」という組織が1983 (昭和58) 年に作られているが，これは，マンショ

ンの一室を借り，自らの勉強会の場とするとともに，会員外に向けたプログラムを用意するなどのビジネス的要素をもっているものである。

このような動きからもわかるように，サラリーマンの勉強会は，ただ会員が閉鎖的に集まりを持つというような私的な生活をもつものではなく，勉強会どうしの交流や連携，あるいは，"勉強会ビジネス"としての展開なども見うけられるようになっている。また，住友信託銀行が1986（昭和61）年秋から，「社外交流費」として5カ月間で1人当たり25万円を200人に対して支給するという制度を開始したことに象徴的にみられるように，サラリーマン個人の側だけでなく，企業の側にも，その役割が期待されているのである。

さて，勉強会がらみのビジネス書も多数刊行されているが，「知恵の輪」の代表である下村澄（毎日放送，社長室次長）は，その著書（『「人脈」のつくり方』PHP研究所，1986）の中で，情報化社会は2つの特徴をもっており，「その1つは，個人が永年かかって錬磨した（技術的な，あるいは知識としての）ノウハウが，どんどん陳腐化していくということだ。2つめは，情報化時代は，いきおい情報過多の時代でもあるということだ。この2つの難問を同時に解決できる方法こそ，じつはインフォーマルな勉強会を通してつくられる，人脈のネットワーキングなのである」(p.21-22)と述べ，異業種交流を勧める。

ルポライター・井澤忠夫によれば，1980年代後半の勉強会ブームは，オイルショック後の第1次のブームと比較して，①専門化，細分化され，目的別の会が多く生まれている，②女性（OL，主婦，自営業）の参加が増えている，③企業の勉強会に対する理解がでてきた，④勉強会そのものがビジネス化，企業化される傾向がみられる，などの特徴があるという[5]。ソフト化社会，経済のソフト化という状況の中で「勉強会は教育のスキ間を埋める新しい教育機関として，ますますこれから『蔓延』するであろう」「講師集団――勉強会会員――ほかの勉強会会員の間にネットワークが形成されれば，新しいシステムが実現するに違いない」[6]という見解は，やや大げさであるにせよ，成人サラリーマンの職業教育・社会教育という領域において，勉強会は，無視できない存在になってきたといえるであろう。

正月の都会の一流ホテルで，中高年向けのパソコン教室が1泊2日で開かれ，盛況であったことが，"ビジネス戦士"というタイトルで紹介されたことがあ

る[7]）。職場のOA化に適応するための個人的対応という形であるが，この種の企画が，さまざまなところで見られる。この例は，ホテルの企画であり，これまでの既成の職業教育関係の機関などが開催したわけではない。内容の程度や組織性などに大きなちがいはあるものの，さまざまな社会組織・集団が職業関連の教育・学習機会を提供するようになってきている。また，人びとも，提供された教育・学習機会を環境変化への個人的適応として積極的に利用している。

　これは，これまでの既成の固定的な教育機関のほかに新たな組織等が参入してきたということとともに，人びとの側が，たとえば企業内教育というような固定的な制度にとらわれず，個人的な対応を示してきたということであるが，大きな枠組みには変わりはない。

　ソフト化社会といわれる状況の中で，特にベンチャービジネスとか，新しいサービス産業，情報・企画関係の自由業的色彩の強い職業が生まれてきた。そのような職業に就く人びとの間では，単なる状況の変化への適応としてのみ職業教育は考えられるわけではない。

　たとえば，すでに紹介した勉強会「ヒューマン・ファミリー・クラブ」の創設者青木康三郎は，現代社会では「人と人をつなぐ『場』の価値が一段と高まってきた」として，それは，「仕事と遊びの間に境界を引くのではなく，『公私合同』，むしろ個の部分からビジネスが発生する仕組みを持つ」「フェース to フェースの個のつながりが次の出会いを生み，文化（ビジネス）を起こす」と述べている[8]）。勉強会が，職業・仕事を生み出し，職業・仕事に関連する能力を獲得する機会として考えられるのである。ノー・ハウとノー・フー的な情報が重要な職業では，仕事自体が遊びや学習の要素をもってくるのである。これは，前述のパソコン教室的"職業教育"とは異なる。このような動きには，単にサラリーマン個人だけではなく，企業自体も関心を示している。その背景には，産業構造の転換関連で異業種への参入・接近・交流という必要性が存在している。

　このような状況では，成人の職業教育を考える際に，既存の職業教育関連の機関のみを検討するだけでは充分ではないと考えられる。もちろん既存の職業教育関連機関自体が変化へ対応する動きもあるし，それらの連携が考えられて

もいるだろう。それに加えて，ここで紹介したような，サラリーマンを中心とする"勉強会"などの動きにも注目する必要が出てきたといえよう。これは，QCサークルとは全く異なる，社外の交流が基礎となるものであって，異質な人間・発想の交流にその可能性が見い出されるのである。ただし，この勉強会は，既存の職業教育関連機関が対応しきれていない"スキ間"を埋めるものであっても，産業社会の社会構造や価値観を交換するような力をもつものではないであろう。職業・仕事関連であれば，当然のことなのである。

　そこでは，勉強・学習ということが，むしろ手段として扱われるのである。したがって，企業が社員の勉強会（特に社外・異業種交流の）を奨励・援助することがあったり，勉強会自体がビジネス化されるという傾向がうかがえたりするのである。この種の集団による活動は，ともすれば既成の組織・集団と抵触しない範囲での活動のみに限定されることもあり，社会の安定化の役割を担っていると考えられる。社会への根源的な問いかけというようなこと，創造的な社会変革ということは，期待できない。

(4) さまざまな集団活動

　ところで，特に女性によるワーカーズ・コレクティブの動きが広がっているといわれる。何人かで資金を出し合い，共同して仕事を行い，仕事を単に生計の手段だけにしないで社会参加の窓口とするような，新しい，仕事を通じた社会参加を試みる人々の動きである。仕事の内容は多様であるが，当然，社会的貢献ということがその選択基準のひとつになっている。たとえば，仕出し弁当屋さんということもあるが，そこでは，食品公害の問題，健康の問題，ゴミや環境の問題などを積極的に考えながら行動＝生産的活動を行うということが心がけられているのである。

　このほか，リサイクル・ショップ，家事や介護のサービスなどの仕事がみられるが，これらは自らの仕事の中で仕事自体の意味を問い，日常的生活のなかで社会的問題を問うという，能動的な働きかけ・学習活動が展開されていると考えられる活動である。サラリーマンの勉強会と比較すると，この種の集団の活動は，日常的な生活に密着しながらも，創造的な社会変革につながる可能性をもっていると思われる。自前の資源をもちながら学習的な活動を展開すると

いう，これまでよく見られた学習者集団とは異なる動きであるといえよう．

　これらのほか，ここでは言及することができなかったが，さまざまな職能団体で，生涯教育という観点から会員の研修の機会を体系化させる動きが目立つことや，非営利的な団体が作られ，地域社会に密着した継続的な学習会・講座が開かれることが多くなってきたことなど，団体・集団が生涯学習を支えるという状況は，ますます広範にみられるようになってきたといえよう．集団内での人間が，緩やかで部分的なつながりで結ばれており，固定的な全面的なものにならないところに意義があるのと同時に，これらの集団が，社会の中で，固定的な役割を演じたり，社会の一部に組み込まれず，自律的な活動が可能であることも重要なことなのである．

注
1) 碓井正久「社会教育の概念」長田新監修『社会教育』御茶の水書房，1961.
2) Hsu, F.L.K., 1963, *Clan, Caste, and Club: A Comparative Study of Chinese, Hindu and American Ways of Life*, Van Nostrand Co. & Inc. 作田啓一・浜口恵俊（訳）『比較文明社会論——クラン・カスト・クラブ・家元』培風館，1971.
3) 綾部恒雄『クラブの人類学』アカデミア出版会，1988.
4) 福本武久「会社人間，『勉強会』に走る」『プレジデント』Vol. 25. No. 10, 1987, p. 354-363.
5) 井澤忠夫「様変わりの勉強会最新事情」『実業の日本』No. 2127, 1987, p. 96-99.
6) 八木哲郎「勉強会ネットワークの効用」ゼミナール研究会『コース別ビジネス勉強会100』ビジネス・アスキー，1987, p. 216-220. 八木は勉強会のさきがけ的存在の，「知的生産の技術」研究会代表
7) 『朝日新聞』1988年1月5日付夕刊「今日の問題」
8) 『日刊ゲンダイ』1988年1月22日付

参考文献
(1) 綾部恒雄「米国のコミュニティとクラブ組織」『民族学研究』(34-3) 1969.
(2) 綾部恒雄『アメリカの秘密結社』中公新書，1970.
(3) 綾部恒雄「米国におけるクラブ集団の教育的機能」『九州大学教育学部附属比較教育文化研究施設紀要』(No. 22) 1971.
(4) 綾部恒雄「約縁集団（クラブ）の社会人類学」『社会人類学年報』(Vol. 2) 弘文堂，1976.
(5) 綾部恒雄「日本における約縁集団の展開」『比較教育文化研究施設』特別号，1979.
(6) 平山和彦『青年集団史研究序説（上・下）』新泉社，1978.
(7) Hsu, F.L.K., 1963, *Clan, Caste, and Club: A Comparative Study of Chinese, Hindu and American Ways of Life*, Van Nostrand Co. & Inc. 作田啓一・浜口恵俊（訳）『比較文明

社会論——クラン・カスト・クラブ・家元』培風館，1971.
(8) 思想の科学研究会『共同研究・集団』平凡社，1976.
(9) 角山栄『産業革命と民衆』(生活の世界歴史 10)河出書房新社，1975.
(10) 加藤秀俊『人生にとって組織とはなにか』中公新書，1990.

第11章　米国における Voluntary Association の研究
―― 〈ボランタリズム〉研究へ向けて

1　はじめに

　本章は，米国における Voluntary Association [1] に関する研究の概括的な紹介を主要な目的としている。

　成人教育学研究者がことさら V.A. に関する研究に深入りすることに対しては，研究における能率という観点からも批判のあるところであろう。しかしながら，未だ V.A. 自体の総合的追究がなされていないことは米国人研究者の指摘[2]にもみられる通りであり，さらには，成人教育学研究者の間に V.A. に関する理解が普遍的に存在してはいないであろう現在，V.A. の包括的・総合的認識を得ることは，研究における必要条件であるといえよう。

　後述するように，V.A. については種々の視角からする研究がなされてきたが，成人教育学研究における固有の意味は，以下の3点にまとめられるであろう。

　第一は，成人教育学の主要な研究課題である〈ボランタリズム〉が V.A. に具現化されており，それゆえ V.A. 研究が〈ボランタリズム〉研究へ向けての有力な手がかりとなるであろうことである。〈ボランタリズム〉の重要性が指摘されることは多くとも，本格的な研究はほとんど見うけられないような現在，1つの視角にはすぎないが，V.A. 研究を基礎とするアプローチは，研究発展の可能性を内包していると考えられよう。

　第二は，米国成人教育研究に関しての意義である。米国における調査によれば，成人の教育活動のうち，純粋な教育機関によって実施されるのは，その40％にすぎないということである[3]。他は，V.A. の範疇にはいる教会関連組織や地域的組織などによって担われているのである。米国成人教育における V.A. の役割は無視できない。

第三は，第二の点とも関連するが，V.A.の果たす〈成人教育的機能〉についての意味である。前述の調査によれば，地域的組織が主として担っている領域は「趣味・余暇」・「社会問題」であるという[4]。さらに，多くの論者の指摘するところである"民主主義の訓練がV.A.の中でなされる"というような点も考慮するならば，広義の成人教育を把握する際にV.A.は重視さるべき対象であることが承認されるであろう[5]。米国成人教育の伝統である職業教育の枠外にあるものの強調である。

　以上，成人教育学研究におけるV.A.研究の固有の意味を，3点にわたって略述してきた。本章は，以上にあげたV.A.研究の重要性を指摘するとともに，米国におけるV.A.に関する研究の概括的な紹介を行うことによって，V.A.に関する包括的・総合的認識を共有しようとするものである。

2　概念と類型

　RoseはV.A.を，「特定の関心（あるいは目的）を共通にもち，その関心を満足させ，あるいはその目的を達成するために，共に会合をもち，行動することに同意している人々から成る小集団」[6]と規定している。さらにRoseは，規模拡大の可能性の存在，政府との間に公式の接触のないこと，フォーマルなリーダーシップ・専門分化した活動・運営規則・一定の会合場所と時間の存在，を付加している。

　しかし，関心の範囲，組織的特性を基準にすることの是非については議論の残るところである。

　V.A.の概念を，これまでにもっとも明確な形で整理しているのは，Sills[7]であろう。SillsはV.A.を，①成員に共通の，ある特定の関心の追求を促進するために組織された集団，②成員資格が（強制や出自によるものでないという意味での）自発性に基づく，③政治権力から独立に存在する，という3基準で概括的に定義している。これにはさらに，①組織の主たる活動が，生計を得るための職業に関連していない，②成員の多数がvolunteer（給料を受けていない）によって占められている，という付加基準が考えられている。

　本章では，Sillsの定義に依拠しつつ，V.A.を以下のように規定しておこう。

すなわち，
　(1) 成員に共通の特定の関心の追求
　(2) 成立・加入・脱退・活動における成員の自発性
　(3) 政治権力からの独立
　(4) 金銭的な無報酬
　(5) 非拘束時間における活動
という特徴を備えた人間集団を V.A. と規定することにしよう[8]。

　しかしながら，これまでの V.A. 研究においては，研究者個人の視点に基づいて V.A. が規定されている。たとえば，教会や労働組合の扱われ方である。教会への加入は，日常生活場面における欲求に基づくものであり，その成立時はともあれ，現在においては V.A. とみなすのは困難であろうが，教会を基盤とする宗教関連の集団は V.A. といえよう。労働組合も，その発生においては V.A. と考えられようが，加入しなければ職業を獲得・継続できない場合には，もはや V.A. とはいえまい。これは他の職業関連の集団にも適用できるものである。

　V.A. としての許容範囲をどの程度にとるかは，個別研究の目的に応じてなされるものであり，前掲の規定は最大公約数的規定であることを確認しておきたい。

　V.A. の類型としては，研究の目的に応じ，大別して三つほどのタイプが考えられてきた。

　第一のタイプは，目的・関心に基づく類型である。この中で最も一般的なものは，明示化された目的・関心による類型である。たとえば，①退役軍人・軍事・愛国団体，②健康に関連する組織，③市民活動・奉仕団体，④ロッジ・フラターニティ・秘密結社・共済組合，⑤政治・圧力団体，⑥教会関連・宗教団体，⑦経済・職業・専門団体，⑧文化・教育団体・大学同窓会，⑨社交・スポーツ・趣味・レクレーション団体，の如くである[9]。

　V.A. 加入の数量的把握を試みる場合には，通常この種の類型が用いられるのであるが，基礎的かつ概括的であり，明確に分類できるという特徴はあるものの，いわば静態的にすぎ，得られる示唆はあまり多くはない。

　これに関連した類型として，関心の型に応じて 〈general interest〉，〈special-stratum interest〉,〈special-individual interest〉,の三つに区分するものがある[10]。ここでは,〈一般的な善 (general good)〉の促進をめざすもの,特定の社会階層の関心を追求するもの,階層を越えた諸個人の関心を追求するもの,の3基準によって区分がなされる[11]。

これとは幾分視角が異なるが,V.A.の果たす機能の面から,〈expressive〉,〈instrumental〉,の区分がなされる場合がある[12]。このさきがけをなしたものは,Rose の〈expressive〉,〈social influence〉,の区分である[13]。前者は,成員の自己表出を援助し,関心の満足を与える V.A. であり,後者は,外界への志向を有し,特定の状態の創出を試み,社会の特定部分の変革をめざす,社会活動に重点がおかれる V.A. である。これと同様であるが,より一般化した形で Babchuck らは〈expressive〉,〈instrumental-expressive〉,〈instrumental〉,の3類型を提示している[14]。ここで〈instrumental-expressive〉な V.A. とは,意識的に〈expressive〉,〈instrumental〉の両機能を兼ね備えたものとされている。たとえば American Legion は,連邦レベルでは圧力団体としての機能を有し,地域レベルでは成員の自己表出に資する役割を遂行しているというのである。

この類型では,明示化された目的ではなく,現実の機能が問題にされており,本章では詳論は避けるが,V.A. の〈成人教育的機能〉を考察する際の基礎的な視角となるであろう。

大別した第二のタイプは,成員の属性にかかわるものである。V.A. は原則的にはすべての人間に開かれたものであるが,成員資格の獲得には一定の要件が満たされねばならない場合が多い。極端な場合には,自由な社会の象徴であるはずの V.A. が,「差別」を助長するような閉鎖的集団に転化してしまうことも考えられよう[15]。

Babchuck と Gordon は,多くの V.A. では,成員資格獲得が大部分帰属原理による〈ascriptive〉として,加入可能性の難易度に基づき,〈high accessibility〉と〈low accessibility〉に分類する[16]。前者には,全く制限のないものから,年齢・性別等に幾分制限が加わるもの,さらに関心の程度や経歴という制限が加わるものが考えられている。後者における入会困難さには,①業績 (achievement) や能力 (talent) に基づく選択性,②先天的特質 (ascriptive qualities）に基づく選択性，が考えられている。ここで，加入可能性の難易度が直接に社会的評価と結びつかないことは注意を必要とする点である。これに関連して，社会的階層によって加入する V.A. の種類（大別した第一のタイプに基づく）に差異が生じていることを付言しておこう[17]。

第三のタイプの分類方法は，V.A. の組織構造に注目したものである。

Sills によれば，V.A. は〈制度化（institutionalization）〉の程度に応じて，〈formal organization-like〉と〈social movement-like〉に区分されるという[18]。前者は，現存の秩序を徐々に改良する方向の目標やプログラムをもち，成員は参加することに比較的低い関心しかもたず，組織構造は比較的 formal で平凡なものになり，後者は，ラディカルでイデオロギー的であり，現存の社会規範とは異なる種類の目標やプログラムをもち，成員の参加への関心は高く，組織構造は informal で不安定なものになる[19]。

さらに Sills は，全国的組織の場合には，究極的な権限の所在によって，全国本部が最上位に存在し集中した権限を有する〈corporate-type〉と，地方単位にかなりの自律性が認められる〈federation-type〉に類型化されるとしている[20]。また，権限と職務の委任形態によって〈upward〉，〈downward〉という類型[21]や，役員構成，選出方法，階級組織の有無という視点から，①デモクラティックな〈ロータリー＝ライオンズ型〉，②秘儀を伴いアルカイズムの強い〈メーソン＝レッド・メン型〉，③軍隊組織的な〈騎士＝リージョン型〉，の3類型[22]もなされることがある。

ともあれ，V.A. であるからには，民主的な組織構造が基礎になければならないが，大規模化に伴う官僚制化の危険性が存在するのである。したがって，組織構造による類型も，V.A. 本来の意味を重視する上できわめて重要なタイプであろう。

3　米国における実態

1830年代に米国を訪れた Alexis de Tocquiville が，「アメリカ人はその年齢・階層・思想の如何を問わず，絶えず団体をつくる」[23]と述べたのをはじめ，V.A. を米国社会の特徴とみなす論者は多い。Daniel Bell も，「おそらく，世界

の他のいかなる国にも,かくのごとき高度に発達した自発的な地域的集団活動は存在しない。なかには,馬鹿げた様式の表出的活動もあるが,多くは真の欲求に対して真の充足を与えているのだ」[24]と述べ,David Riesman の行った青年の将来像に関する調査においても,一大学生の社交性に富んだ生活像が紹介され,この学生の意見は一般的なものであることが示されている[25]。

さらには,小説家 Sinclair Lewis は"Babbitt"において,一実業家のV.A.を媒介とする社交性に富む生活を題材として描いており[26],また,世界青年意識調査においても,休日を「団体活動や奉仕活動」ですごす者の割合や,社会に不満をもった時に「合法的範囲で積極的に訴える」とした者の割合が相対的に高いことからも,V.A.が日常生活に大きな影響を及ぼしていることがうかがえるのである[27]。

さて,このような米国におけるV.A.の隆盛を促した要因はどこに求められるであろうか。Hsu は,夫＝妻の関係を重視する家族関係と個人中心の心理・文化的指向を独立変数として,〈契約の原理〉を媒介とし,典型的な第二次集団(〈原組織〉)として〈クラブ〉を導き出している[28]。すなわち,「恒久的人間関係の欠如や,人と人との完全な平等という観念,契約の原理,および社交,安全,地位を獲得するための明確なつながりへの欲求,これらが結びついて,クラブ生活が生存するための必須の条件であるような状況を作り出す」[29]のである。これを進めれば,行為主体の〈ボランタリズム〉にささえられた〈個人主義〉と〈業績主義〉との結合された〈業績価値〉の優位な社会においては,V.A.のネットワークが発生する[30],ということになるであろう。

これを具体的に現実に近づけて解釈した場合には,次のような要因が考えられている。すなわち,①政治的権力分散機構の存在,②辺境開拓における「自助精神」の影響,③政教分離・自由教会制の理念を背景にした宗教的諸集団の結成の世俗的領域への拡大,④男子普通選挙を通じての政治的影響力を行使する集団形成の促進,⑤政党組織の弱体性に基づく利益集団による政党補完作用の必要性,⑥人種的・民族的多様性の影響,などである[31]。

V.A.の歴史的変遷からも,その隆盛の要因をくみとれるであろう。

植民地時代初期には,宗教的共同の他には共同的行動はみられないが,18世紀中葉以降,地域的な社会活動の目的をもつV.A.があらわれる[32]。さらに

相互扶助組織が結成され[33]，独立に至る時期には政治的活動も盛んになる[34]。独立後，いわゆるジャクソニアン民主主義の時代を経て南北戦争に至る時期には，交通手段・通信手段の発達も伴い，V.A.は隆盛を続ける[35]。「人道主義的改革（humanitarian reform）」を目的とするV.A.や，専門職の役割の多様化やその水準の向上に関心が向けられることによって，専門職業人のV.A.も多数結成されている。政治クラブ・討論クラブも多くの地域にみられるようになり，知的生活への刺激が与えられたのもこの時期からである[36]。南北戦争後には国家意識も高まり，資本家層・農民層のV.A.の結成も相次ぎ，余暇活動のためのフラタニティも最盛期を迎え，愛国的団体の形成もみられてくる[37]。20世紀にはいってからは，市民活動団体・ランチョンクラブと呼ばれる種類のV.A.が結成され，フラタニティは衰退し[38]，福祉・保健に関連したV.A.の形成も相次いでなされた。

　以上のように，さまざまな要因が絡みあいV.A.は形成されてきたのであるが，その実態はどうなっているのであろうか。

　まず，米国人の生活時間をみていきたい。直接にV.A.活動に費やされる時間を示したデータはないが，自由時間の中で「社会活動」に費やされる時間を国際的に比較してみよう。表11-1にみる通り，米国における「社会活動」に費される時間は相対的に多く，特に家庭の主婦の場合に顕著である。これを〈行為者率〉（その行為をしている者の割合）でみても，男子有職者では各国間で最高を示し，日曜日の家庭の主婦では7割ときわめて高い数値が得られている[39]。

　次に，直接，V.A.への加入率をみてみよう。国際的比較が表11-2によって可能である。ここから，米国におけるV.A.加入率の高さ，特に女性における高さが読みとれる。

　これを米国内のみに限定してみたらどうなるであろうか。Lynd夫妻による'Middletown'の研究においては，約80人に一つの割合でV.A.が存在し，[40]人数の確定できるV.A.加入者だけで'Middletown'構成人口の7割強になることが示されている[41]。Warnerらの'Yankee City'の研究では，人口17,000の町に357のV.A.が存在し，6,874人がそれに属し，延べ12,876人がメンバーを構成しており，約48人に一つの割合でV.A.が存在していた[42]。さ

3　米国における実態　251

表 11-1　生活時間（自由時間）の国際比較

(単位：時間)

		自由時間	(自由時間の内訳)							
			教育教養	社会活動	見物	スポーツ	テレビ	ラジオ	新聞雑誌	その他
男子有職者	ベルギー	4.7	0.1	0.2	0.2	0.2	1.4	0.2	0.7	1.7
	ブルガリヤ	3.5	0.2	0.1	0.4	0.4	0.3	0.4	0.6	1.1
	フランス	3.8	0.1	0.1	0.1	0.3	0.9	0.1	0.5	1.7
	ハンガリー	3.8	0.4	0.1	0.2	0.5	0.7	0.2	0.5	1.2
	ポーランド	4.8	0.4	0.1	0.1	0.2	1.3	0.2	0.7	1.8
	西ドイツ	4.4	0.1	0.1	0.1	0.9	1.0	0.1	0.5	1.6
	チェコスロバキヤ	4.8	0.3	0.2	0.1	0.3	1.5	0.2	0.7	1.5
	ソ連	4.9	0.7	0.1	0.3	0.7	0.8	0.2	1.1	1.0
	米国	4.8	0.2	0.2	0.1	0.2	1.6	0.1	0.7	1.7
	ユーゴスラビヤ	4.7	0.3	0.1	0.2	0.2	0.6	0.4	0.6	2.3
	日本（成人男子）	4.4	0.0	0.2	0.0	0.2	1.8	0.1	0.7	1.4
家庭の主婦	ベルギー	5.2	0.3	0.1	0.2	0.1	1.6	0.1	0.4	2.4
	ブルガリヤ	5.1	0.4	0.1	0.3	0.4	0.3	0.3	0.6	2.7
	フランス	4.4	0.3	0.1	0.0	0.2	1.0	0.1	0.4	2.3
	ハンガリー	3.2	0.1	0.1	0.1	0.3	0.7	0.2	0.4	1.3
	ポーランド	4.9	0.2	0.2	0.1	0.2	1.3	0.1	0.6	2.2
	西ドイツ	4.9	0.0	0.1	0.1	0.8	1.2	0.1	0.4	2.2
	チェコスロバキヤ	4.6	0.1	0.1	0.2	0.6	1.0	0.2	0.7	1.7
	ソ連	6.4	1.8	0.1	0.4	0.4	1.0	0.2	1.0	1.5
	米国	5.9	0.2	0.4	0.1	0.1	1.6	0.0	0.6	2.9
	ユーゴスラビヤ	5.6	0.2	0.0	0.1	0.1	0.6	0.2	0.3	4.1
	日本	4.5	0.1	0.2	0.1	0.1	2.0	0.1	0.5	1.4

※1　経済企画協会，国土総合開発調査・調査報告 (1972.2) p.6-7 より。
※2　データは 1966 年のもの。ただし日本は 1970 年。なお，両者は多少項目がずれる。
※3　「社会活動」とは，党派・組合・社会的組織・政治的組織・団体市民活動・宗教的組織等への参加を意味している。

表 11-2　V.A. 加入率の国際比較

(単位：％)

国名	(調査年)	全体 (N)	男性	女性
米国	(1960)	50 (970)	55 (455)	46 (515)
イギリス	(1959)	33 (963)	41 (460)	27 (503)
ドイツ	(1959)	34 (955)	47 (449)	22 (506)
イタリア	(1959)	25 (955)	36 (471)	17 (524)
メキシコ	(1959)	15 (1007)	21 (355)	12 (652)
カナダ	(1968)	51 (2767)	51 (1388)	51 (1379)

※1　Curtis, James. "Voluntary association joining: A crossnational comparative note" American Sociological Review, Vol. 36, 1971, p. 874 より。
※2　カナダ以外は Almond and Verba (本文注 72 参照) の研究のデータ。すべて労働組合は除かれているが，カナダの場合には教会加入も含まれる。

表11-3 米国における V.A. 加入率

(単位：%)

		① 1954年調査	② 1955年調査	③ 1962年調査	④ 1965年調査 (Nebraska)
	(N)	(2,000)	(2,379)	(1,775)	(402)
全体の加入率		55	36	43	84
性別	男性	54	36	—	87
	女性	57	36	—	81
教育程度別	Elementary School 段階	39	17	33	—
	Elementary School 卒業	48	27		—
	High School 段階	53	33	36	—
	High School 卒業	64	43	47	—
	College 段階	70	54	52	—
	College 卒業	78	61	63	—
年収別	〜 $2,000	46	24	30	—
	2,999	53	29	38	—
	3,999	58	29	31	—
	4,999	60	35	42	—
	6,999	63	43*	45***	—
	$7,000 〜	69	52**	56****	—

※1　データ出典
① Hausknecht, Murray. *The joiners*, New York, The Bedminster Press, 1962, p. 23, 24, 37.
② Wright, C.R. and Hyman, H.H. "Voluntary association memberships of American adults" *American Sociological Review*, Vol. 23, 1958, p. 287, 289.
③ Hyman, H.H. and Wright, C.R. "Trends in voluntary association memberships of American adults" *American Sociological Review*, Vol. 36, 1971, p. 195, 198.
④ Babchuck, Nicholas and Booth, Alan. "Voluntary association memberships" *American Sociological Review*, Vol. 34, 1969, p. 34, 36.

※2　＊：$5,000〜7,499　　＊＊＊：$5,000〜7,999
　　＊＊：$7,500〜　　　　＊＊＊＊：$8,000〜

らに，'Jonesville' の研究においては，6,000人ほどの町に176のV.A.が存在し，約35人に一つの割合でV.A.が存在していたことが示されている[43]。

大規模な調査として利用可能なデータを四つ表11-3に示した。それぞれの調査方法にかなりの差が存在し，すべてを同列に扱うことはできないが[44]，一定の傾向を読みとることは可能であろう。全体の加入率がきわめて低いデータも存在するが，これは同様の調査によって時系列での増加が認められている。また，前述した国際比較も勘案する必要があり，一概に低いとはいいきれまい。ここでは加入率が高い・低いと決めつけることは避けたいが，米国社会におけるV.A.の位置は，国際比較からしても，重要であることが認められよう[45]。

3　米国における実態

4　V.A. 研究の概観

　本節においては,これまでになされた V.A. に関する研究を概観してみたい。
　V.A. に関する言及は古くから存在する。政治学的文脈でみるならば,V.A. は中世末期には積極的に評価され,18世紀啓蒙時代以降は公共善に反すると排斥され,その後ふたたび積極的評価を得るようになったといわれる[46]。また,社会学的文脈では,19世紀末に「V.A. の位置と機能」というタイトルの論文があらわれている[47]。しかしながら,その時期にみられる研究は思弁的な傾向が強く,研究に理論志向があらわれ,さらに経験的・実証的な研究がなされるのは,主として1950年代以降であった[48]。本節では,社会学的研究を中心に,V.A. 研究の概観のスケッチを試みる[49]。
　全体主義体制下でもアソシエーションは豊富に存在するが,それは 'voluntary' という修飾語を付けられないとする議論[50]が示すように,V.A. は民主主義体制下でのみ有効に機能するものである[51]。このような脈絡においては,V.A. は中間集団として国家と個人の緩衝器の役割を果たすとみなされる。Kornhauser は,米国を,V.A. の高度に発達した〈多元的社会〉の典型としてとらえており[52],Rose は,V.A. の機能として,権力分散機能・個人の方向づけ機能・社会変動促進機能・社会凝集機能・自己同一化機能・社会的経済的昇進促進機能などをあげている[53]。すなわち,国家の専制を抑止し,個人の市民性を涵養する機能が V.A. によって担われるとされているのである[54]。
　しかし,このような V.A. の機能を考える際には,V.A. 加入の階層的格差が考慮されなければならない。Reissman は階層によって余暇行動のパターンが異なることを示しているが,V.A. 活動は中流以上の階層の余暇行動であることが認められた[55]。階層間の生活様式の差異の究明の試みとしては,Lynd 夫妻や Warner らの研究があげられる。両者ともに,V.A. 活動は上層で活発であることを認め,上層による地域支配が行われており,中層の者は社会的昇進のために V.A. を「踏み石」として利用していること[56]などが示されており,さらに,階層により加入する V.A. のタイプも異なっていることが発見されている[57]。
　階層による V.A. 加入率の差違に関しての実証的な研究は多い。これらの多

くは，米国が必らずしも 'joiner' の国ではなく，V.A. 活動は主として社会的経済的上層の現象であることを指摘する。Komarovsky は職業分類を軸に New York において調査を行い，上層における高加入率を検出したが，その理由を，教育と出自の背景（home background）の優越が文化的諸クラブへの関心を呼びおこすからであるとしている[58]。Foskett も教育程度と収入を軸に，同様な結果を検出したが，ここでは地位に期待される行動として V.A. 活動がとらえられている[59]。Axelrod の Detroit 調査は，都市地域における第一次的集団の強調がその主たるテーマであったが，V.A. に関しては前述の傾向があらわれ，その理由として，社会的経済的上層における地位確保の欲求・高学歴を媒介にする関心の多様性・職業上の多様な接触・地位に課せられる参加義務などがあげられ，個人的動機・社会的圧力双方からの説明がなされる[60]。

　階層間の加入率の差に関するデータは以上にあげたものにとどまらないが，次に階層による加入 V.A. のタイプの差に関する研究をみたい。Hausknecht は V.A. を明示的目的によって分類し，市民活動団体は収入の高い層，教会関連団体は収入の低い層での加入率・構成率が高いことなどを導き出し，階層による V.A. タイプの差が描き出した[61]。Hagedorn と Labovitz も，職業ランクが高い層では近隣団体に，低い層ではフラターニティにというように，階層的特質を明らかにし，さらに専門的団体に加入するのは職業ランクの高い層であることを示している[62]。Bell と Force によれば，〈経済的地位〉の高い地区では，職業関連団体・市民活動団体への加入が多くみられ，さらに〈general interest〉タイプの V.A. が特徴的にみられるということである[63]。また，Dotson は，労働者層においては V.A. 加入は少ないが，その中では労働組合・軍事的団体・フラターニティなどへの加入が多く，熱心な活動がなされるのはアスレティック・クラブと教会関連団体であることを示している[64]。

　V.A. 加入と地位の安定・社会的昇進との関連を扱った一群の研究がある。そこでは，大筋として正の関連が強調されはするが，具体的にデータにあらわれることは少ない。Seeley らのカナダ郊外地域の研究や，Babchuck らのスラムの研究においては，社会的昇進のために V.A. を利用する心理（特に親が子に対して加入を勧める心理）が指摘されており[65]，Scott は，大学生の娘をもつ母親が，娘のソロリティー（女子大学生の友愛団体）加入に非常な関心を示

すことを指摘し，地位安定のためのV.A.利用の一例をあげている[66]。さらにRossは，実業家層が市民活動団体・奉仕団体の活動を通じ，自らの地位の安定を図り，より高い評価の獲得をめざしていることを報告している[67]。しかし，階層移動との関連は前述の通り明瞭ではない。CurtisやHymanらの研究においては，世代間の職業移動などとV.A.加入との関連が検討されたが，特に差は認められず，特にHymanらの研究では，もっぱら現在の地位が関連していることが強調されている[68]。この傾向は，BahrらやVorwallerの研究においても同様である[69]。

V.A.が政治との関わりで問題にされることはすでに述べたが，V.A.が実際に果たしている機能についての疑問は多い。Millsは中間集団の無力さを指摘し，地域レベルにおいても一部の人間による支配が行われていることを示した[70]。Hunter, Dahlを頂点とする，「地域権力構造論争」においては，V.A.の機能への注目がなされるが，いずれにせよV.A.は社会的経済的上層に多くみられる社会参加の形態であり，「多元主義派」の主張も限定付きで考えられるべきであろう[71]。

V.A.加入が個人の政治行動に及ぼす影響についての注目も多い。〈政治的有力感〉をもつのはV.A.非加入者より加入者に多く，さらに積極的関与者に多いことがAlmondらによって指摘された[72]。Hausknecht, Erbe, Wrightらも政治的関心・政治行動とV.A.加入とに正の関連があることを示しているが[73]，投票行動に絞った研究としては，Lazarsfeldら，Maccoby, Olsenなどの研究があげられる[74]。たとえば，Lazarsfeldらは1940年の大統領選挙において，共和党候補への投票は，社会的上層においてはV.A.加入者の方が多く，下層においては差はみられないことを発見している。上層においてはV.A.加入が共和党候補への投票を強化し，下層のV.A.加入者（少数）はV.A.内の優越的な価値の影響を受けて共和党候補への投票がなされる，と解釈されるのである[75]。

以上に階層論，政治論との関連でのV.A.研究を概観したが，V.A.は都市社会学の文脈においても重要なテーマであった。

AndersonとLindemanは，都市におけるパーソナリティ類型のひとつとして，慈善活動家やクラブ所属婦人・クラブ所属男性を示している[76]。Wirth

はそのアーバニズム論において，都市社会では第一次的接触が減少し，多様な関心を満足させるため，V.A.の活動が優勢になると定式化した[77]。これはGoldhamerによっても主張されるが[78]，Dotson, Axelrod, Greer などによって，都市社会における第一次的集団の見直し（Wirthの定式の反証）がなされている[79]。

Wrightらの研究[80]や，Hausknechtの研究[81]では，都市農村間のV.A.加入率にはさほど大きな差はないこと，大都市よりむしろ小都市において加入率が高いことが示されている。Hausknechtはその理由として，大都市における余暇施設・機会の豊富さ，小都市におけるV.A.加入が多くの機能を果たして加入者に有力感を与えることなどをあげている[82]。

Tallmanらは，ブルーカラー層のV.A.加入が地域的特質に影響を受けることを示し[83]，Zimmerは都市への転住者のV.A.活動に注目し，農村居住の経験はその後の都市生活におけるV.A.への態度に負の影響を及ぼすが，それは特別な「訓練」（教育・職業生活）によって克服されることを指摘している[84]。さらにLitwackによれば，転住直後は職業・家庭に多くの時間が費され，一定期間を経た後にV.A.活動が活発になり，以後は友人関係などが増加してV.A.活動は次第に低下することが示されている[85]。地域との融和のためにV.A.が利用されているのである。

以上，本節においては，V.A.研究の諸領域について，その概観を示した。

5 結びにかえて

以上でV.A.研究の包括的・総合的認識を得るという本章の主たる目的は果たしたと考えられるが，成人教育学の領域にたちもどり，2点のみ指摘しておきたい。

第一。〈ボランタリズム〉という語は，きわめて包括的であるが，成人教育学で問題にする際には，これを〈集団レベル〉と〈個人レベル〉とに分離することが有益であろう。前述したV.A.の概念規定の規準でいえば，〈集団レベル〉とは「政治権力からの独立」であり，〈個人レベル〉とは「個人の自発性」である。これまで，どちらかというと〈集団レベル〉の〈ボランタリズ

ム〉のみが注目されてきたようである。いわば制度論への傾斜が目立つのであって、〈個人レベル〉の〈ボランタリズム〉への心理学・社会学的接近の必要が迫られよう。〈ボランタリズム〉は，社会福祉，さらには広く社会参加全般を論じる際にも重要な概念であり，広い視野の研究が要請されるのである。

第二。V.A. が成人教育の一機関として機能する際には，V.A. 独自の価値と社会全体の価値との関連が問題になるであろう[86]。さらに，V.A. によって担われる〈成人教育的機能〉が，個人あるいは社会に対してどのような意味を付与することになるのかの追究が必要になるのである。

本章では，成人教育研究における V.A. への言及についてはほとんど触れなかった。これについては別稿を用意したいが，米国における V.A. の成人教育学的研究の意義が認められれば幸いである。

注

1) Voluntary Association は通例、〈自発的結社〉と翻訳される。〈任意集団〉・〈随意集団〉等の訳語も用いられるが，本章では，種々の先入観を避けるために原語を用いる。なお，以下 V.A. と略記する。
2) Smith, Constance and Freedman, Anne, *Voluntary associations*, Cambridge, Mass., Harvard Univ. Press, 1972, p. vi.
3) Johnstone, J.W.C. and Rivera, R.J., *Volunteers for learning*, Chicago, Aldine, 1965, p. 62.
4) *Ibid.*, p. 63.
5) ここで〈広義の成人教育〉については、Grattan のいう〈education of adult〉を想起されたい。ここではこれを、〈成人教育的機能〉と表現する。Grattan, C.H., *In quest of knowledge*, New York, Association Press, 1955, p. 9.
6) Rose, A.M., *Theory and method in the social sciences*, Minneapolis, Univ. of Minnesota Press, 1954, p. 52.
7) Sills, D.L., "Voluntary associations: Sociological aspects"〈Sills, D.L. ed., *The encyclopedia of the social sciences*, Vol. 16, New York, Free Press and Macmillam, 1968〉p. 362-379.
8) この規定にはいくつかの留保が必要である。
  ① 〈関心〉の限定：生計を得るなどの，日常生活場面での欲求に基づくものは除外される。
  ② 〈自発性〉は「喚起」されることもある。成員資格は限定的な場合もある。
  ③ 〈独立〉とは，拘束を受けないことを意味し，政党は除外されるが，政治過程への参加は受容される。
  ④ ここでは集団は必らずしも小集団でなくてもよい。しかし、〈自発性〉が尊重され

るためには，末端には小集団が必要であろう。
　⑤　V.A. の制度化（institutionalization）が進み，内部に有給のスタッフが置かれることもある。
　⑥　制度化に関しては，たとえば役職者・規約・定期的会合・加入審査などの有無が問題にされることがある。
　　　特に⑥に関して，次の文献を参照されたい。Harp, John and Gagan, R.J., "Scaling formal voluntary organizations as an element of community structure" *Social Forces*, Vol. 49, 1971, p. 478. Payne, Raymond, "An approach to the study of relative prestige of formal organizations" *Social Forces*, Vol. 32, 1954, p. 244. Dotson, Floyd, "Patterns of voluntary association among urban working-class families" *American Sociological Review*, Vol. 16, 1951, p. 688.
9) Hausknecht, Murray, *The joiners*, New York, Bedminster Press, 1962, p. 131-132. なお，具体例としてあげられているものの一部を列記しておこう。① American Legion, Daughters of American Revolution, ② Red Cross, March of Dimes, ③ Lions, Rotary, Kiwanis, PTA, Boy Scouts, YMCA, ④ League of Women Voters, Independent Socialist League, ⑤ Masons, Knight of Columbus, Elks, Moose, Woodmen, ⑥ Holy Name Society, Men's Club at Church, ⑦ American Bar Association, Farm Bureau, ⑧ Lecture Club, Museum Board, ⑨ Country Club, New Comers' Club.
10) Bell, Wendell and Force, M.T., "Social structure and participation in different types of formal associations", *Social Forces*, Vol. 34, 1956, p. 347-348.
11) 〈general interest〉には，前述の市民活動団体，奉仕団体，宗教団体，ロッジなどが，〈special-stratum interest〉には退役軍人・軍事・愛国団体，職業・専門団体，政治団体など，〈special-individual interest〉には趣味・レクレーション団体，福祉・慈善団体などが含まれる。
12) 〈社会参加〉一般からこの問題を扱ったものとして，井出嘉憲「行政と参加」〈辻清明等編『行政の過程』東京大学出版会，1976.〉p. 301-374. を参照。
13) Rose, *op. cit.*, p. 52.
14) Babchuck, Nicholas and Gordon, C.W., "A typology of voluntary associations", *American Socialogical Review*, Vol. 24, 1959, p. 25-26.
15) 小宮隆太郎『アメリカン・ライフ』岩波書店，1961, p. 128ff. 綾部恒雄「黒は美しい――黒人差別における聖化と賤視の象徴構造」『伝統と現代』No. 40, 1976. 7, p. 85-94.
16) Babchuck, Nicholas and Gordon, C.W., *The voluntary associations in the slum*, Lincoln, Univ. of Nebraska Press, 1962, p. 35., Babchuck and Gordon, *op. cit.*, p. 26. なお，前者の例としては，Kiwanis, Ku-Klux-Klan, American Legion, YMCA などが，後者の例としては，League of Women Voters, American Socialogical Society, Daughters of the American Revolution, National Negro Fraternal Organization などがあげられている。
17) 本章4節を参照されたい。
18) Sills, *op. cit.*, p. 367-368. なお，これは連続的な区分である。
19) *Ibid.*, p. 367-368. たとえば American Red Cross, League of Women Voters, Congress of Racial Equality の順に〈formal organization-like〉から〈social movement-like〉に向

かう。Levitt は，同様なことを〈第三セクター〉,〈新第三セクター〉として考えている。Levitt, Theodre.『現代組織とラディカリズム』〔The third sector〕,佐藤慶幸訳,ダイヤモンド社,1975, 222p.
20) Sills, D.L., *The Volunteers,* Glencoe, Ill., Free Press, 1957, p. 3-10.
21) *Ibid.,* p. 9.
22) 綾部恒雄「米国のコミュニティーとクラブ組織」『民族学研究』Vol. 34, No. 3, 1969, p. 241-242.
23) de Toqueville, Alexis『アメリカにおけるデモクラシー』〔De la Démocratie en Amérique〕,岩永健吉郎・松本礼二訳,研究社,1972, p. 105.
24) Bell, Daniel.『イデオロギーの終焉』〔The end of ideology〕,岡田直之訳,東京創元社,1969, p. 17.
25) Riesman, David『何のための豊かさ』〔Abundance for what?〕加藤秀俊訳,みすず書房,1968, p. 198.
26) Lewis, Sinclair. *Babbitt,* 1922. ここでは Signet 版を利用した。
27) 総理府青少年対策本部編『世界の青年・日本の青年――世界青年意識調査報告書――』大蔵省印刷局,1973, p. 219, p. 243.
28) Hsu, F.L.K.『比較文明社会編』〔Clan, Caste, and Club〕作田啓一・浜口恵俊訳,培風館,1971, 388p.
29) *Ibid.,* p. 209. ただし Hsu は〈クラブ〉という語を企業なども含めて広義にとらえている。
30) 佐藤慶幸「組織比較分析のための一視点」『現代社会学』Vol. 1, No. 1, 1974, p. 37-38. を参照。
31) 渡辺一「利益集団機能の変化」齋藤真編『総合研究アメリカ③民主政と権力』研究社出版,1976, p. 286. なお,圧力団体の発生とその要因については,内田満「合衆国圧力団体の発生とその主要因」『早稲田政治経済学雑誌』No. 190, 1964, p. 25-50. を参照。
32) Schlesinger, A.M., "Biography of a nation of joiners", *American Historical Review,* Vol. 50, 1944, p. 2-3.
33) 綾部恒雄『アメリカの秘密結社』中央公論社,1970, p. 32-34.
34) Schlesinger, *op. cit.,* p. 4.
35) *Ibid.,* p. 5-16.
36) Hill, F.E., *Man made culture,* New York, American Association for Adult Education, 1938, p. 13.
37) Schlesinger, *op. cit.,* p. 16-19. なお,いわゆる圧力団体はこの時期に顕著な発展がなされたとされる。内田,*op. cit.,* p. 26-32. を参照。
38) Schlesinger, *op. cit.,* p. 20. なお,この点は,Lynd 夫妻,Warner らによっても指摘されている。Warner らによると,フラターニティの衰退は,その加入からは尊敬を得られないからであるという。Lynd, R.S. and Lynd, H.M., *Middletown,* New York, Brace & World Inc., 1929, p. 306. Warner, W.L. and Associates, *Democracy in Jonesville,* New York, Harper & Row, 1949, Harper Torchbook ed., 1964, p. 120.
39) 経済企画庁長官官房総合研究開発調査室『生活時間の国際比較調査』（資料編）, 1971, p. 62-3. 本章では紙幅の関係でデータは掲載できない。

40) Lynd and Lynd, *op. cit.*, p. 285-286.
41) *Ibid.*, p. 9, p. 527. 重複も含まれる。
42) Warner, W.L., *Yankee City*, one volume abridged ed., New Haven, Yale Univ. Press, 1963, p. 107.
43) Warner and Associates, *op. cit.*, p. 117.
44) ①は American Institution of Public Opinion のデータで，健康に関する全国調査の33の質問のうちの27番めに V.A. 加入が問われていた。ここでは労働組合が含まれている。②，③は National Opinion Research Center のデータで，健康に関する全国調査のかなり多い質問の最後に地域的 V.A. への加入が問われた。ここでは労働組合は除かれている。④は特に V.A. に関する調査として実施され，質問にあたってはカードが提示された。④の調査を行った Babchuck らは，②，③のデータについて，質問文の不備，質問文の位置，当該地域の V.A. に限っている点などに関して，かなりの疑問をなげかけている。Babchuck, Nicholas and Booth, Alan, "Voluntary association memberships", *American Sociological Review*, Vol. 34, 1969, p. 32.
45) 社会的経済的階層間の V.A. 加入率の格差は明瞭である。が，だからといって，V.A. と成人教育の問題を考えることの意義が減じられることはない。成人教育ないし社会教育（さらにその研究）の対象は，社会的下層ないしは労働者に限定されない。
46) 渡辺, *op. cit.*, p. 278. 内田満「アメリカにおける伝統的圧力団体観とその変化」『行動科学研究』, Vol. 2, 1967, p. 1-8.
47) Henderson, C.R., "The place and functions of voluntary associations", *American Journal of Sociology*, Vol. 1, 1895, p. 327-334.
48) Edwards, J.N. and Booth, Alan, *Social Participation in Urban Society*, Cambridge, Mass., Schenkman, 1973, p. 15-16. なお，政治学研究において，圧力団体（利益団体）論が活況を呈するようになったのも，1950年代であった。渡辺, *op. cit.*, p. 282. 1950年以前の研究の概観については，Schlesinger の紹介が有益である。Schlesinger, A.M., *Paths to the present*, New York, Macmillan, 1949, p. 283-286.
49) 人類学的視角からは，綾部のまとめが詳しい。綾部恒雄「約縁集団（クラブ）の社会人類学」『社会人類学年報』Vol. 2, 1976, p. 13-39.
50) Moore, W.E.『時間の社会学』〔*Man, Time & Society*〕，丹下隆一・長田政一訳, 新泉社, 1974, p. 143.
51) Smith and Freedman, *op. cit.*, p. 33.
52) Kornhauser, William『大衆社会の政治』〔*The politics of mass society*〕辻村明訳, 東京創元社, 1961. 286p.
53) Rose, A.M., *The Power Structure*, New York, Oxford Univ. Press, 1967, p. 246-252.
54) 圧力団体の機能への注目はこの脈絡であるが，米国における圧力団体研究の概観については，前掲渡辺・内田（「アメリカにおける伝統的圧力団体観とその変化」）両論文を参照されたい。
55) Reissman, Leonard, "Class, leisure and social participation", *American Sociological Review*, Vol. 19, 1954, p. 76-84.
56) Lynd and Lynd, *op. cit.*, p. 296. Warner らはこれを，接触機会の拡大から導き出している。Warner, *op. cit.*, p. 133.

57) たとえば Jonesville における階層間の V.A. のタイプは次の如くである。(Warner and Associates, *op. cit.*, p. 130-144 より作成)

表11-4 Jonesville における階層別 V.A. に関する特徴

階層	V.A. に関する特徴	代表的 V.A. タイプ
上層	高加入率・排他的・固有の関心事・社会的関心	社交クラブ・慈善クラブ
中層の上	上層に似ているが、より拡散的・教育、自己改善・社会的昇進	市民活動団体・奉仕クラブ
中層の下 下層の上	多様な V.A. に加入・緩衝器の役割・特殊イデオロギー的（愛国心等）	ロッジ（友愛団体）
下層の下	きわめて低い加入率	

58) Komarovsky, Mirra, "The voluntary associations of urban dwellers", *American Sociological Review*, Vol. 11, 1946, p. 691-692.
59) Foskett, J.M., "Social structure and social participation", *American Sociological Review*, Vol. 20, 1955, p. 431-438.
60) Axelrod, Morris, "Urban structure and social participation", *American Sociological Review*, Vol. 21, 1956, p. 16.
61) Hausknecht, *op. cit.*, p. 80-82.
62) Hagedorn, Robert and Labovitz, Sanford, "Ananalysis of community and professional participation among occupations", *Social Forces*, Vol. 45, 1967, p. 483-491.
63) Bell and Force, *op. cit.*, p. 345-350.
64) Dotson, *op. cit.*, p. 687-693.
65) Seeley, J.R. et al., Crestwood Heights, Tront Univ. of Tront Press, 1956, p. 292-339. Babchuck and Gordon, Voluntary associations in the slum. *op. cit.*, p. 117.
66) Scott, J.F., "The American college sorority", *American Sociological Reviw*, Vol. 30, 1965, p. 514-527.
67) Ross, A.D., "Philanthropic activity and the business career", *Social Forces*, Vol. 32, 1954, p. 483-491.
68) Curtis, R.F., "Occupational mobility and membership in formal voluntary associations", *American Sociological Review*, Vol. 24, 1959, p. 846-848. Hyman, H.H. and Wright, C.R., "Trends in voluntary association memberships of American adults", *American Sociological Review*, Vol. 36, 1971, p. 191-206.
69) Bahr, H.M. and Caplow, Theodore, "Homelessness, affiliation, and occupational mobility", *Social Forces*, Vol. 47, 1968, p. 28-33. Vorwaller, D.J., "Social mobility and membership in voluntary associations", *American Journal of Sociology*, Vol. 75, 1970, p. 481-495.
70) Mills, C.W., "The middle class in middle sized cities", *American Sociological Review*, Vol. 11, 1646, p. 520-529.
71)「地域権力構造論争」については多くの紹介があるが，中村八朗，秋元律郎らの諸論

稿を参照されたい。
72) Almond, G.A. and Verba, Sidney.『現代市民の政治文化』〔*The civic culture*〕石川一雄等訳, 勁草書房, 1974, p. 310, p. 318.
73) Hausknecht, *op. cit.*, p. 91-109. Erbe, William. "Social involvement and political activity", *American Sociological Review*, Vol. 29, 1964, p. 198-215. Wright C.R. and Hyman H.H., "Voluntary association memberships of American adults", *American Sociological Review*, Vol. 23, 1958, p. 294.
74) Lazarsfeld, P.F. et al., *The people's choice*, 2nd ed., New York, Columbia Univ. Press, 1948, p. 145-147. Maccoby, Herbert., "The differential political activity of participants in a voluntary association", *American Sociological Review*, Vol. 23, 1958, p. 524-532. Olsen, E, M., "Social participation and voting turnout", *American Sociological Review*, Vol. 37, 1972, p. 317-333.
75) Lazarsfeld et al., *op. cit.*, p. 147. 下層においては民主党への投票が抑制されるのである。
76) Anderson, Nelsand and Lindeman, E.C., *Urban Sociology*, New York, Alfred. A. Knopf, 1928, p. 242-255.
77) Wirth, Louis, "Urbanism as a way of life", *American Journal of Sociology*, Vol. 44, 1938, p. 1-24.
78) Goldhamer, Herbert, "Voluntary association in the United States" 〈Hau, P.K. and Reiss, A.J. Jr. eds., *Reader in urban sociology*, Glencoe, Ill., Free Rree, 1951〉 p. 505-511.
79) Dotson, *op. cit.*, p. 687-693. Axelrod, *op. cit.*, p. 13-18. Greer, Scott, "Urbanism reconsidered", *American Sociological Review*, Vol. 21, 1956, p. 19-25. Greer Scott, "Individual participation in mass society" 〈Young, Roland, ed. *Approaches to the study of politics*, London, Stevens & Sons, 1958〉 p. 329-342.
80) Wright and Hyman, "Voluntary association memberships of American adults", *op. cit.*, p. 284-294.
81) Hausknecht, *op. cit.*, p. 17ff.
82) *Ibid.*, p. 18-19.
83) Tallman, Irving and Morgner, Ramona, "Lifestyle differences among urban and suburban blue-collar families", *Social Forces*, Vol 48, 1970, p. 334-338.
84) Zimmer, Basil, "Farm background and urban participation", *American Journal of Sociology*. Vol. 61, 1956, p. 470-475.
85) Litwack, Eugene, "Voluntary associations and neighborhood cohesion", *American Sociological Review*, Vol. 26, 1961, p. 258-271.
86) この点に関しては, Knowles, M.S., *The modern practice of adult education*, New York, Association Press, 1970, p. 21-35. が参考になる。

第12章　成人教育研究における
　　　　　Voluntary Association の意義

1　課題の設定と視角

　おおよそ人間は集団の中で生活を営み，かつ，その中で多くの欲求は充足される。したがって，社会教育（成人教育）の研究においても，集団は1つの重要な研究対象として存在する。なかでも社会教育における〈ボランタリズム〉理念の意味の大きさを考えた場合，Voluntary Association [1] は，注目すべき研究対象である。

　日本における社会教育の特質として，〈非施設・団体中心性〉があげられることがある[2]が，そこでの団体は，育成・利用されるという受動的立場に置かれていたものである。全体主義的体制にあっては，アソシエーションはむしろ豊富に存在し，説得的管理を遂行するために加入を奨励されるという状況がみられるが，そこでのアソシエーションには，'voluntary' という修飾語を付することはできないのである[3]。本章は，受動的ではなく，能動的な性格を有する V.A. を対象とし，その成人教育における意義を検討するものである。

　V.A. 研究の概括的な紹介については，第11章[4]を参照されたいが，その概念について触れておこう。ここでは，V.A. の概念をこれまでにもっとも明確な形で整理しているであろう Sills [5] に依拠しつつ，

(1) 成員に共通の特定の関心の追求
(2) 成立・加入・脱退・活動における成員の自発性
(3) 政治権力からの独立
(4) 金銭的な無報酬
(5) 非拘束時間における活動

という特徴を具備した人間集団を V.A. と規定する。古く Alexis de Tocqueville に指摘されたように，米国の社会構造上の特徴の1つを V.A. の発達に見出すことが可能であり，また，V.A. に関する研究は米国において多くみ

られる。したがって，本章においては，議論を進めるに際し米国を1つのモデルと設定していることを明らかにしておこう。

Lynd 夫妻の観察した "*Middletown*" においては，V.A. を通じての地域生活が詳細に描かれているが，そこから人々の学習活動の場としての V.A. の役割を理解することが可能である。たとえば，「会員相互の精神生活の改善」，「進歩」というシンボリックな表現にみられるごとく，知的側面の改善・向上に目的を置く V.A. が存在し，地域生活に密着した内容をもつ学習活動が，講読・講話・討論などの形態をとって行われていた[6]。これらは，必ずしも計画的に行われているわけではなく，むしろ散発的な活動であり，その効果も明瞭ではない。しかし，人々の学習活動の場としての V.A. の役割を無視してよいものであろうか。

必ずしも V.A. に限定されるわけではないが，〈参加〉がもたらす教育的効果への注目は多い。たとえば，政治参加の文脈であるが，「学習経験としての参加」として，直接参加が参加者を「よりよい」人間・市民へと向上させる機能をもつとの指摘は，参加者におこる信念・態度・価値の変容，正確で一貫した多量の情報の獲得をその教育的効果とみなすものである[7]。また，投票行動における態度変容と V.A. の役割の研究にみられるように，人々の態度は，所属 V.A. 内の優越的な価値の影響を受けるものである[8]。このような現象を，成人教育の研究としては，どのように扱えばよいのであろうか。

いくぶんステレオ・タイプの議論ではあるが，成人の学習活動を2種に分類する方法が存在する。たとえば Verner らによれば，成人は日常的社会場面と定型的教授場面とで学習を行うのであるが，前者での学習には偶然的要素が多分に含まれ，効率も劣り，不安定さがつきまとう。後者のみが，〈成人教育〉として認知されるのであるが，そこには V.A. でなされる教育活動は含まれるものの，体系性，計画性，教授プログラムの存在が条件とされている[9]。成人教育を限定的にとらえるこの種の議論は，その社会的意味の解明には有効であろうが，視点を諸個人の学習に据える時には，不充分さをまぬがれえない。むしろその際には，2種の学習活動が同等に対象として扱われなければなるまい。実態としての成人教育と研究領域としての成人教育とは，一応の区別がなされてしかるべきであろう[10]。研究領域を限定する場合には結果としての教育—

——〈受け手〉における意味の転換——という，重要な意味をもつ現象を見落とすことになる。

　この議論の妥当性は，Houleの行った面接調査を逆に解釈することによって裏打ちされよう。すなわちHouleによれば，教育を求める者は皆同一の見解をもつのでもなく，教育の提供者の見解と常に一致するものでもないのである[11]。学習者には3つのタイプ，すなわち，目標志向型，活動志向型，学習志向型が存在し，そこで追求される価値は異なる[12]。学習が学習としてだけの意味をもつのではないことが示唆されるわけである。これを逆に解釈するならば，成人教育とは認知されない活動の中でも，学習志向型の参加者は存在し，学習がなされるということになる。本章の立場は，この種の活動をも研究領域としての成人教育に包含しようとするものである。

　インフォーマルな教育という場合の主たる指標としては，その提供者の性格，形式（方法），内容の体系性などが考えられるが，一般的にこれらの中でのいずれかがフォーマル性を有している場合にのみ教育という語が用いられているとしてよいであろう。V.A.の成人教育における意義を検討する場合，インフォーマルな教育とされるものに限定することも可能であるが，本章は，いわば〈送り手〉の側ではなく〈受け手〉の側を強調し教育的効果をもつ活動をも研究領域に包含する必要を認めるものである[13]。

2　成人教育研究におけるV.A.研究の状況

　「明確な教育機能には欠けるが，すぐれた教授の役割を担う自発的団体（voluntary institutions）が米国には多く存在することが，読者に明らかになったと期待したい」[14]。これは米国におけるV.A.のもつ成人教育的機能に関する事例研究の結びの一節である。ここから，V.A.に関する成人教育的研究は，さほど進展してはいない状況が明らかであろう。以下，成人教育研究者が，V.A.をどのように位置づけてきたかを検討してみたい。

　まず，米国における成人教育研究の一応の動向を示すと考えられる*Handbook of Adult Education*におけるV.A.への言及を瞥見しておこう。1934年版においては，多数のクラブが米国に存在することが示され，そこでの教育・学

習活動の形態の概要が一覧の形で提示されるが主として全国組織に限定されており，また，紹介の段階にとどまり，V.A.の意味づけについての言及は，ほとんどみられない[15]。1948年版では，女性・男性クラブの典型としてのSorosis, Juntoの簡単な紹介が中心であるが，後述するHillの著作を基礎に，いくぶんかの議論が展開される。そこでは，クラブの成人教育機関としての有用性を認めた上で，これらのクラブとよりフォーマルな成人教育とを協同的な関係に至らしめるためには，クラブ指導者と同様に，成人教育指導者にも責任があることが強調される[16]。この議論は，成人教育とV.A.との関連を論ずるにあたっての一典型となる，V.A.における教育的プログラムの体系化を主唱するものであり，言及の対象をよりフォーマル性の高い活動に限定する傾向をもつものである[17]。1960年版になると，議論は一定の展開をみる。「軽視された機関」としてのV.A.における教育活動は，周辺領域としての性質をもつにかかわらず，大学・図書館・公立学校などの教育専門機関にも匹敵しうる独特の役割を担っており，それは，対面可能な集団の教育力の強さゆえに可能性が見出されるという認識が基本的視座となる[18]。地域レベル・全国レベル双方の教育活動の特徴が略述されるが，地域レベルの活動の意義が強調され，内容的には，市民参加とリーダーシップの訓練が注目される。ここでも，教育専門機関との協同・連携が重要な課題として提示されている。1960年版は，V.A.と成人教育に関わる基本的な論点を示しており，一応の基礎が固められたとみることができる[19]。

"Handbook"による動向の検討を終えて，次に，V.A.における成人教育に関する古典的文献と考えられるHillの研究[20]をとりあげてみたい。この研究は，「男性クラブの教育的活動」という副題が示すように，男性のV.A.に限定され，また，緻密な構成であるとはけっしていえないがその後の研究の原型でもあり，これ以上の総合的研究は現在のところ見あたらないという状況でもあり，成人教育研究におけるV.A.研究としては貴重な文献であるといえよう。この研究は多くの事例を基礎にしており，示唆されるものは多いがさしあたり概略を紹介してみよう。

女性クラブでは，自らの知的向上を義務とさえ考えて直接的に学習活動がなされるが，男性の場合には間接的な形でしかなされない。すなわち，男性が

V.A. に加入する目的には，①友情を深め，自らの人格の向上，②職業上の知識・情報の獲得，③地域社会への奉仕，④文化面の改善に結びついた形でのくつろぎの確保，⑤威信の獲得，⑥特定の一時的な理由での知的向上，⑦職業の獲得，などがあり，すべてが直接的に学習活動に結びつくわけではない。たいていの場合，成員は V.A. が教育的性格をもつなどとは考えていないのである[21]。Hill によれば，V.A. の教育的意義は，次の3点に集約される。すなわち，①知的側面の向上（論文講読・作成，会話，討論，演説の聴取），②芸術・技術的側面の訓練，③人格の形成（特に奉仕クラブ）である[22]。

明示的目的に基づいて分類された V.A. ごとにその活動の教育的意義が説明されるが，ここでは2，3を例示しておく。食事を伴う討論クラブは伝統も古く，知的生活における重要度は高い。成員は知的活動力に富む人々であるが，この討論クラブにも，ルーティーン化，拡散化などの欠点が存在している[23]。討論クラブや芸術を対象とする V.A. の活動の教育的意義はかなり明瞭であるが職業的 V.A. の活動の教育的意義は，成員に対する職業上の情報の提供に見出される。しかし，その場合には，自らの職業活動にのみ関心が限定されるという欠点も存在する[24]。奉仕的 V.A. の場合には，その目的が奉仕の理念を発展させ社会全体に普及することなどと表現されるように，成員の奉仕の精神を養うことを目的とする教育活動がなされる。奉仕的 V.A. における教育活動の量は多いが，教育として意識されずに行われることも多く，教育というラベルを貼られることへの嫌悪も存在する[25]。

総じて，（男性の）V.A. が成人教育機関としてもつ欠陥として，受動的性格，領域の狭小さ，非等質性，非一貫性，非組織性などがあげられ，V.A. 相互間，成人教育諸機関との協同・連携の必要性が強調される[26]。しかし，V.A. は教育の場として重要であり，発展の可能性を内包し，古い教育を変革するための主要な機関としての役割を有しているとされる[27]。

Hill の著作は1938年に出版されており，以後 V.A. に論及する成人教育研究者の主要な基礎文献となっている。しかし，議論が発展してきたという徴候は認められず，既述の1960年版 "Handbook" で一応の論点の整理がなされた程度である。ここでは，以下，V.A. に関する論及をいくつか提示しておくことにする。

Hill の研究以前の V.A. への論及には，みるべきものは多くはない。"*Middletown*" の研究をもとに，V.A. における成人教育の発展可能性を指摘しているのは Lorimer であり[28]，Kilpatrick らは，正負両面の可能性，すなわち最良の学習集団となる可能性と，公然たる宣伝組織に転落する可能性を指摘し，成人教育機関の援助が必要であることを指摘している[29]。成人教育の「ごった煮」を指摘したと紹介されることの多い Adams は，Hill の著作をしばしば引用して議論を展開するが，Hill を越えるものではない。Adams は教育を諸個人が市民性を向上させ円熟した生活を送るための援助を行うものと解しており，その意味で V.A. の役割の評価がなされる[30]。

　Knowles は，V.A. における活動すべてが教育とはいえないにしろ，成員は何らかの学習をしていることを認めているが，特に教育と特定化できる活動に焦点を据える。そこに含まれるのは，①事実の認知・認識，②関心領域の拡大，③文化理解の深化，④社会問題の理解，⑤円滑な人間関係の形成，である[31]。この議論は，既述の V.A. における教育的プログラムの体系化を唱える系に属するものである。Sheats らの場合には，成人教育機関としての公立学校が V.A. とくにその指導者に対してプログラム設定に関する援助を行うことの重要性が指摘される。その際には，V.A. の側の意向が最大限に尊重されるべきであることが示される[32]。V.A. を他の成人教育諸機関から問題にするという視角である[33]。Loomis らの行った調査によると，V.A. は教育を主目的としていないにかかわらず，教育プログラムの実施率は高く，その役割が評価されるが，特に社会変動のエイジェントとしての意義が強調される。V.A. における成人教育の方法としては講演形式が比較的多いなど，他の成人教育諸機関との比較が可能である。なお，V.A. 活動が社会経済的上層において特徴的にみられる活動であることから生ずる階層的偏りにも論及がされる[34]。

　さて，日本においては，社会教育研究からの V.A. への注目は少ない。たとえば文部省が公刊した調査資料においても "*Handbook*" にみられる論述を簡単に紹介している程度である[35]。V.A. の教育的機能への本格的な注目は，社会教育研究者でなく，人類学者によってなされた。綾部恒雄は，米国における V.A. の教育機能に，実証的に自らの経験もふまえて考察を加えた[36]。そこでは，教育に意図的・無意図的なもの双方を含め，①連帯感の形成，②知識の獲

得，③人格の形成，④社会奉仕と社会運動，とにV.A.の役割を見出している。

教育プロパーの研究からこの種の言及がなされなかったのは，V.A.が成人教育の周辺機関としてしか位置づけされえないという理由からであろう。しかし，教育研究が一応の発展を遂げたであろう現在，周辺領域にまで視野を拡大するだけの余裕も生じたであろうし，それによってフォーマルな教育を再検討する視角が得られる可能性も存在する。本章は意識的に周辺領域を探る作業を行うことの必要性を強調するものであるが，以下主要な論点を提示してみたい。

3 成人教育研究におけるV.A.の意義

V.A.の機能は，その明示的目的をはなれて，外界に働きかけ，特定の状況の創出・変革をもたらす〈social influence〉と，成員の自己表出を援助し，関心の満足を与える〈expressive〉に分類されることがあるが[37]，具体的には，権力分散機能，オリエンテーション機能，社会変動誘発機能，社会凝集機能，アイデンティティ付与機能，地位昇進機能などが指摘される[38]。成人教育研究の視角からは，V.A.の明示的目的に関する情報を成員に伝達し，成員の社会機構に関する知識・理解を増進させ，同時に精神的満足感を享受せしむるオリエンテーション機能や，アイデンティティ付与機能が注目される。各種のV.A.は，その明示的目的達成へ向けて活動するが，そこには多かれ少なかれ成人教育的機能が潜在している。すでに検討したように，この潜在機能を意識的に重視する成人教育研究者は少ない。指摘されることの多くは，V.A.には成人教育機関としての可能性が存在するから，提供される教育的プログラムを意図的・体系的に導くべきであるとする類の議論である。しかし，関心を結果としての教育――諸個人の変容に置く場合には，必ずしもフォーマルな教育形態が採用される必要はない。むしろ教育というラベルを貼付されない活動の内にこそ諸個人の変容を促進する可能性が存在する場合もあろう[39]。

米国成人教育に関する調査によれば，ここでいうV.A.の教育プログラムによって担われる内容領域は主として「趣味・余暇」・「社会問題」であるという[40]。米国における，いわば残余領域であるといえよう。V.A.の教育的機能として，たとえば全国的組織の場合には刊行物を通じてなされる情報の提供な

どがあげられることが多い。しかし，ここでの情報はV.A.の目的に沿うものが中心になり，指摘される通り関心領域の狭さが付きまとう（これは，重複加入によって弊害は多少除去されうる）。むしろ情報提供を通じての成員の認識の変容（事実の認知・情報の獲得など）という領域は，V.A.の担うユニークな領域ではないとするのが適当である。この領域は，他の成人教育機関において，フォーマルな形でより効果的に遂行されるものであって，注目すべきV.A.の担当領域は，態度・意識の変容，行動様式の変容にあるとみるのが妥当であろう。たとえばHillによって指摘された「人格の形成」，綾部による「連帯感の形成」・「人格の形成」・「社会奉仕と社会運動」である。V.A.の教育の欠点として，体系性・一貫性・組織性などの欠如が指摘されることが多いが，それは内容領域にも起因すると考えることが可能である。この領域に対する働きかけをプログラム化する作業は困難でもあり，また効果の測定も実験集団でない限り困難である。したがってフィード・バックの可能性は低く，フォーマル化は一層困難になる[41]。情報の提供——認識の変容をV.A.の成人教育的機能とみる限り，フォーマルな教育（学校教育を含む）の発達によってV.A.の意義は減少する[42]。しかし，領域を態度・意識の変容，行動様式の変容に求める場合，その意義は減少しないであろうし学歴とV.A.加入との正の関連を考慮するなら，むしろV.A.の役割は重視されるべきである。

　さて成人教育においては，ニーズ即応の原則が唱えられるが，ニーズの主体は多様であり，たとえば個人，団体，社会に分類されうる[43]。V.A.は政治的文脈では，国家と個人との緩衝器の役割を果たす自律的な中間集団としての意義が注目されるが，成人教育研究においても同様なことがいえよう。国家と中間集団との関係は，〈ボランタリズム〉理念の問題としていわば制度的側面での追究がなされてきたが[44]，ここでは活動内容決定上の自律性に関して言及しておこう。V.A.の自律性が尊重されるべきであるという議論は，すでに紹介した成人教育研究者にほぼ共通にみられる。全国組織が存在する場合には，その構成原理が地域組織に究極的権限が認められる〈federation-type〉[45]がV.A.の典型となるが，地域組織にこそ前述してきた成人教育上の意義が認められるのである。地域組織においては，V.A.の明示的目的に直接関係をもたない教育活動がなされる場合もあり，個人のニーズが充足される可能性が高い

のである[46]。V.A. は，加入などの自発性が最大限に認められる集団である。したがって，そこでは強制的な教化や宣伝などが抑制される。その意味でも成人教育研究において V.A. は注目されるべき対象である[47]。

　成人教育（研究）は，究極的には社会の変動・発展をその視野にとり込むことになろう[48]。V.A. は社会変動・発展の重要なエイジェントでもあり，その際には個人の意識変容が伴う。〈ボランタリズム〉を人間行動の原理として設定した場合，その意味は成人教育の枠を越える。成人教育のめざすべき〈能動的社会〉（active society: Etzioni）の原理として，今後の追究が要請されよう[49]。

4　おわりに

　以上，本章では V.A. の意義を成人教育の文脈において検討してきた。今後の課題として多くのものが残されているが，なかでも事例研究の必要度は高い。もちろんそれは V.A. の典型としての地域組織の具体的活動を対象としなければならずその積み重ねによって V.A. の成人教育的意義が実証的に明らかにされるべきである。また，前述のように，〈ボランタリズム〉に関する理論的アプローチも，ボランティアの役割が注目されている今日，重要かつ緊急の課題として設定される必要があろう。ともに本章の守備範囲を大幅に越えるものであるが，残された課題であることを確認しておきたい。

注
1) Voluntary Association は，通例〈自発的結社〉と翻訳されるが，本章では以下，V.A. と略記する。
2) 碓井正久「社会教育の概念」長田新監修『社会教育』御茶の水書房，1961，p. 37-38.
3) Moore, W.E.『時間の社会学』〔*Man Time & Society*〕丹下隆一・長田政一訳，新泉社，1974，p. 143-144.
4) そこでは，既存の研究を基礎に，その概念と類型，米国における実態，研究の概要についての整理を行った。初出は，鈴木眞理「米国における Voluntary Association の研究——〈ボランタリズム〉研究へ向けて——」『社会教育学・図書館学研究』No. 1, 1977, p. 8-17. である。
5) Sills, D.L., Voluntary Associations:Sociological Aspects〈Sills, D.L. ed., *The Encyclopedia of the Social Sciences*, Vol. 16, New York, Free Press and Macmillan, 1968〉p. 362-379.

6) Lynd, R.S.and Lynd, H.M., *Middletown*, New York, Harcourt Brace, 1929, p. 287ff.
7) Cook, T.E.and Morgan, P.M., *Participatory Democracy*, San Francisco, Canfield Press, 1971, p. 6-9.
8) Lazarsfeld, P.F.et al., *The People's Choice*, 2nd ed., New York, Columbia Univ. Press, 1948, p. 145-147.
9) Verner, Coolie and Booth, Alan, *Adult Education*, Washington, D.C., The Center for Applied Research in Education, 1964, p. 1-2.
　　Grattanは同様なことを，education of adultとadult educationとの区分として定式化する。そこでは教育意図がメルクマールとなる。Grattan, C.H., *In Quest of Knowledge*, New York, Association Press, 1955, p. 9.
10) Bergevinも研究領域としての成人教育を指摘するが，そこでは方法・技術への傾斜がみうけられる。Bergevin, Paul, *A Philosophy for Adult Education*, New York, Seabury Press, 1967, p. 60-63.
11) Houle, C.O., *The Inquiring Mind*, Madison, The Univ.of Wisconsin Press, 1961, p. 53.
12) *Ibid.*, p. 15-30.
13) 目的でなく結果への注目である。London, Jack and Wenkert, Robert, Adult Education: Definition, Description, and Analysis 〈Swift, D.W.ed., *American Education*, Boston, Houghton Mifflin, 1976〉p. 240-242.
14) Muraskin, William, "The Hidden Role of Fraternal Organizations in the Education of Black Adults:Prince Hall Freemasonry as a Case Study," *Adult Education* Vol. 26, No. 4, 1976, p. 251.
15) Rowden, Dorothy. Men's and Women's Clubs 〈Rowden. Dorothy. ed., *Handbook of Adult Education in the United States*, New York, American Association for Adult Education, 1934〉p. 101-104.
16) Anon., Men's and Women's Clubs as Agencies of Adult Education 〈Ely, M.R.ed., *Handbook of Adult Education in the United States*, New York, Bureau of Publications Teachers College Columbia Univ., 1948〉p. 153-158.
17) たとえばKnowlesはV.A.をとりあげる際に，一定の人間に特定の事項に関して一定期間継続的になされる教育活動を対象として扱う。Knowles, M.S., *Informal Adult Education*, New York, Association Press, 1950, p. 84. また，National Opinion Research Centerによる成人教育調査においては，組織的に構成されたプログラム，具体的には最低4回の集会・セッションにわたって同一テーマが扱われ，最低20名の聴衆が参加するものがV.A.における成人教育としての規定を受ける。Johnstone, J.W.C.and Rivera, R.J., *Volunteers for Learning*, Chicago, Aldine, 1965, p. 339.
18) Birnbaum, Max. Adult Education in General Voluntary Organizations 〈Knowles, M.S.ed., *Handbook of Adult Education in the United States*, Chicago, Adult Education Association of the U.S.A., 1960〉p. 378-390.
19) なお，1970年版においては，V.A.一般としての論及は見られないが，各種成人教育機関の項で部分的に触れられている。
20) Hill, F.E., *Man-made Culture:The Educational Activities of Men's Clubs*, New York, American Association for Adult Education, 1938.

21) *Ibid.*, p. 120-123.
22) *Ibid.*, p. 148.
23) *Ibid.*, p. 17, 32.
24) *Ibid.*, p. 63, 84.
25) *Ibid.*, p. 111ff.
26) *Ibid.*, p. 146-147, 151.
27) *Ibid.*, p. 147.
28) Lorimer, Frank, *The Making of Adult Minds in a Metropolitan Area*, New York, Macmillan, 1931, p. 197.
29) Kilpatric, W.H.and others, *The Educational Frontier*, New York, D.Appleton-Century, 1933, p. 141.
30) Adams, F.T., *Frontiers of American Culture*, New York, Charles Scribner's Sons, 1947, p. 179.
31) Knowles, M.S., *op. cit.*, p. 124-125. なお Knowles は歴史記述の際に Hill の著作を参考にして V.A. に言及しているが, そこでの関心は成人教育機関の組織化であってその意味では V.A. への評価は高くない。Knowles, M.S., 『アメリカの社会教育』〔*The Adult Education Movement in the United States*, 1962〕岸本幸次郎訳, 全日本社会教育連合会, 1975.
32) Sheats, P.H.and others, *Adult Education*, New York, Dryden Press, 1953, p. 200-220. なお, そこではボランティアに関する議論が中心的に展開されるが, 本章の直接の関心ではないので省略する。
33) 同様の視角が Kempfer の場合にも設定される。公立学校の役割が論及されるが, その際には, 自律性の尊重, 宣伝の抑制などが必要であるとされる。Kempfer, Homer, *Adult Education*, New York, McGraw-Hill, 1955, p. 205-207.
34) Loomis, C.P., *Rural Socical Systems and Adult Education*, Michigan State College Press, 1953, p. 122-145.
35) 文部省調査普及局調査課『アメリカの社会教育』刀江書院, 1949, p. 150-153.
36) 綾部恒雄「米国におけるクラブ集団の教育的機能——教育人類学的考察——」『九州大学教育学部附属比較教育文化研究施設紀要』No. 22, 1971, p. 45-60. なお, 直接的に教育との関連を問うたものではないが, 筆者と同様の課題をもつものとして, 下記の論稿がある。今津孝次郎「日本の Voluntary Association と明治前期民権結社——Voluntary Association と教育・序説」『京都大学教育学部紀要』No. 20, 1974, p. 57-74.
37) Rose, A.M., *Theory and Method in the Social Sciences*, Minneapolis, Univ. of Minnesota Press, 1954, p. 52.
38) Rose, A.M., *The Power Structure*, New York, Oxford Univ. Press, 1967, p. 246-252.
39) 「ラベル貼りの嫌悪」(Hill) を想起されたい。フォーマルな教育の場でないからこそ人々が参加し, 結果としての教育を受けることになる点にも V.A. の意義が認められよう。また, V.A. 活動を通じての意識の触発 (たとえば, 〈政治的有力感〉の保持) にも注目する必要がある。Almond, G.A.and Verba, Sidney,『現代市民の政治文化』〔*The Civic Culture*〕石川一雄等訳, 勁草書房, 1974, p. 310, 318. フォーマルな成人教育へのひとつのステップとしても V.A. 活動は位置づけられよう。

40) Johnstone, J.W.C.and Rivera, R.J., *op. cit.*, p. 63. 1969年の調査においても，米国において成人教育を受ける者の多くは職業訓練を志向し，地域生活，社交・余暇などの志向は少ない。National Center for Education Statistics, *Participation in Adult Education — Final Report,* 1969, Washington D.C., U.S.Goverment Printing Office, 1974, p. 23.
41) 効果の測定に関連して目的・目標の不明確さが指摘されるが，効果測定の理論・技術の確立が成人教育研究の発展の鍵でもあり，その水準の指標でもあろう。Boyle, P.G.and Johns, I.R., Program Development and Evaluation〈Smith, R.M.and others eds., *Handbook of Adult Education,* New York, Macmillan, 1970〉p. 72. なお，近年日本においても評価に関する単行書が刊行されたが，いわば行政上の評価の段階にとどまる。岡本包治・古野有隣編著『社会教育評価』第一法規出版，1975.
42) Hausknecht, Murray, *The Joiners,* New York, Bedminster Press, 1962, p. 111.
43) Knowles, M.S., *The Modern Practice of Adult Education,* New York, Association Press, 1970, p. 22-33.
44) 筆者は，個人と集団間の〈ボランタリズム〉の問題にも注目したいが，本章では詳述する余裕はない。
45) Sills, D.L., *The Volunteers,* Glencoe. Ill., Free Press, 1957, p. 3-10.
46) Birnbaum, *op. cit.,* p. 384. 提供される内容として〈what they want〉と〈what they need〉の区分がなされるが，本章での言及は，より前者に傾く。その意味でも周辺領域であるかもしれない。London, *op. cit.,* p. 261.
47) 官僚制化などによるV.A.の危機は存在するが，本章はV.A.本来の意義についての言及である。なお，V.A.における官僚制化については，下記の論稿を参照。高橋徹・城戸浩太郎・綿貫譲治「集団と組織の機械化」『機械時代』(岩波講座現代思想第Ⅷ巻) 岩波書店，1957, p. 150-163.
48) 社会発展は社会意識の発展を重要な一要素としており，社会意識の最終的担い手は個人であるから，社会発展は個人の社会意識に制約される。庄司興吉『現代日本社会科学史序説』法政大学出版局，1975, p. 100.
49) 本章の守備範囲を越えるが，下記の書が示唆的である。佐藤慶幸『行為の社会学』新泉社，1976.

第13章　自発性と自助——『西国立志編』を読む

1　原著者スマイルズについて

　『西国立志編』の原著 *Self-Help* の著者サミュエル・スマイルズ（Samuel Smiles）は 1812 年，スコットランド南部のハディントンに生まれた．

　ハディントンでグラマー・スクールを修了した後，土地の開業医のもとで見習いとして3年をすごすが，1829 年，エディンバラ大学へ入学し，医学課程に学び，32 年にディプロマを獲得した．その後，郷里にもどり開業医となったが，そのかたわら，化学・生理学・健康問題についての大衆向け講演を行ったり，新聞へ寄稿して生計の一助としていた．37 年に，エディンバラで『体育あるいは子供の養育・管理』という書を自費出版したが，これは広く賞賛されたものであった．

　郷里での職業の先行きに不満を感じ，また，経験を広げたい欲望にかられ，38 年にヨーロッパ大陸へ渡り，各地を歩いたあと，リーズへもどり，『リーズ・タイムズ』という急進的な新聞の編集者として迎えられ，42 年までその地位にとどまった．リーズでの生活は，スマイルズ自ら「人生の中で最も幸福で実りの多かった時期」と語っているが，当時ヨークシャーの中心的工業都市でめざましい発展を続けていたリーズにおいて，多くの技術者等を知る機会を得たことは，後の著述生活に大きな影響を及ぼしたと考えられる．文学協会の機関紙を講読したり，さまざまな会合に出席したり，メカニックス・インスティテュート（Mechanics' Institute：機械工講習所などと訳される）を訪問することなどに積極的な姿勢をみせていた．当時のチャーティズム運動には反対の立場をとっていたものの，労働者階級の社会的・知的改善を唱え，産業組織や機械科学の進展には大きな関心をもっていたといわれる．

　スマイルズは，1845 年以降 21 年間にわたって，鉄道会社の書記として生計をたてるが，その間，また，その後，蒸気機関車のジョージ・スチーヴンスン

をはじめ数多くの工業・技術関係者の伝記を執筆している。また，公共図書館の設立にもなみなみならぬ関心をもち，図書館・博物館法策定のための下院委員会での証言を行うという活動もしており，人々の知的生活の改善に意欲をもっていたということがうかがい知れよう。

　Self-Help は，1859 年に刊行された。その執筆の経緯等については，後に詳述するが，同種の伝記的な事実を集成して，いわば日常生活における倫理を説いたものとして，*Character* (1871), *Thrift* (1875), *Duty* (1880), *Life and Labour* (1887) がある。これらは，*Self-Help* には及ばぬものの，最後のものを除いて，英語圏のみならず，その他の国々でも広く普及し親しまれたものである。日本では，前二者は，中村正直によって，『西洋品行論』(1878 ～ 80)，『西洋節用論』(1886) として翻訳紹介されている。

　スマイルズの没年は，1904 年，92 歳であった。

2　中村正直について

　中村正直は，1832（天保3）年，江戸麻布丹波谷に生まれた。父は，元来伊豆国宇佐美村（現在伊東市）の豪農で苗字帯刀を許された佃家の次男であったが，江戸に出，御家人株を買った下級武士である。正直の幼名は釧太郎，のち敬輔と改め，諱を正直，号を敬宇といった。

　すでに3歳の時，句読・書法を師について習い，10歳の時には，昌平黌の素読吟味を受け，白銀3枚の賞を授かるなど，その神童ぶりは広く知られるところであった。その後，17歳の時に，昌平黌寄宿寮へ入り，勉学に励むが，22歳の時に作った誓詞は，その心意気を示したものとして有名であり，また，武士的エートスと清教徒的エートスとの相異はあるものの，*Self-Help* の訳者としての面目躍如といわれるべきものでもある。

　　一、事ヲナスニ志ヲ立ツル事
　　一、行住坐臥、礼法ニ背カザル事
　　一、偽行偽言ヲナサザル事。苟モ偽ヲ言ハザル事。但シ、心ニ疑アレバヒトニ問フ事也

一　淫欲ヲ断ツ事。少壮ノ人尤モ肝要ナリ
一　百事ニ勉強シ、怠惰ナラザル事
一　蘭学ノ業、半途ニシテ廃スベカラザル事
一　凡事、己ヲ責メテ人ヲ責メザル事
一　妄念ヲ截断シ、ソレガ為メニ奪ハレザル事
一　誠実ヲ心ニシ、苟モ軽薄ノフルマヒアルベカラザル事
一　太平ノ御恩沢ヲ念々心頭ニ置キテ有難ク思ヒ、父母ノ恩ヲ思ヒ、農夫ノ艱苦ヲ思ヒ、頃刻モ懈怠スベカラザル事
右之条々堅ク銘ジ心肝ニ候テ酔生夢死ノ輩ト均シク相成候事無之様ニ懸リ候事肝要也。若シ右之条々ニ於テ相背、現世ニ神ノ冥罰ヲ蒙ルベキ事也
嘉永癸丑年八月十七日夜五時誓詞　中村釧太郎（血判）

24歳で学問所教授出役、2年後には学問所勤番、甲府徽典館学頭、さらに御儒者勤向見習、学問所勤番組頭、御儒者見習をへて、31歳で御儒者の地位についている。これは、きわめて異例の昇進であった。

正直は、このように儒学（折衷主義）をその学問の基礎としていたが、蘭学にも関心をよせ、さらに英語を習得するなど、幅広い見識を備えていたのである。実地に即した学問の重要性の認識が基底にあり、洋学の効用を説いたことは、当時の一般の洋学観とほぼ同じ傾向であるといえる。自らの門弟である箕作奎吾に、英語の発音・訳読などについて質問をすることもしばしばであり、勝安房から英華辞典を借用して筆写するなど、英学への関心は、きわめて強いものであった。また、キリスト教の理解もある程度もっており、開国論を積極的に展開していたのも、洋学の摂取の態度と関連するものである。

1866（慶応2）年、幕府のイギリス留学生派遣にあたり、正直は、「留学奉願候存寄書付」を提出し、西洋の事情を学ぶことも儒者には必要なこと、和漢の学に精通した者が翻訳の任にあたる必要があること、西洋の学には「性霊の学」（形而上の学）・「物質の学」（形而下の学）があり、儒学の立場から批判的に検討する必要はあるものの、「性霊の学」を摂取する必要性が存在していることを訴え、歩兵頭並・川路太郎とともに、留学生12名の取締役として、渡英した。

滞英中は，文学の習得に専念し，各地を巡って見聞を広め，ヴィクトリア時代の繁栄したイギリス社会を理想郷と認め，その隆盛の起因するところを，国民にみられる自助の精神にあると考えるようになったといわれる。
　しかし，滞英2年にして，大政奉還の報に接して帰国し，駿府に転封された徳川亀之助を追って，静岡へ移り，静岡学問所の一等教授に任じられた。静岡での生活は不遇といえるものであったが，この時期は，正直にとっては，それまで学んだ儒学と，イギリス留学での経験・キリスト教の教義とを接合させる機会を与えるものでもあった。正直の主要な翻訳である『西国立志編』(1871)，ミル(J.S. Mill, 1806-1873)著『自由之理』(1872) は，この時期の成果である。
　1872年，正直は，大蔵省翻訳御用掛として上京した。翌年，印税をもとに邸内に家塾（同人社）を設け，慶応義塾，攻玉社と並んで三大義塾と称されるほどに盛んであったという。同人社では，74年から女子の入学を許可しており，79年には同人社女学校となった(80年廃校)が，そこでは，女子の政治的啓蒙がめざされていた。正直の女子教育への関心は，イギリス留学中に，イギリスの母親の識見が高いことを知ったことにもよるといわれるが，帰国直後(1871年)横浜共立女学校の紹介・宣伝文を書くことからはじまり，後に東京女子師範学校の摂理を勤めるなど，明治期女子教育に果たした役割は大である。「人民ノ性質ヲ改造」するのは，「善良ナル母ヲ造ル」ことから始まるとして，女子教育に尽力したのであるが，同様の理由から，幼児教育にも関心を示し，幼稚園設立の建議を最初に行ったのも正直であった。さらに，留学中の経験をもとに，訓盲院の設立に力をそそいだことも注目に価する。イギリス留学中の，ヴィクトリア期の慈恵施策にふれた経験は，正直のその後の活動に大きな影響を与えたと考えられよう。
　正直の社会的活動としては，明六社への参加も特筆すべきものであるが，周知の事実でもあり，ここでは省略しておく。明治期教育界の重要な事件として教育勅語の発布があるが，その最初の草案を作成したのは正直であった(1900年)。教育大意と題される中村正直案は，めざすべきものとして，個人の完成が説かれていたのである。一部を引用してみよう。

> 自治独立ノ良民トナリ団体トナリテ其郷土ノ繁栄ヲ謀リ一身ニ於テ其家族ノ幸福ヲ増ス積テ以テ我国ノ富強ヲ望ムヘシ此望ヲ達セムニハ如何ナル艱難辛苦ヲモ堪エ忍ヒ心ヲ前途ニ大成ニ傾ケヲ決シテ他人ニ依頼スルコトナカレ是レ良民タルモノヽ任ナリト知ルヘシ

当然のことであるが，滅私・報国に力点が置かれていない正直案は内容不適切という点を主な理由として，井上毅によって厳しい批判をうけ，しりぞけられたのである。

正直は，1881年，東京大学文学部教授に任ぜられ，86年，元老院議官，88年，文学博士，90年，貴族院議員勅選と栄達の道を進み，1891年，60歳で死去した。

3 『西国立志編』の成立と普及

1845年5月，スマイルズは，リーズの小グループに招かれた。そのグループは，極貧の青年数名が夜，集まり，語りあい，学習しあうことを目的として結成したものである。はじめは，仲間の家を使用していたが，人数が増え，庭を使って夜中まで学習をしていたこともあったが，寒さをしのぐ必要もあり，わずかな小づかい銭を出しあって小屋を借りた。その小屋は，かつてコレラが流行した時，病院として利用されたものであるが，そこに机や椅子を運び込み，学習会場としたのである。そこでは，相互に，読書・作文，算術・地学，数学・化学，語学等を学びかつ教えあうという活動がなされていた。同志が約百名になるに及んで，外部から講師を招いて講演を聴き，学習を進めようということで，スマイルズが招かれたのである。

スマイルズは，この青年達の自助の精神に感動し，講演をひきうけ，いくつかの例を示して，自助の精神の重要性を説いたのである。この講演は，青年達をおおいによろこばせ，また鼓舞したものであった。時を経て，講演を聴いた青年が成人になり，スマイルズを訪れ，自らの成功は，スマイルズの講演のおかげであることを告げた。こうしてスマイルズは，1859年，*Self-Help* を出版するに至ったのである。

この書は，好評であった。発行年に2万冊，64年までに5万5000冊，89年までに15万冊売れ，日本語のほか，オランダ，ドイツ，デンマーク，スウェーデン，スペイン，イタリア，トルコ，アラビア，インドなどの諸国語に翻訳され，全世界的な規模で読者を獲得したのである。*Self-Help* が類書の中で，ただひとつ，このように読まれたのには，いくつかの理由があるとされる。第1に，ことばづかいの簡潔さという修辞的特質，第2に，実例としてあげられる人物がさまざまな領域に広範囲にわたっている点，第3に，スマイルズ自身の人生経験が豊富であり，ふつうの人間にも理解できるように重要な点を伝達する能力があった点などである。

　ところで，日本語への翻訳者，中村正直が *Self-Help* に接したのは，1868（慶応4）年，ロンドンから帰国する際に，友人H.U. フリーランドから餞別として贈られた時である（1866年に改訂をされた後の，67年版）。正直は，帰国する船中でこの書を愛読し，半分ほどは暗誦できるまでになったとのことである。帰国後，静岡での生活を送る中で，旧幕臣の不遇な生活を見，この書を翻訳して彼らに自助の精神の重要性を悟らすことが必要であると考え，翻訳が開始されたという。訳述は1870（明治3）年のはじめ頃から行われ，11月頃までかかった。当初の書名は，『自助広説』あるいは『自助論』であったが，理由はさだかではないが，結局『西国立志編・原名自助論』に落ちついた。その後の普及の過程を考えるとき，この『西国立志編』という書名のもつ意味は大きい。静岡においてなされた刊行は，約半年のうちに5回にわけてなされたと推測されているが，1871（明治4）年に全冊が完成している。

　『西国立志編』は，原著 *Self-Help* と同様に，人々の間に広く普及した。福沢諭吉の『西洋事情』，内田正雄の『輿地志略』とともに明治の三書といわれ，諸学校の教科書として用いられ，大正年間までベストセラーとしての地位を維持し，また，口伝てに文字の読めない層にまで浸透していったともいわれる。

　『西国立志編』あるいは，*Self-Help* の意図していたものは後に述べるが，この書は，その意図とは別に，立身出世主義の鼓吹の書として受け容れられたことは，周知の事実であるので多言は要さないであろう。

　『西国立志編』は，*Self-Help* の翻訳であるが，原著より優れたものであるという評価も多い。正直なりの評価や人間観・世界観がすみずみに浸透している

といえよう。事実，原著の正確な逐語訳ではない部分も多く，文章の格調も高い。大正年間に Self-Help を『自助論』として翻訳した畔上賢造は，その序文の中で，「敬宇先生の訳文，謹厳にして的確，荘重にして整斉，寔に是れ堂々たる大家の筆致，世の俗流を抜く幾千仞の上にあり。但先生の文今に於て之を読む稍，漢文調に偏して，現代青年の甚だ了解に苦む所，為めに金玉の文字も往々にして興味の索然たるものあり。且つ先生の訳文は，原文の意を略したる所甚だ多きを以て，……」と記している。ここから推察すれば，『西国立志編』がいわゆる立身出世のハウ・ツー物として受け容れられた背景には，原文の正確な理解の困難さや，それに起因する口伝えなどによるダイジェストの際の主旨の非明瞭化あるいは転換なども，ひとつの要因として存在したのではないかと考えることもあながち否定しさることはできないのではなかろうか。『西国立志編』を，社会教育上の基本文献と位置づける際には，それが人々にどう読まれたかを検討することが最重要であろうが，ここでは，著（訳）者の意図にさかのぼって内容的な吟味をしてみよう。

『西国立志編』の構成

『西国立志編』は，13編から成り，それぞれが4-43の章をもち，全部で324章で構成されている。その標題は以下の通りである。なお，参考のため，原著のタイトルを記しておく。

第1編　邦国及人民ノ自助ニ論ス (Self-Help: National and Individual)

第11編　新機器ヲ発明創造スル人ヲ論ス (Leaders of Industry: Inventors and Producers)

第111編　陶工三大家，即チ巴里西，薄査，楬地烏徳 (The Great Potters: Palissy, Böttgher, Wedgwood)

第四編　勤勉シテ心ヲ用ヰ，及ビ恒ニ前ヲ企ツルヲ論ス (Application and Perseverance)

第五編　幇助即機会ヲ論ス，并ニ芸業ヲ勉修スルヲ論ス (Helps and Opportunities: Scientific Pursuits

> 第六編　芸業ヲ勉修スル人ヲ論ズ（Workers in Art）
> 第七編　貴爵ノ家ヲ創タル人ヲ論ズ（Industry and Peerage）
> 第八編　剛毅ヲ論ズ（Energy and Culture）
> 第九編　職事務ムル人ヲ論ズ（Men of Business）
> 第十編　金銭ノ当然ノ用、及ソノ妄用ヲ論ズ（Money: Its Use and Abuse）
> 第十一編　自ラ修ノ事ヲ論ズ并ニ難易ヲ論ズ（Self-Culture: Facilities and Difficulties）
> 第十二編　儀範又ハ模型ヲ論ズ（Example: Models）
> 第十三編　品行ヲ論ズ、即チ真正ノ君子ヲ論ズ（Character: The True Gentleman）

　各編では，科学者，技術者，政治家，軍人，実業家，芸術家など，300人を越える先人の成功伝が紹介され，その成功の背景にある自助の精神，勤勉・忍耐などの徳目が説明されている。

　なお，正直は，各編にそれぞれ序文を記しているが，原著の各章の深い理解の上に，自らの考えを述べたものであって，その思想を理解する上で，示唆を得られるものでもある。

4　『西国立志編』の内容

　前掲の構成からもわかるように，『西国立志編』は，各編・各章が独立し，多くの先人の成功伝が叙述され，全体としては，論理的に体系だった形はとられていない。したがってその内容を解説する際には，順を追って進めることは困難でもあり，また，理解も困難になるであろうから，ここでは，いくつかの項目をとりあげ，例示的に叙述されている内容を検討するという方法をとることにしよう。

(1) 個人の自立と国家

『西国立志編』は,「熱烈なる民主主義擁護の書」(佐藤忠男)であるといわれる。単なる成功伝・偉人伝と大きく異なるところは,まず第1編のはじめで,個人と国家の関係を,いわば古典的な自由主義の立場で解説し,その上で,成功伝を叙述するというスタイルである。

自助とは,自主自立して,他人の力に頼らないことであり,自助の精神は,人間の発達の根源となるとされる。外部からの援助は個人の力を弱めるが,自助は,その後の成長を助けるものとして理解される。そして,

> 人ノ為ニ任ニシテ,己ノ為ニ自己勉進修セシムレバ,自己ノ為ニ善ヲ尽シ美ヲ尽ス,蓋シ人民ヲシテ自己勉進修セシメバ,ソレヲシテ自己ノ利トナルナリ,コレヲ真実ノ利トナルナリ,法度ノ成ル所トナリ,民ノ志ヲ伸ルコトヲ得セシメ,民ノ為ニ真実ノ助トナル,コレヲ真実ノ助トナルナリ,邦国ニテ立ツトコロハ,民ノ為ニ(第一編第一章)

として,国家の果たすべき役割は,「生命」「自主ノ権(ヒトリダチウクベキドウリ)」「産業」(財産)の保護に限定されるとし,さらに,

> 間ヲアケテ,自立セル正シキ人民ノ自立ノ論ゼズ,凡ソ人民ニ箇々自立セルモノアル間ハ,其ノ政体ハ何ニテモ国トナリ,ソノ政ヲ覇政ト云フキナリ,且ツ蛮愚ニシテ壊生セズ,其ノ候癬ヲコシ,ソノ極悪ノ癡ヲ覇シ曰ク弥(第一編第四章)

として,個人の自立を国家に優先させる立場が表明される。国家は,その国民の反映として理解され,「蛮愚ニシテ壊悪ナル人民ハ自ラ愚ナル政事ヲ以テ管理セラル(オロカ)(ワロクナリタ)(シハイ)」のであり,国民の自助の精神の発揮によってのみ「開化文明(ヒラケ)」の状態が達成されるというのである。正直の序によれば,兵書を翻訳せずにこの書を翻訳したのは,西国が強力であるのは,兵が強いからではなく,自助の精神が旺盛で,「自主ノ権」が存在しているからであるという。正直の考え方は,スマイルズの考え方と同質のものであったのである。これは,すでに記した,教育勅語の草案に示されているところである。

個人の自立を国家に優先させるこの考え方は,しかしながら,読者の注目を

ひくものであったかどうかは疑わしい。すでに何度も述べているように，『西国立志編』は，立身出世主義を鼓舞するものとして受け容れられていったのであり，個人と国家の関係についての部分は，全体を貫く基本的なモチーフであるにかかわらず看過されていったのである。

　明治初期には，個人の自立――これが立身出世主義に歪曲されていようと――と国家の強大化とは，軌を一にしていたといえる。したがって，個人の自立と富国政策とは，両立することができたが，体制の整備，新秩序の確立とともに，立身出世のルートは次第に閉ざされていく。そこには，国家が個人の視野から遠ざかっていくという過程も含まれており，身近な幸福を追求するという傾向が強まり，個人と国家の関係を深く考えるという姿勢は，あまりみうけられなくなるのである。

　ところで，自由民権の運動は，この個人の自立と国家の関係認識を，その論理的背景のひとつとしていたとみられる。1880（明治13）年，文部省は，地方府県で使用されている教科書の調査を行い，わが国の風俗・秩序を乱すと考えられるものの使用を禁止しているが，『西国立志編』も，いくつかの箇所が不適当であるとされた。前述の国家の果たすべき役割は消極的側面に限定されるべき事が説かれる部分，すなわち民権を主張していると考えられる部分等は，削除を余儀なくされたのである。明治政府の自由民権運動に対する抑圧の中で，『西国立志編』の「熱烈なる民主主義擁護の書」としての重要な部分は削りとられ，単に立身出世のすすめの書として流布する方向に導かれたのでもある。

　ただし，このような個人の自立と国家の関係の把握は，当時の社会構造・政治構造を前提として評価されるべきであって，現在の福祉国家状況には，予定調和的な，あるいは古典的自由主義に立脚する論理は，すべてがなじむというものではない。たとえば，「工人」（労働者階級）に言及して，

> 皇天ノ命，始メヨリ工人ノ一種ノ人ヲ定メテ，倹節ナラス，心安カラス，聡明ナラス，福祉アラサル一種ノ人トシ，生涯私欲ニ徇ヒ，苟モ為サルヘキ非ス，特ニ人ノ志気昏弱ニシテ，自ラ助クルコトヲ知ラス，私欲ニ徇ヒ，天命ニ戻ルモノハ，知者義人タルニ能ハサルナリ，故ニ工人タルモ，苟モ能ク自ラ助ケ健旺ノ精神ヲ発セハ，必スコレヲ樹立スルコトヲ得ヘシ（第十編第四章）

という部分に表明される考え方は，社会的規定の力を軽視し，すべてを個人の責任に帰するものであって，今日の社会には適合的ではないといえるものである。しかしながら，それだからといって，『西国立志編』の価値が大きくそこなわれるものではないことは，すでに明らかにした通りである。

(2) 知識・技術・科学

すでに述べたように，スマイルズは，多くの工業・技術関係者の伝記を執筆している。『西国立志編』に収められた事例の中にも，科学者・技術者の話は多い。自然科学の重要性の認識，技術への信仰が，その底を貫くテーマのひとつでもあったのである。発明の意義が，

> 試ニ思ヘ，吾等ノ飲食衣服家中ノ什物ヲ始トシテ，玻璃ヲ熔シ光ヲ納ルル具，蒸気ヲ外ニ鎖スノ機，街衢ヲ照ラスノ燈，蒸気行動ノ機器，水程陸路ニ適スル車ヲ，人力ニ由テ造リ出セル物ニ非ズシテ，機械ニ至ルマデ，何ニ由テ，コレヲ得タルヤ，コレ皆許多ノ勉思智慮ニ由テ，現出セル結果ナリ，蓋シカクノ如キ創造者アリテ，邦国万民各箇ノ福利ニ井シ，国運一般ノ文運日々ニ増盛スルナリ（第二編第五章）

という叙述にあらわされている通りである。発明の典型として，蒸気機関――「人ニ存スル自ラ助クル勢力ノ紀功碑ト称スベシ」とされる――，紡績機・綿織物工業などについて，先駆的研究から応用に至るまで，こと細かに示され，発明の背後には先人の努力が存在していることが語られるが，もちろん，その努力・忍耐が強調されるものの，科学的探究心の重要性を示していることをみのがしてはなるまい。

時計の振子の動きを偶然見ていて，歯車の"逃がし止め"の原理を探究するにいたった少年の話や，「常ニ警醒シ，察視シ，労苦スル」ことによってイタリアの陶器製造の復興をなした人物が，しばしば「試験」を行って彩色技術を開発したという話，あるいは，白色の磁器製造のために，種々の粘土を研究し，実験をした人物の話などが引かれていることからもわかる通り，正確な観察，

実験などを行う実証主義精神に大きな価値が見い出されているのである。

　ところで，種痘を発明したジェンナーの話は，戦後世代でもよく知っている通りであるが，それは，もともと『西国立志編』に収められていた話である。まず自らの子供に種痘を試みた——実際は庭番の子供であって，この部分はスマイルズの誤りである——こと，犠牲的精神の発揮の箇所が，われわれの頭に強く残っている部分である。しかし，本来は，牛痘にかかった乳しぼりの女性は痘瘡にかからないといわれる説を「査察」してみようという志をたて，師に「徒ニ思ナクシテ，実ニコレヲ試ヨ，久シキニ耐ベシ，又精細ナルヿヲ要ス」と言われて，人々に嘲笑されながらも20年にわたって「経験ノ功ヲ積」んだという部分に力点が置かれているのであって，「先己ガ子ニ牛痘ヲ種試」みたという部分は，ここに示しただけの量でしかないのである。

　つまり，ここでは，日常の生活に疑問をいだき，観察や実験・研究を行う科学的精神の重要性，その際には周囲から冷遇をうけることもあるが，科学的探究心は尊いものであるという点が語られているのであって，犠牲的精神が美化されているわけではないのである。しかしながら，戦前の修身の教科書においては，子どもは親のものであるという封建意識に引きつけて解釈し，むしろ，その犠牲的精神が強調されたといわれる（佐藤忠男）。たしかに，国定教科書第1期（1904年・明治37年使用開始）から，第2期（1911年・明治44年），第3期（1921年・大正10年），第4期（1937年・昭和12年），第5期（1943年・昭和18年）にいたるまで，ジェンナーの話は，子供に種痘を試みている様子を描いたさし絵入りで収録されている。しかし，第1期では，自分の子供に試みたという記述はなく，「いったん，こころざしたことは，かならず，しとげるよーに，こころがけねばなりません。」と結ばれており，第2期以降は，自分の子供に試みたという表現はみられるものの，第2期第3期では「志を堅くせよ」，第4期では「発明」という標題のもとに収録されているのである。この点だけからみるなら，『西国立志編』での記述は，ほぼ正確に引用されていたともいえよう。ただ，さし絵の存在や，実際の授業での強調される箇所，あるいは，教わる側の受け容れ方などを考えるならば，矮小化されていったとすることも否定できないであろう。他の項目も同じであるが，『西国立志編』ほど，さまざまな解釈・受け容れ方が，その真意を離れて広まっていった書物は稀であろう。

(3) 時間の観念

　明治時代の初頭，精巧で廉価な米国製の時計が輸入された。それまでの日本製の時計は，12時間制であったが，舶来品は，24時間制を採用していた。1869（明治2）年の『報知新聞』発刊号には，図入りで時計の見方が紹介されており，翌年には，『セコンド一覧』『西洋時計早見』などの時計解説書が出版された。懐中時計は一種のステイタス・シンボルとして，その時代の風俗のひとつとなっていた。このように西欧文明の輸入とともに，人々のあいだに，時間の観念が広まりを見せた時期に，『西国立志編』は翻訳され，時間の重要性についての認識が説かれていたのである。勤勉・努力などの徳目は，時間の重要性とうらはらの関係として考えられていたのである。

　ところで，『西国立志編』においては，時間に関しての言及は，「第九編・職事ヲ務ムル人ヲ論ズ」に多い。すなわち，

> 凡ソ事任ヲ担当シ職務ヲ治ムル人ノ、必ラス精細ナルコト一ニ、時期ヲ差クサルコト二ニ、勤勉ニシテ序次ヲ差クサルコト三ニ、循便ナル方法ニ、四ニ、五箇ノ性能アルヲ要ス、何等ノ種類ヲ論ゼス、五ニ敏捷ナルコトナリ（第九編第十三章）
>
> 法国ノ相民事務ヲ做シ敏捷ナリシガ、何ニ由テカ反対セシ事ヲ、常ニ戦台ニ住キ、屡々歓楽ノ場ニ臨ミテ、成人コレヲ怪ミ、答テ曰ク、コノ他ニ非ス、今日為スヘキ事ヲ、明日ニテ延ヘタルコトナシト、イヒシトナリ（第九編第十七章）
>
> 以太利ノ理学家、常ニ光陰ハ吾産業ナリト言リ、コノ産業ヲ修治スレハ、必ス功労ニ償フヘキ賞ヲ失ハサルヘシ、光陰ノ価貴フ能クスト、自ラ作ニ敏速ナラサルヲ得ス、酬ヲ以テ価値ヲ生ス、善ク修治スレハ、光陰ハ価値ヲ貴フ（第九編第二十章）

などの叙述からもわかるように，時間の観念は経済的な合理主義と深く結びついていたのである。時間の厳守，時宜のみはからいなどは，経済活動のもっとも基本になるものであって，それゆえ日常生活に重要であることが説かれていたのである。しかしながら，このような文脈での受け容れられ方は，容易にな

されなかったようであり，むしろ，立身出世のための刻苦勉励の際の「光陰可惜」という徳目として広まりをみせたといえよう。

(4) 自 修

『西国立志編』が，単にいわゆる立身出世のすすめの書ではないことは，すでに何度も述べてきた通りである。したがって，「自ラ修ルノ事」というのは，立身出世し，富や栄達を獲得することを意味しているのではない。富については，

> 凡ソ金銭ヲ貯フルガ為ナリト編ムルハ，心ノ小ナルナリ，事ノ厚端正忠厚ノ人ナルハ，自主自立ヲ失ハズ，倹省ヲ務ムルハ，徒ニ金銭ヲ蓄積スル為ニアラズ，老年ニ至テ安楽ヲ享クル為ニ，他人ノ存ヲ恃マザルガ為ナリ，凡ソ人ノ行ヲ各ガ自ラ為スガ如キハ，其所為タラン（第十編第二十三章）

として，自己目的化した蓄財をいましめており，さらに，

> 抑モ少ナリトモ金銭ヲ送ルモノナリ，大ナル謬ナリ，睡夢ノ中ニ一生ヲ送ルモノナリ，奮励ノ志能ク成就セラルヽト思フハ，富ミ財多キニ由リ，何事ニテモ成就スルコトヲ得ベシト思フハ，（第十編第二十六章）

と拝金主義を強い調子で否定しているのである。

> 自ラ修ルノ事ヲモシ，誤テ世上ノ富貴ヲ得ル為ノ方法トキクハ，コレヲ降シ賤シカラシム（第十一編第二十二章）
> 人品ノ高下ハ，職位ノ崇卑ニ関ラズ，故ニ人ノ高尚ナルト心志ヲ以テ真正ニ自ラ修ムルヲ得ルトキハ，身ヲ栄華権勢ノ為ニセズ，何ニモ卑シキ茅舎ニ延キテモ，コレヲ貴ブトモ談論スヘトカラズ，古今ノ名士ヲ友トシ，善書ヲ読ミ，自ラ修ムル工夫ヲ做ス人ハ，其歓楽言ハンカタトナカラ得ベル者モ，高尚ノ心志アレ，朋友ヲ得ルニ疑ナク，（第十一編第二十二章）

このように，自修は，立身出世や致富の手段ではなく，むしろそれ自体が目的化された道徳律とみなされ，さらに言をすすめるならば，最終編「品行ヲ論ズ即チ真正ノ君子ヲ論ズ」に凝集されているような，人格の完成のための手段とみなされているといいうるであろう。さらに，自修は，人格の完成のための手段というだけにとどまらず，科学的探究心と結びついた形でも強調される（たとえば第2編）わけであるが，そのための具体的方策として，

> 凡ソ理学者，創造者，工芸ノ家ヲ論ゼズ，ソノ尤モ卓越ナル人々，皆ソノ功績ヲ勤勉学習ノ事ニ帰セリ，蓋シ勤勉ハ，万物ヲ化シテ黄金ト為スノ手段アリト云ベク，光陰ト雖モ，亦コレヲ黄金ニ化セリ（第四編第五章）
> 毎日タゞ十五分ヅツノ光陰ヲ心ニ学習ノ事ニ用ヒナバ，一年ノ終ニ及デ必ズ自ラ進境アルコトヲ覚ベシ（第九編第二十一章）

のように，前述した時間の有効利用が説かれているのである。この文脈では必ずしも，時間と経済的合理主義が深く結びついているとはいえないが，何のための時間の有効利用であるのかということは，読者に正確に理解されていたとはみなせないであろう。

ところで，この自修は，「実事習験（ナラヒタメス）」をその背後にもつものである。すでに，『西国立志編』においては，自然科学の重要性の認識，技術への信仰などが底に流れ，科学的探究心の重要性の強調がなされていることは，くり返し述べてきたが，たとえば，

> 断ジテ曰ク，人ノ自ラ身ヲ成就スル件，労リ得ル，読書ヨリ多ク閲歴ヨリ得ル，芸文ヨリ得ル，行事ヨリ得ル，学習ヨリ多ク人品ヲ観ルヨリ得ル，信行録ヨリ多キナリ（第二編第九章）
> 好書ヲ読ム，教訓トナリ，受用ノ益トナルヲヘドモ，事物経験ニ由リ，他人ノ好表様ヲ観感スルニ由テ，吾ガ品行ヲ建立スルモノニ，似ルベクモアラズ（第十三編第十八章）

という箇所にみられる通り，実際に試みること，「作労（シゴトヲスル）」に大きな価値がおか

れているのである。単に知識としての教養ではなく，自らの努力，経験，労働に基づいて，実践的な力に転化しうる教養こそが真の教養であるといわれていると解釈することができよう。この議論は，古典的であるとはいえ，今日の社会でも通用し，また，いっそう強い共感を得られるものでもあろう。

(5) 自助と相互扶助

『西国立志編』が自助・自立のすすめの書であることはいうまでもない。これも有名な話であるが，リヴィングストンのアフリカ探検の物語は，この書の中では，「第八編・剛毅ヲ論ズ」に収められている(23章)。そこでは，少年時代に自学を行った際の費用は，「全ク自己ノ工場ニ在テ贏ケ得ルモノニ由テコレヲ支ヘ，他人ヨリハ，一銭ノ助ヲモ受ズ」ということや，船を新造する際の費用は，「ソノ著書ヨリ得タル利銀ニシテ，ソノ児子ノ為ニトテ，別ニ除置ルモノ」であったということなどの記述からもわかる通り，他者からの援助を受けず，自らの力によって人生を切り開いていくことの重要性が示されているのである。

象徴的なことであるが，『西国立志編』の原著 *Self-Help* が刊行されたのは，ダーウィンの『種の起源』が刊行されたのと同じ年であった。両者には，「適者生存の原理」・「優勝劣敗の原理」が共通の認識として存在していることが認められるわけであり，自由な競争が高く評価されているのである。

> 不幸ニシテ勝タラハ，コレニ三タヒ戦ヒ，事ト安逸ニ発シ，勢ヲ転ジテ幸福ト為ルハ，能ク自助スル(第一編第二十五章)
> 凡事ノ成就スルハ，人定志アリ，勉力アリ，忍耐アリ，勇気アリテ，結果効験ナリ(自助論原序)

ここに示されているものは，自助の精神こそが人生における成功の基礎であるということであるが，裏を返せば，失敗は個人の責任に帰するということになろう。したがって，そこでは，他者の存在は，自らの競争相手として認識されるのであり，

> 一生ノ間他人ヨリ、補助ノ益ヲ得ルコト亦大ナレドモ、コヽニ着眼セザルベカラズ（第一編第三十二章）
>
> 人品行ハ無数ノ精美ナル事物ニ由テ甄陶セラルヽナリ、即チ或ハ古人ノ儀範及ビ格言ヨリ、或ハ吾身ノ遭フ際ニヨリ、或ハ文字ニ由リ、或ハ朋友ニヨリ、他人ニ由リ、或ハ今日ノ世上ニヨリ、或ハ祖宗ノ遺ストコロノ嘉言善行ニ由テ甄陶養成セラルヽナリ（第一編第三十四章）

というように，他者からの援助の必要性は認められるものの，相互扶助に対する積極的な姿勢はみられない。ただし，原序において，

> ナリ、人ノ自助スル、職分ヲ尽スノ中ニ、他人ヲ助クルノ意ヲ、自ラ包含スル「明カ

とはされているが，他者との関係は水平的なものではなく，下位に位置する他者への援助を説いたものとして考えられよう。すなわち，これは，慈善という観念と軌を一にしているものである。

　他者を自らの競争相手とみることも，慈善を施す対象とみることも，結局のところ，他者を用具として扱い，外界とは隔絶したところで自己の確立をめざすものとして理解できるであろう。この点は，*Self-Help* あるいは『西国立志編』のもつ，主に時代的特質に起因する限界でもあろう。今日の社会でも，この種の立場によってたつ人生訓も依然として多くみうけられ，また，少なからぬ支持を受けていることも事実である。しかしながら，社会構造が高度に複雑化した現在，他者に依存しないという意味での自立や自助というのは，幻想でもあるといえよう。さらにいうなら，このような自立や自助は，その底に他者に対する不信をもつものであって，ある状態が必ずしも究極の状態ではなく，絶えざる不安におののき，安住の場を求める格闘の毎日を送らざるをえない状態を生ぜしめることとなろう。

　われわれは，今，このような立場をのりこえ，他者との信頼をもとに，他者との誠実であたたかい相互依存と連帯を築きあげ，豊かな感性をいだきつつ，

自己の完成をめざす必要に直面しているのではないであろうか。
　『西国立志編』を，いくつかのテーマを設定して，その内容を検討してきた。この書は，いくつもの読み方が可能である。単なる立身出世の宝典とみることも，人生の深淵な課題の解決のよりどころとすることも可能である。この書をどう読むかによって，読む側の人生観・社会観が問われることになるであろう。

　　本章の執筆にあたっては，中村正直訳・柳田泉校訂『西国立志編——スマイルス自助論』冨山房，1938 を用いた。
　　また，参考とした文献は，以下の通りである。
（1）石井研堂『自助的人物典型中村正直伝』成功雑誌社，1907.
（2）高橋昌郎『中村敬宇』吉川弘文館，1966.
（3）佐藤忠男『権利としての教育』筑摩書房，1968.
（4）太田愛人『明治キリスト教の流域——静岡バンドと幕臣たち』築地書館，1979.
（5）山住正己『教育勅語』朝日新聞社，1980.
（6）前田愛「明治立身出世主義の系譜——『西国立志編』から『帰省』まで——」『文学』第33巻4号，1965.
（7）前田愛「中村敬宇」『文学』第33巻10号，1965.
（8）大久保利謙「中村敬宇の初期洋学思想と『西国立志編』の訳述及び刊行について——若干の新史料の紹介とその検討——」『史苑』第26巻2・3号，1966.
（9）Briggs, Asa, "Centenary Introduction," Smiles, Samuel, *Self-Help* (Centenary edition), London, John Murray, 1958.
（10）*Dictionary of National Biography* (Second Supplement), London, Oxford University Press, 1920.

あ と が き

[都バスの優先席に気づかず座ったら]

　都バスの「老人・障害者優先席」で奇妙な経験をした。

　私は大学から学バスで友人と5分ぐらいの最寄り駅へ向かった。乗り込んだのが早かったので，どこでも座れたのだが，「優先席」とは気づかず，よりによって，そこへ座ってしまったのである。満員になってバスは発車した。少したつと私どもの前で60歳前後の男性二人が「近ごろは，若い者が年寄りを押しのけて座る」「とくに女性は図々しい」などと話し始めた。後ろの窓をみると「優先席」のステッカーだ。友人と顔を見合わせたが，あとのまつり。私はどぎまぎしながらその男性に「優先席」とは気づかず座ってしまったこと，でも，そういう話を聞いたから席を譲るというのは何となく割り切れないことを説明し，座り続けてしまった。

　終点で降りる時，私どもは申し訳なかったと謝った。その男性二人も，「あてつけではなかったんだ」と言っておられた。

　それにしても奇妙な経験だった。むこうの言動も，そして私の行動も。

　　　　　　　　　　　『朝日新聞』「声」1974（昭和49）年10月4日

[軍隊原点論を肯定できない]

　今年も「終戦記念週間」が無事に終わった。あるテレビで落語家の親子が対話していた。その落語家は，軍隊でのきびしく規律ある体験はたいへんいいものだと息子に話していた。

　彼の意見は，多くの人間の共感を得そうな気がする。きびしい生活，規律ある行動は，精神的な鍛錬になり，その後の生活の原点ともなるというわけである。「あの時できたのだから，今も……」という気持ちが出てくるのだ。

　ある機会に，若い僧から，「荒行」の経験を聞いた。朝早くから夜遅く

までの、きつそうな話しだった。僧は、その体験が自分にとって貴重なもので、その後の生活に大きな影響を与えているというようなことを言っていた。

　さて、この二つの話は、同じようで、全く異質なのである。「軍隊」は自らの意思に基づかないものであり、「荒行」は（一応）自らの意思に基づくものである。二つを同一に扱ってはいけない。きびしい生活の経験は貴重である。しかしそれが強制された状況下のものであるなら、ナンセンスである。「軍隊」の経験や戦時中の経験を、少しでも肯定してはならないことを体験者の方々に頭に入れてもらいたいと思う。今日の社員教育などで作られた体験も同様であろうが、本当の「自発性」が重要なのである。

　もっとも、私などは「作られた」原点もないのだが……。

　　　　　　　　　　『朝日新聞』「声」1975（昭和50）年8月29日

　ほぼ30年前、大学院修士課程の頃の私の投書である。考えてみれば、当時の疑問・ふっきれないもやもやした気持ちは今でも続いているような気がする。何も分かってはきていない、このかん、進歩も発展もなく、困ったものだ。残されている時間はそう多くはないのだから、よく分からないまま終わってしまうのだろう。

　修士論文「米国における voluntary　association の成人教育的機能」（1976年1月提出）が、この本に至るそもそもの起源である。裏田武夫先生（図書館学）からは、「面接試験」の際に、「蟷螂の斧」、それも「戦車に向かうカマキリ」という言葉をいただいた。先生はアメリカ通を自認しておられたが、「志は良し」ということであったのだろう。（状況から推しはかって、先生がキチンと私の論文を読んでおられたとは、考えられないのだが。）宮坂廣作先生には、博士課程進学後、「あの修論のテーマはよかったのでしょうか」という言葉をいただいた。激励の意味を込めつつも、社会教育研究の中心的テーマとは考えにくい、ということであったのだろう。

　当時の研究状況からすれば、このテーマでの論文は社会教育研究としては考えにくいものでもあったので、関連領域の研究から示唆されることを少しずつ

みつけていったものである。修論を書くにあたって，当時九州大学教育学部附属比較教育文化研究施設におられた綾部恒雄先生（文化人類学）のもとへ何度か通い，アドバイスをいただいた。コピー機がない時代のアメリカ留学中に手書きで写してこられた文献まで見せていただいたこともある。（綾部先生には，大学院同級の末本誠君［現在・神戸大学］の師である小林文人先生［当時・東京学芸大学］から紹介していただいた。）また，文学部社会学科での学部学生時代にお世話になった小集団研究の青井和夫先生にもアドバイスを仰いだ。早い時期に third sector という概念なども教えていただいた。

　このかん，社会教育研究の性格や置かれた状況から，さまざまな領域について関心を持たざるを得なくなっていった。この領域についての関心は継続してきたものの，まとめた形にする機会はなかったし，自ら求めることもしてこなかった。ただ，ボランティア活動が活発になったり，その推進の動きの中で，さまざまな方々にお世話になりながら，いろいろな形で現実の動きに接する機会には恵まれ，さまざまな情報を集めることもでき，それなりに充実感を得てきた。しかし，社会教育の領域で，訳知り顔をしたような議論が氾濫している状況を眺めていて，議論の基礎になるものを整理しておくことが私の責務であるかのように感じられることが多くなったことも事実である。

　このごろ，碓井正久先生がよく言っておられた「部分的合理主義者」が，さまざまな所で跋扈している。その時その時，その場その場では合理的といえるような行動をとるのだが，全体としてみれば，論理は全く一貫していない。また，「日和見主義者」も多く見かける。状況に応じて賢く行動する人なのだろう。そして，そういう行動が，次第に「標準」になってきているのは美しいことではない，と私は感じる。むしろ，「原理主義者」の方が気持ちがいい。ボランティア活動は，「合理主義」・「部分的合理主義」や「日和見主義」や「原理主義」にもなじまないのだろうし，ボランティア活動を考えることにもまた同じことがいえるのであろう。でも，ボランティア活動やNPOで（orを全うに議論して），「食っている」人も少なくはない。（あれ，私もそのクチか。）なんだかおかしい。

　1970年代後半から80年代にかけて，『ビックリハウス』という雑誌があっ

た。パロディ誌とでもいうべき月刊誌だったが，糸井重里による「ヘンタイよいこ新聞」という企画があり，そこで，「ヘンタイよいこ」という概念（？）が用いられたことがある。ボランティア的人間像があるとすれば，これに近いかもしれない。社会教育やボランティア活動の領域は，このような考え方がよくなじむのではないかとも感じる。斜に構えながらも，周囲からは奇妙にみられながらも，キチンとすることはキチンとする。あとは，勝手。同じことをくり返しても飽きずに。だが，やはりこれは，危険とはいえないが社会が安泰になるという考え方ではないのだろう。効率を追求し，標準化して制度化しなければ気がすまない人の方が多い。ボランティア活動をすることが正常の証となったりすること，「セイジョーよいこ」のボランティア活動や生涯学習なんて，気持ち悪い。いやいや，こんなことを考えるのは私だけなのだろう。私の方がおかしいのか？　結局，何も分かっていないのかもしれない。

　第5・6章は調査報告書から収録し，第10-13章は，過去に書いたものを，最低限の修正をして収録した。これら，特に後者は，時期的にはかなり古いもので，今考えてみると不充分だとも思うが，修正を加えないで収録した方が意味があると考えた。その他の章は，なるべく多くの資料等を共有できるように配慮しながら執筆したつもりである。ただ，この領域はきわめて広いので，書けば書くほど，かえって残したテーマや資料が増えていくというような有様であった。それは，基礎的で継続的な作業の必要を痛感させるものでもあった。この領域へ，わずかながらでも貢献ができていれば幸いである。

　初出は次の通りである。
　　　第2章 「教育改革・生涯学習の可能性と課題——ボランティア・NPO活動は新しい市民社会の形成に何をもたらすか」『月刊福祉』2000年3月号を基礎に大幅加筆
　　　第5章 「社会教育施設におけるボランティア活動の現状」社会教育施設ボランティア研究会『社会教育施設におけるボランティア活動の現状——調査報告1998』(文部省委嘱研究)，1998.
　　　第6章 「社会教育行政によるボランティア活動支援施策の現状」社会教育施設ボランティア研究会『社会教育行政によるボランティア活

動支援施策の現状——調査報告 1999』(文部省委嘱研究), 2000.
(第5章・第6章のもとになった調査報告書作成に関しては, 私どもの研究室［旧社会教育学コース］出身で現在ライター［フリーランス］をしている岡野幸治君のお世話になった。)

第10章 「遊びと仲間集団」綾部恒雄編『新編人間の一生〈文化人類学の視点〉』アカデミア出版会, 1985.
「生涯学習を支える団体活動」元木健・小川剛編『生涯学習と社会教育の革新』(生涯学習実践講座⑤) 亜紀書房, 1991.
「成人職業教育に関連する新しい動向」倉内史郎研究代表『成人職業教育の再編に関する研究』(昭和62年度科学研究費補助金総合研究(A)研究成果報告書), 1988. の3点をもとに構成

第11章 「米国における Voluntary Association の研究——〈ボランタリズム〉研究へ向けて」『社会教育学・図書館学研究』第1号, 1977.

第12章 「成人教育研究における Voluntary Association の意義」『日本社会教育学会紀要』No.14, 1978.

第13章 「スマイルズ著・中村正直訳『西国立志編』」碓井正久編『人間の教育を考える・社会教育』講談社, 1981.

　大学院生時代・助手時代以降指導教官等としてお世話になっている碓井正久先生と宮坂廣作先生, 大学院生時代以降さまざまな機会にお世話になっている倉内史郎先生に, この際あらためて感謝申しあげたいと思う。またお名前は記さないが, これまでいろいろな形でお世話になったりご迷惑をおかけしてきた多くの方にも感謝申しあげたい。
　「シリーズ生涯学習社会における社会教育」(全7巻) に引き続きお世話になった学文社の三原多津夫さんをはじめとする方々にもお礼申しあげる次第である。

　　　　　　　　　　　　　　　　　2003 (平成15) 年9月16日
　　　　　　　　　　　　　　　　　たまたま訪れている Ljubljana にて

索　引

Junto　197
NPO　35, 37, 205, 207

あ

綾部恒雄　228, 270
生きる力　25
伊藤俊夫　12, 16
稲生勁吾　15
碓井正久　198, 202
大野曜　167
公の支配　202, 219
岡本包治　13
小川利夫　199

か

学習機会の充実方策について　169
学習経験としての参加　174, 266
学習の成果　48, 49, 53, 55, 131
学習ボランティア　15, 161
学歴社会　26
課題解決志向　29
学校教育　9, 26
学校支援ボランティア　53, 162
活動期間制限　127, 190
カルチャーセンター　34
関係者処理志向　30
教育改革国民会議　9, 28
教育ボランティア　159
行政主導　29
共同学習運動　33, 216, 223
倉内史郎　20, 198
クラブ　224
経費節減　164, 166
血縁　222, 228

研修　48, 126, 151, 169
現代的課題　40
権利としての社会教育　11, 203, 206
公民館　32, 113, 131, 185, 234
国民の自己教育運動　34, 164, 199, 206
国立科学博物館　97, 159, 180
国立婦人教育会館　97, 108, 167, 178
コーディネーター　53, 93, 121, 169
コーヒー・ハウス　218
コミュニティ政策　8, 55, 201, 223, 231, 232

さ

サークル　199, 216, 229
サービス・ラーニング　36
サミュエル・スマイルズ（Samuel Smiles）　277
参加導入・連携志向　30
自己実現志向　29
自修　290
自主的社会参加活動　231
自助　233, 284, 292
市場原理　29
施設の活性化　47
実費弁償　174, 190
自発的結社　208, 224
使命主導　29
社会教育関係団体　33, 37, 128, 200, 208, 219
社会教育施設　15, 33, 46, 184, 188
社会教育施設ボランティア　173
社会教育施設ボランティア研究会　23, 113, 133
社会教育施設ボランティア交流会　178, 191
社会教育審議会社会教育施設分科会報告「社会教育施設におけるボランティア活動の促進に

ついて」　8, 19, 46, 154
社会教育審議会答申「急激な社会構造の変化に対処する社会教育のあり方について」　43, 234
社会教育調査　184, 194
社会教育法　200, 208, 219
社会教育ボランティア　159, 160, 163, 173
社会福祉　19
シュー（F.L.K. Hsu）　224, 250
自由民権運動　197, 286
生涯学習社会　26
生涯学習審議会答申「学習の成果を幅広く生かす――生涯学習の成果を生かすための方策について」　53, 162
生涯学習審議会答申「今後の社会の動向に対応した生涯学習の振興方策について」　7, 17, 49, 154
生涯学習審議会答申「社会の変化に対応した今後の社会教育行政の在り方について」　27, 37, 52
生涯学習審議会答申「地域における生涯学習機会の充実方策について」　51
生涯学習センター　113, 131, 165
生涯学習ボランティア　159, 163, 173
生涯学習ボランティア活動総合推進事業　7, 83, 106, 154
情報提供　114, 134
女性施設　113, 131, 165
自律性　209, 220
シルズ（Sills）　246
シンクレア・ルイス（S. Lewis）　227, 250
末本誠　14, 200
青少年教育施設　113, 131, 165
制度化　190
青年団　215
全国博物館ボランティア研究協議会　180
全国ボランティア活動推進連絡協議会　93, 149, 157, 191
全国ボランティア研究集会　106, 177
専門処理システム　29, 208

総合的な学習の時間　25, 36
相互扶助　226, 233, 292
相互扶助システム　29, 208

た

大学入試資格検定　26
体験活動　28, 54
脱地域志向　30
地域志向　30
地縁　37, 222, 228
中央教育審議会答申「生涯学習の基盤整備について」　48
中央教育審議会答申「生涯教育について」　44
中央教育審議会答申「青少年の奉仕体験・体験活動の推進方策について」　54
超地域志向　30
適応的性格　228
トクヴィル（Tocqueville）　225, 249
特定非営利活動促進法　38, 49, 208
図書館　48, 113, 131, 164, 185

な

中村正直　278
日本科学未来館　188
日本青年奉仕協会　44, 177
ネットワーキング　230
ネットワーク型行政　27

は

博物館　113, 131, 180, 186
発達課題論　40
阪神淡路大震災　49, 92, 154
非施設・団体中心性　198, 215, 265
評価　47, 51, 53, 128
費用負担　47
ヒル（F.E. Hill）　228, 268
婦人奉仕活動推進方策研究委嘱　61
フランクリン（B. Franklin）　226
勉強会　236

奉仕活動　28, 44, 45, 54, 65, 82
ボランタリー・アソシエーション（voluntary association）　208, 231, 246, 265
ボランタリズム　20, 245, 257, 272
ボランティア学習　36
ボランティア活動推進専門官　93, 109
ボランティア保険　124

ま

宮坂廣作　201
宮原誠一　198
民間有志指導者　160, 174

や

約縁　222, 224, 228

山本恒夫　159
有償ボランティア　14
養成　48, 49, 114, 141, 166
吉田昇　203

ら

立身出世　286
臨時教育審議会　45

わ

ワーカーズ・コレクティブ　241
若者組　215

[著者紹介]

鈴木　眞理（すずき　まこと）
東京大学助教授（大学院教育学研究科・教育学部）
専攻：社会教育学・生涯学習論
1951（昭和26）年2月静岡県伊東市生まれ。
東京大学文学部（社会学）卒業。東京大学大学院教育学研究科博士課程（社会教育学専攻）中退。東京大学教育学部助手，岡山大学教育学部講師等を経て現職。
主著に，［編集代表］シリーズ生涯学習社会における社会教育（全7巻）学文社，［共編著］『生涯学習の基礎』学文社，［編著］『博物館概論』樹村房，等。

ボランティア活動と集団
―― 生涯学習・社会教育論的探求

2004年2月9日　第1版第1刷発行

著　者　鈴木　眞理

発行者　田中　千津子

発行所　株式会社 学文社

〒153-0064　東京都目黒区下目黒3-6-1
電話　03（3715）1501 代
FAX　03（3715）2012
http://www.gakubunsha.com

© Makoto SUZUKI 2004　　　印刷所　新灯印刷
乱丁・落丁の場合は本社でお取替えします。
定価は売上カード，カバーに表示。

ISBN4-7620-1282-3

編集代表 鈴木眞理

シリーズ 生涯学習社会における社会教育

新進気鋭の研究者・行政関係者など65氏の執筆陣,論文総数93を収載した待望の本格的シリーズ。生涯学習の創造やその到来が喧伝されるなかでの社会教育の諸問題を総合的かつ多面的に分析,新しい時代の社会教育のあり方をさぐる。

鈴木眞理・松岡廣路編著

1 生涯学習と社会教育

A5判 194頁 本体 2300円

生涯教育論・生涯学習論と社会教育の関係についての基本的な論点や施策の展開等について,集中的に検討を加えている。特論として日本型生涯学習支援論・社会教育研究小史を配した。
1206-8 C3337

鈴木眞理・佐々木英和編著

2 社会教育と学校

A5判 240頁 本体 2300円

今日の状況における社会教育と学校との関係を歴史的背景等にも関連させながら総合的に検討。もう一つの学校としてフリースクール等の現状にも眼を向け,特論として情報社会と学校,学社連携を論じた。
1207-6 C3337

鈴木眞理・小川誠子編著

3 生涯学習をとりまく社会環境

A5判 248頁 本体 2300円

社会教育を中心とする生涯学習支援の社会的文脈について総合的に検討。国際化・多文化社会,人権問題,男女共同参画社会,少子・高齢社会,看護,科学技術等,各社会的側面と生涯学習との関連を論じた。
1208-4 C3337

鈴木眞理・永井健夫編著

4 生涯学習社会の学習論

A5判 208頁 本体 2300円

生涯学習支援の一環としての社会教育における学習論について,成人学習者を念頭に置きながら,これまで見落とされていた領域へも注目しつつ検討を加えた。
1209-2 C3337

鈴木眞理・津田英二編著

5 生涯学習の支援論

A5判 256頁 本体 2300円

社会教育を中心とした生涯学習支援の諸形態について,旧来の社会教育行政中心の支援にとどまらず,より広範囲な視野で検討した。民間営利・非営利団体の役割,財政基盤,生涯学習の評価認証システムほか。
1210-6 C3337

鈴木眞理・守井典子編著

6 生涯学習の計画・施設論

A5判 224頁 本体 2300円

生涯学習推進計画・社会教育計画の諸問題と,生涯学習支援のための公民館から博物館,女性センターなどまで,各社会教育施設の活動・経営に関する諸問題について総合的にかつ幅広く検討を加えている。
1211-4 C3337

鈴木眞理・梨本雄太郎編著

7 生涯学習の原理的諸問題

A5判 240頁 本体 2300円

生涯学習・社会教育の領域における原理的な諸問題について,様々な事実や言説をとりあげて執筆者それぞれのスタンスで論点を摘出。一つの実験的な試みであり,生涯学習・社会教育研究の今後を見据えた。
1212-2 C3337

北田耕也著	成人の学習活動と知的発達，芸術文化活動と感性の陶冶，学習・文化活動と行動様式の変革，の三部構成により，成人の発達と学習・文化活動はいかにかかわるかを検証。社会教育の原理論構築をめざす。
自己という課題	
── 成人の発達と学習・文化活動 ──	
A 5 判　240頁　本体 2300円	0836-2 C3037
倉内史郎・鈴木眞理編著	生涯学習のとらえ方，見方を，より教育学的なものに近づけようと試みる。全編を学習者（その特性）→学習内容（社会的課題）→学習方法（反復）の流れから，それに行政・制度と国際的展望を加えて構成。
生 涯 学 習 の 基 礎	
A 5 判　215頁　本体 2100円	0779-X C3037
吉富啓一郎・国生　寿編著	高齢者の社会参加，男女共同参画，多世代の交流，学校 5 日制など，新たな社会課題にも目を向けながら，生涯学習社会実現のための基本的な諸施策，内容・方法，学習者，指導者，施設等について概説。
生 涯 学 習 の 展 開	
A 5 判　224頁　本体 2300円	0960-1 C3037
村田文生・佐伯通世著	社会教育行政，生涯学習振興行政の責任者としての長年の実務経験に基づき生涯学習の全容について基礎から実践，応用的知識まで具体的に解説した。生涯学習に対する援助に関心のある人のために役立つ。
生活のなかの生涯学習	
－ 生涯学習援助に喜びを見出そうとする人々のために －	
A 5 判　202頁　本体 2100円	0777-3 C3037
大串兎紀夫著	「学ぶことは生きること」という基本視点から，いつでもだれでも自ら学び共に学ぶことが可能な環境づくりとはなにかを考える。とくに放送教育を活用した学習の実態について具体的に検証していく。
生 涯 学 習 概 説	
──「学び」の諸相──	
四六判　242頁　本体 2000円	0708-0 C3037
田中雅文著	日本の生涯学習の今日までの流れを追い，公民館やカルチャーセンターなどで学ぶ成人学習者の特徴や学習支援側の実態を分析。市民活動の活発化による需給融合化の生涯学習政策について考察したテキスト。
現代生涯学習の展開	
A 5 判　208頁　本体 1800円	1279-3 C3037
お茶の水女子大学社会教育研究会編	社会教育実践と公的条件整備を基調に，理論・歴史・実践・生活より諸課題を考察。青少年健全育成施設としての博物館，「わかる」ということを子どもの側から見るための試み，タイから考える等。
人間の発達と社会教育学の課題	
A 5 判　340頁　本体 3500円	0850-8 C3037
湯上二郎著	「構図として『生涯学習体系』をどう画くことができるか」「解き口としての社会教育的接近の特徴をどう生かすか」「体系構築のためにどんな手順をふまなければならないか」の三部構成により展開。
生涯学習体系の構築へ向けて	
四六判　200頁　本体 1845円	0377-8 C3037

朝倉征夫編著
多文化教育の研究
——ひと，ことば，つながり——
A5判 192頁　本体1800円

〔早稲田教育叢書〕多様な文化と共に生きる社会で求められる多元主義にもとづいた教育実践を。日本，アジア，オセアニア地域の他者理解をうながす多文化教育を取り上げ，その課題と展望をまとめた。
1257-2 C3337

朝倉征夫著
子どもにとって現代とは
——青少年の教育学——
四六判 256頁　本体1900円

青少年・子どもの問題とは何を意味するか，さまざまな角度から考察し，健康で学力のある青少年・子どもが育つのをどう援助できるかを探る。〔日本図書館協会・全国学校図書館協議会選定図書〕
0255-0 C3037

白井愼監修／
小木美代子・姥貝荘一・立柳聡編著
子どもの豊かな育ちと地域支援
A5判 368頁　本体2400円

子どもとおとなの"共育ち"実現を目指し，今日最も求められている地域ぐるみの教育実践の姿を提示する。教育学を超えた広範な諸領域理論を考察。21例の豊かな先駆的実践事例から様々な示唆を得る。
1160-6 C3037

柴野昌山著
現代の青少年〔改訂版〕
——自立とネットワークの技法——
四六判 244頁　本体1800円

「ボランタリーなグループ参加が人間を育てる」青少年が自立し，達成課題を成就していくすじみちはどのようなものか，課題達成を援助する方策はいかにあるべきか。これらの課題に正面から応える。
0578-9 C3037

井上講四著
教育の複合的復権
——「教え育てること」を忌避した社会?!——
四六判 171頁　本体2000円

いまの学校教育を汲んだ教育・学習の枠組みづくりとしての生涯学体系づくりとは。構造的な解決に示唆をあたえる。青少年教育のシステム化，地域教育経営など教育の複合的復権の具体策を講じた。
1037-5 C3037

西野仁・田中雅文・山本慶裕編著
拓きゆく生涯学習
A5判 210頁　本体1900円

生涯学習の理論的な課題，多様な学習者の実態，学習施設やスポーツ活動の新しい動向について，第一線研究者13氏が，生涯学習の現状をみすえつつ，その新たな方向を拓いていくための諸提言をおこなう。
0584-3 C3037

碓井正久・倉内史郎編著
新社会教育〔改訂〕
A5判 204頁　本体2000円

「社会教育とは何か」を新視点で追求。現代世界と社会教育／多様な学習機会／学習者の理解／社会教育の内容と方法／社会教育の法と行財政／社会教育施設／新しい世紀に向けて
0643-2 C3337

倉内史郎編著
社会教育計画
A5判 236頁　本体2330円

社会教育の計画立案にかかわる人たちが，その計画を学習諸機会の全体構造のなかで，多角的な目くばりをもって作成するための視点を提示しようとする。社会教育主事コースの基本テキストとして好適の書。
0410-3 C3337

宮脇陽三・城ヶ端初子編
生と死の生涯学習
四六判 273頁 本体2300円

生と死に光をあて、万人対象の生涯学習の意義、現代人の安楽死と尊厳死、ライフサイクルと学習課題、看護学からみる臨死体験、老いの英知、文学からみる生と死、仏教学からみる生と死等。
0847-8 C3037

堀 薫夫著
教育老年学の構想
——エイジングと生涯学習——
A5判 257頁 本体2900円

教育老年学はどうあるべきか。これまでの基礎理論研究と実践調査研究を集大成し、従来の枠を超え、エイジングと成人の学びとを、より根源的な次元から結びつけるこの新しい学問分野の位置づけを構想。
0907-3 C3037

小向敦子著
カジュアル老年学
——ホリスティック・アプローチによる入門編——
A5判 208頁 本体2300円

誰にもやがて訪れる「老年」の光と影について、アカデミック、かつ系統づけてわかりやすく解説。高齢者になるのが楽しみに待ち望めるような高齢者社会の構築について考える。関連用語3百余収録。
1237-8 C3037

渡辺博史著
コミュニティ形成と学習活動
A5判 219頁 本体2300円

人はライフパニックにいかに備えるか。住民の地域活動能力が後退している現況にあって、コミュニティ創りの手段として問題解決能力を高めるための学習「いのちの生涯学習」を提唱。豊かな人生を考える。
0959-8 C3036

時岡禎一郎編著
おおさか発 文化・生涯学習情報
——大阪府立文化情報センターの20年——
四六判 230頁 本体2000円

小さなハコで利用率日本一といわれた大阪府立文化情報センター。"人と情報"を力に公立施設の常識を破る柔らかい発想と、先進性で全国を導いてきた。その軌跡を省みり、生涯学習社会づくりに示唆する。
1077-4 C0037

福留 強編著
まちづくり人づくり
A5判 190頁 本体2000円

一人ひとりの市民の人格形成のための支援方策を確立し、そのためのリーダーを育成することがまちづくりのソフト面で要請されている。本書では、全国の22事例を取り上げ、まちづくりのあり方を探る。
0704-8 C3037

福留 強
全国生涯学習まちづくり研究会 編著
まちを創るリーダーたちⅡ
——生涯学習のまちを訪ねて——
A5判 270頁 本体2136円

全国で生涯学習を推進するバイタリティあふれるリーダーや実践者および各地のユニークな活動を豊富な写真を織り交ぜながら紹介する。今回は全国の先進地から19市町村を取り上げる。
0499-5 C3037

瀬沼克彰著
日本型生涯学習の特徴と振興策
A5判 378頁 本体5500円

欧米と様子が違う日本型生涯学習、供給側に力点をおき分析。多様な供給主体が各々で革新を努め、ネットワークや異業種交流の利点を生かせば、行政・企業・教育機関・住民団体が連携され活性化できる。
1055-3 C3037

瀬沼克彰著	
現代余暇論の構築 A5判 360頁 本体3800円	余暇問題への取り組みがいまだに遅れている日本にあって、余暇をどう捉えるか。日本の余暇についての歴史をもらさず記録。余暇論の第一人者である著者が30年にわたる諸論考をまとめた余暇論の集大成。 1181-9 C3037
瀬沼克彰著	
市民が主役の生涯学習 四六判 259頁 本体2500円	各地の実情、横浜、神戸ほか先進地の事例に参加や現場から調査。ネットワーキング、人の養成、情報発信、政府との連携策、民間教育事業とのタイアップ等をしらせて、あくまで現実的に日本型生涯学習を活性。 0883-4 C3337
瀬沼克彰著	
余暇事業の戦後史 ――昭和20年から平成15年まで―― A5判 278頁 本体2500円	〔21世紀の生涯学習と余暇〕戦後、余暇事業の供給について、戦後の昭和20年から今日における、国、地方自治体、民間企業、民間団体の事業提供をくまなく綿密に跡付け考察した一大余暇事業史。 1277-7 C3337
瀬沼克彰著	
高齢社会の生涯教育 四六判 282頁 本体2000円	〔生涯教育の研究〕急速な高齢社会の到来によって、これまでの高齢者像が喪失し、新しいモデルが模索されている。豊かで充実した老後を築くために、個人と社会の両面から望ましい対応策を提案。 0250-X C3037
瀬沼克彰著	
余暇社会をデザインする 四六判 314頁 本体2500円	余暇社会の実現は、わが国において大変難しい。本書では、人びとが豊かな余暇能力を身につけることと、場づくり、条件整備等に力を入れることを通して実現への道を模索することを具体的に訴える。 0465-0 C3337
瀬沼克彰著	
余暇と地域文化創造 四六判 272頁 本体2427円	余暇の文化創造機能を中心に、地域における現状・課題を考察。余暇をいかに地域文化創造に役立てていくか、実践例を織り込みながら説述。地域づくり、地域活性化のハンドブックとしても活用できる。 0585-1 C3337
瀬沼克彰著	
生涯学習のネットワーク推進 四六判 284頁 本体2427円	近年ますます活発化し、各地で導入されてきている生涯学習ネットワーク戦略をその考え方、民間活力の利用、事業面の連携策、情報面の連携のしかた、人材面の連携への提案、の視点から多角的に叙述。 0657-2 C3337
瀬沼克彰著	
地域の生涯学習を革新する 四六判 274頁 本体2500円	行政は推進、振興に代って支援、援助が主たる任務になるであろうことを、地域の革新策ととらえて、施設、団体、関連機関のあり方、ソフト対策、まちづくり対策などについて多くの提案を行っている。 0749-8 C3337

井上講四著	見切り発進状況の錯綜に苦しむ関係職員や理解者のために，生涯学習体系の具体像を教育の3層構造の再編からしめす。教育行政，まちづくりや生涯学習の推進ほか，教育学部改革の状況を丁寧に解説。0763-3 C3037
生涯学習体系構築のヴィジョン ──見えているか？生涯学習行政の方向性── 四六判　221頁　本体 2200円	
北田耕也著 **明治社会教育思想史研究** A5判　267頁　本体 5000円	近代日本教育史の大枠がさし迫った「政治的課題」をし，「教育的課題」を孕むかたちで政策化，実行に移される態をあらしめたならば，本書はかかる政治思想史の社会教育的見地からする読み換えとなる。0871-0 C3037
蛭田道春著 **社会教育主事の歴史研究** A5判　265頁　本体 3000円	社会教育に直に与す社会教育主事を梃子に，戦前戦後との連続・不連続，日本社会教育の具体を明かす。文部省の施策動向と職務分掌，文部省と府県との関わり，府県レベルでの社会教育主事の役割，ほか。0882-3 C3037
岩井龍也・国生　寿・吉富啓一郎編著 **生涯学習と社会教育計画** A5判　278頁　本体 2500円	実際の「地域」社会教育計画の樹立の基本理念および事業の内容を具体的に展開するとともに，「生涯学習基盤整備法」制度下における社会教育計画のあり方を明らかにする。社会教育主事養成テキスト。0432-4 C3037
関口礼子編著 **新・生活のなかの図書館** 四六判　256頁　本体 2000円	図書館は，過去の叡智の宝庫であることはもちろんであるが，いまや新しい情報を得るための場ともいえ，これがメインの役割になってきている。インターネットの利用など情報化に対応した新図書館論。0920-2 C3000
金沢みどり著 **図書館サービス論** A5判　156頁　本体 1800円	これから図書館司書を目指す人々を対象に，図書館サービスについて，できるだけ最近の例を挙げながら，わかりやすく叙述した。今般の情報化，図書館協力，著作権問題の知識については独立して章立てた。0877-X C3000
山本順一・二村健監修／山本順一編著 **学校経営と学校図書館** A5判　224頁　本体 1800円	《メディア専門職養成シリーズ1》司書教諭資格講習に対応したテキスト。学校図書館の理念と教育的意義，課題，教育行政，学校図書館経営，司書教諭の役割，メディア構築と管理，図書館ネットワーク等。1059-6 C3300
山本順一・二村健監修／緑川信之編 **学校図書館メディアの構成** A5判　155頁　本体 1800円	《メディア専門職養成シリーズ2》学校図書館メディアの種類・特性から構成・組織化まで不断に問われる要点。コンピュータメディア，新学習指導要領と学校図書館メディア，目録と受入，装備と排架など。0994-6 C3300

山本順一・二村健監修／渡辺重夫著 **学習指導と学校図書館** A5判 183頁 本体1800円	《メディア専門職養成シリーズ3》学習目的にそう学校図書館メディアを選り分けて入手し，これより新たな情報を生み，発表する力を子どもたちにもたせるには。そのための理論と実際を説く。 0995-4 C3300
渡辺重夫著 司書教諭のための **学校経営と学校図書館** 四六判 224頁 本体2000円	司書教諭への期待が増すなか，学校図書館に課せられた役割とは何かを念頭におきつつ，司書教諭が学校現場で役立つ内容を意識し構成。理念・目的，その位置づけ，経営・運営等。 1235-1 C3000
大堀哲・斎藤慶三郎・村田文生著 **生涯学習と開かれた施設活動** A5判 200頁 本体2000円	生涯学習関連施設において，それぞれの施設目的にかなう利用を促進し，活発な学習活動を展開するため施設はどうあればよいか。施設運営，事業のあり方を現場責任の立場からまとめた施設運営実践論。 0556-8 C3037
北田耕也・草野滋之 畑潤・山崎功 編著 **地域と社会教育** ──伝統と創造── 四六判 225頁 本体2100円	地域民衆史の発掘／実践の自己検証／学習・文化活動の意識化，三地域（昭島・浦和・富士見）の方法をたがえた共同研究の集成。投影，座談，自己省察の方法，自己変革と社会変革の統合を企図する。 0795-1 C3037
山口富造編著 **学ぶ・考える** ──社会教育を学ぶ人のために── A5判 200頁 本体1800円	学習志向の高まりと学校再生への改革意見が盛んな昨今，当書は，学校教育に対する疑問や批判を提起し，社会教育の存在理由を自治体・企業・市民の前に明確化しようと試みた。各章に要点をまとめた。 0301-8 C3037
西村美東士著 **生涯学習か・く・ろ・ん** ──主体・情報・迷路を遊ぶ── 四六判 250頁 本体1942円	学習社会において人間が主体的であるとはどういうことか。本書は，不確かな迷路を遊ぶことのできる主体の形成をめざして，今後の生涯学習の推進における問題の所在を明らかにした冒険的な著である。 0395-6 C3037
西村美東士著 **こ・こ・ろ生涯学習** ──いばりたい人，いりません── 四六判 260頁 本体2000円	学習とは，人生への構えや考え方の枠組をみずから考えていくことである。〈出席ペーパー〉によるツーウェイ授業を中心に，大学の講義を，学習者の主体性の獲得を援助する場ととらえ，新提言を行う。 0466-9 C3037
西村美東士著 **癒しの生涯学習**〔増補版〕 A5判 172頁 本体1600円	教育，社会，心理の諸成果を援用しつつも，従来の学にあまりこだわることなく，現実社会においての癒しと成長と，その援助のあり方について，経験的，臨床的にまとめたユニークな現代生涯学習論。 0843-5 C3037